像会理财的人一样思考与行动

秦　奋◎主编

国家一级出版社　中国纺织出版社　全国百佳图书出版单位

内 容 提 要

本书教你提升自己的能量场，提高自己的致富能力，做一个取之有道的富有之人，同时本书为你提供了一些具有可操作性的理财、赚钱、投资等诸多方法，教你改变惯有的思维模式，经营自己的财富，规避一些不必要的人生风险。希望本书能成为你的人生向导，使你和你的家人最终拥有富足的一生。

图书在版编目（CIP）数据

像会理财的人一样思考与行动 / 秦奋主编. —北京：中国纺织出版社，2017. 9
ISBN 978-7-5180-3740-7

Ⅰ. ①像… Ⅱ. ①秦… Ⅲ. ①私人投资—通俗读物 Ⅳ. ① F830. 59-49

中国版本图书馆 CIP 数据核字（2017）第 151119 号

策划编辑：曹炳镝　　责任印制：储志伟

中国纺织出版社出版发行
地址：北京市朝阳区百子湾东里 A407 号楼　邮政编码：100124
销售电话：010—67004422　传真：010—87155801
http: //www.c-textilep.com
E-mail: faxing@c-textilep.com
中国纺织出版社天猫旗舰店
官方微博http: //weibo.com/2119887771
三河市宏盛印务有限公司印刷　各地新华书店经销
2017 年 9 月第 1 版第 1 次印刷
开本：710 × 1000　1/16　印张：16. 5
字数：214 千字　定价：35. 00 元

前言 /Preface

人到中年的你，上有老下有小，生活压力越来越大，虽然你已经看上去很努力了，生活却依然毫无起色。你从小在别人眼里都是优等生，凡事想在别人前面，获得的荣誉证书挂满了墙；你对人友好，过日子精打细算，从不浪费，但为什么还不富有？于是你每天想的都是怎么才能赚更多的钱。也许有的人会说："提钱太俗了，过日子差不多就好。"可是你想过没有，生活中几乎每一个面向都是在一定的物质生活基础上展开的。

首先，上有老下有小的生活需要一定的经济基础来支撑。若想让老人晚年有一个优渥的物质生活环境，要想让你的孩子接受良好的教育，这些都需要足够的财富做支撑。

其次，你必须提前为你的晚年生活做好准备，年轻力壮时不努力，到了晚年很可能就会给你的孩子带来更大的压力，而对于丁克一族来说，不趁着年轻多为自己积累财富，很可能在晚年时要承受凄苦的人生命运。

最后，钱虽然不是唯一的，但也是衡量一个人自我价值、自我成就的重要标志，而一个乐于助人的人只有具备一定的经济实力，才有能力去帮助更多挣扎在贫困边缘的人。

君子爱财，取之有道。除非你生来家道殷实，否则你就要奔走在求财致富的路上。你一定要努力使自己成为一个富有的人，因为富有不仅是物质层面，更是精神追求的重要基础。富有离你并不遥远，也绝不虚幻。每个人发家之路各有不同，用心观察你会发现，在这些不同的表象下，一定有一些不易被我们所觉察的潜在的规律，引导着个人财富的变化，决定着

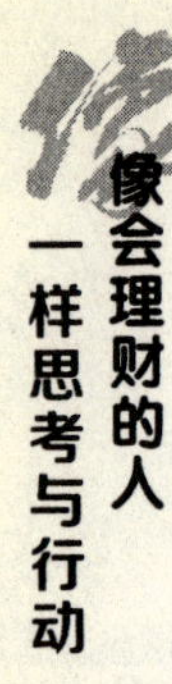

一个人一生的财运。

希望这本书像一座灯塔，照亮你财富积累的旅程。同时这本书也能成为你变身富有的秘笈，为你在追求富有的人生苦旅中，最终找到适合自己的正确方向，使你的每一点心力都有的放矢，最终成为一个充满豪情壮志、真正意义上的富有的人。

目录/Contents

第一章 <<<<<<<<<<<<<<<<<<<<<<<
摆正观念，理财要先理“心”

第二章 <<<<<<<<<<<<<<<<<<<<<<<
修炼自己，根基深厚的人“财运”旺

第六章
新时代致富，要善于经营自己的人品

第七章
精明消费，学会理财前先学会消费

第八章
以钱生钱，理出人生第一桶金

第九章
调配资金，设计科学合理的投资组合

第十章 利用兴趣，边享受工作边赚钱

第十一章 投资房产，快速致富的捷径

第十章
利用兴趣，边享受工作边赚钱

第十一章
投资房产，快速致富的捷径

第一章

摆正观念，理财要先理“心”

理财的心理误区

说到理财，很多年轻人大多是敬而远之，这主要是因为年轻人在日常生活中对理财有着诸多的偏见，容易走进理财误区。

在大多数年轻人的观念中，理财就是省钱，就要降低生活质量。她们认为理财太复杂，是一项很复杂的工程，自己做不来，其实这些都是错误的理财观念。可以说，年轻人在不知不觉中走进了理财的误区。

误区 1：理财就是投资赚钱

谈到理财，一般人想到的是投资赚钱。有的朋友说："理财啊？我也想啊，有什么好的股票推荐吗？还是买基金，投资房产或者还是自己做生意好呢？"在她们眼中这些就是理财的全部。其实理财不仅仅是这些，当然理财包括投资赚钱，但赚钱只是一时之事，而理财是要对自己一生的财务安排和规划有一个详细的目标。理财的目的不是赚多少钱，而是保证财务安全，追求财务自由。

投资可能赚钱也可能赔钱，而理财追求的是家庭或个人财务稳定的安全，投资收益平稳，以及养老规划稳妥等。理财是讲究战略，讲究布局、资产管理和财富配置。

误区 2：理财就是省钱，要降低生活质量

在不少喜爱消费的人观念中，认为理财就等同于节约，进而联想到理财就是要降低花钱的乐趣与生活品质，不吃美味的食物，不穿名牌衣服，甚至有时被归类为吝啬的守财奴一族。对于喜爱享受消费快感的年轻人来说，心理上难免会不屑于理财，或觉得理财对她们来说太遥远。很多人认为，钱越多，生活质量越好，享受层面就越丰富。其实在工作之余享受人生，是非常必要的。但如果没有实质的计划，消费大手大脚乱花一气，到了真正需要用钱的时候你就会感觉到无能为力。

也有一些高收入的朋友，明明自己的收入很高，却舍不得消费，会挣钱不会花钱，过度节约。这不是理财的目的。理财的目的是为了生活得更

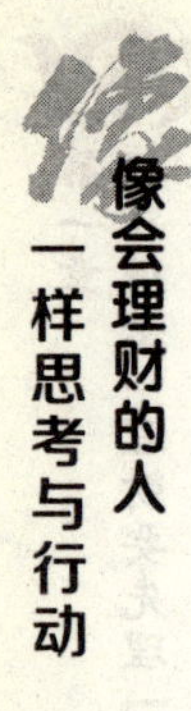

好，过度省钱和过度消费同样是不可取的。

理财的另一个目标就是要确保在自己的经济能力范围内，花同样的钱，过更高质量的生活，而不是为了未来就降低当下的生活质量。要合理运用我们手中的金钱，量入为出，适当提高生活水平，快乐地享受每一天。

误区 3：理财太复杂，做不来

理财需要一定的技巧，但更需要正确的观念、时间和耐心。因此，只要在理财上多用点心思，事实比想象的要容易很多。

理财的第一步，就是了解家庭财务现状。最好的办法就是通过记账的方式来掌握家庭里有哪些资产、债务和保险，每月固定收入和日常支出各是多少。都有哪些投资，投资收益情况和投资比例各是多少。如果家庭收入较高的成员失业了，又该如何继续维持家庭生活质量等。了解了这些有效的信息之后，理财就变得容易多了。

误区 4：我没钱，没必要理财

不少刚参加工作的朋友眼中认为："理财是有钱人的事，自己每个月辛辛苦苦挣来的那么点钱，除了交房租，还要穿衣吃饭，人情往来，每个月几乎都不够用，还拿什么钱理财啊？"其实恰恰相反，越是没钱，越应该理财。应及早掌握理财技巧，通过理财"脱贫"，找寻适合自己的人生理财规划。

"十分之一法则"比较适合普通人理财，该法则是指将自己收入的十分之一存起来进行投资，积少成多，将来会有足够的资金用于理财。假如你每月有 3000 元的收入，那么每月拿出 300 元来，一年下来不算利息可存 3600 元。如果每月拿这 300 元进行基金定投，逐年累计下来收入的数目更不可小觑。而且在选基金的过程中也获得了投资理财的经验。

误区 5：忽略保障，忽略自己

据有关数据显示：女性总体投保率要低于男性。这是因为很大比例的家庭保单都是女主人充当投保人，被保险人都是子女和丈夫，而不是自己。现代女性，在家庭经济与生活中扮演着重要的角色，其实她们更应该为自己和未来的家庭幸福生活做好保险规划。只有自己拥有最基本的保障，其他的理财计划才可能实现。

需要注意的是，购买保险应以消费型保险为佳，不建议购买投资或储蓄类保险。保险优势不是投资收益的高低，而是保障功能。

误区 6：只心动不行动

有朋友在看到电视里的理财节目和杂志上的理财文章时，当时心里会觉得很痒痒，也想投资一下，可能会说："我一定要开始理财。"可是今天拖明天，明天拖后天，慢慢地理财的心也淡下来了。要知道你不理财，财就不理你，如果心动了，就立即行动吧。

从现在起，开始记账，多关注理财信息，多学习理财知识，做好理财规划。一方面，有效地花钱，让有限的钱发挥到最大效用，既可以满足日常生活所需，又能提高生活质量；另一方面，通过开源节流投资等增加收入，不断积累财富，达到自己预期的目标。

钱多要理财，钱少更需要理财

许多年轻人在谈到理财问题的时候，经常会说"我现在没有财可以理，等有钱了再说。再说理财投资是有钱人的专利，不是我们没钱人的事儿"。特别是刚参加工作不久的年轻女性，大多数都有这种想法。

事实上，理财成功的关键因素是在于如何提高投资回报率并能持续更长的时间。大量的资金虽然能够迅速地致富，但这并不是决定性的因素。越是钱少的人越需要理财。比如说你有 5 万元，但因为理财失误，造成了财产上的损失，那么很可能会出现危及到你生活的保障以及出现其他的许多问题，而那些拥有上百万元、上千万元甚至是上亿元"身家"的有钱人，即使因为理财失误了，损失其一半财产也不会影响其原有的生活质量。因此，在理财前必须先树立一个观念，不论每个人贫富之间的差距有多大，理财是人一生的大事。在这场"人生大事经营"的过程中，越穷的人就越输不起，所以在理财这个问题上应该严肃而谨慎地去看待。

虽然也有一些人，常常抱怨物价太高，工资的收入永远也赶不上物价的涨幅，也常常自怨自艾，恨自己不是生在富贵人家。更有些愤世嫉俗者把投资理财的行为认为是追逐铜臭的"俗事"，或者把投资理财与那些所谓的“有钱人”画上等号，再以自己的价值观予以贬斥。殊不知，这些人都陷入了自相矛盾的不合逻辑的思维中：一方面深深地意识到金钱对生活的巨大影响力，另一方面却又不屑于追求财富。

财富能给人们带来安定的生活、给人以快乐和满足感，同时也是许多人追求成就感的途径之一。创造财富，不要被金钱所役所累是每个人都应有的处世之道。要认识到“贫穷并不可耻，有钱亦非罪恶”，所以人们不要忽视理财对改善生活的作用。谁也说不清究竟要多少资金才符合投资条件和具备理财的资格。我们从对金融工作的经验和市场调查的综合情况来看，理财应“从第一笔收入、第一份薪金”开始，即使第一笔收入或从薪水中扣除个人固定开支及“缴家库”之外所剩无几，也不要低估微薄小钱的聚财能力。你必须清楚一点：1000 万元有 1000 万元的投资方法，1000 元也有 1000 元的理财方式。即使月收入只有几百块钱，或许只能勉强应付日常生活的需要，也应该对自己的所有收入进行有效规划，合理地支出每一分钱。随着金融市场的快速发展，投资单位的具体细化，一个月存 300 ~ 400 元的基金定投对任何人都不会造成巨大的压力。如果你因为钱太少而放弃了这个投资的念头，那么你将会失去提升个人投资技能的最佳机会。

当然，如果你认为把钱存到银行的定期存款利息过低，而你千方百计地节衣缩食之后每月的收入又有部分节余，我们也建议你不妨另外开辟其他的投资途径，如买入国债、基金，或涉足股市，或与他人合伙入股等，这些都是小额投资的方式之一。但须注意参与者的信用问题，刚开始不要被高额的利益所吸引，风险性要妥善理性的评估。绝不要有“一夕致富”的念头，理财投资务求扎实渐进。

总之，不能低估小钱的聚财能力，同时也要重视小钱的力量。假如你把每月薪水其中的 400 元的资金，在银行开立一个月定投的账户，先抛开利息的多少，在 20 年后仅本金就达到了 96000 元。如果再加上这 20 年来的利息，数目就更不小了。所以“滴水成河，聚沙成塔”的力量是不容小觑的。只要有经济收入就应该开始尝试理财，这样才能源源不断地给自己的财富大厦添砖加瓦。

找到适合自己的理财目标

如今很多年轻人没有理财的规划，也没有一个好的的目标，这样是非常危险的。时光如梭，你发现你自己总是在浪费时间，到头来什么也没有留下，千万不要觉得“月光族”是个雅号，我们正是在用自己的青春来赌明天，却早早地把明天给输掉了。

理财之前，年轻人可以按照自己的需要设立适当的目标，包括短期的目标和长期的目标，并且每一步都要认真确立，避免投资的盲目性和混乱性。如果不设立目标就很容易做事情不认真，没有紧迫感和安全感，所以我们一定要知道我们的目标在哪里，同时也要知道明确的目标是什么，这样才能使我们成功。

给大家举个例子吧，有一个很优秀的游泳选手，在参加最后一场游泳比赛的时候，恰巧遇上了大雾，因为无法看到远处的目标，因为精疲力竭忍痛放弃了比赛。退出比赛后，却遗憾地发现放弃比赛的地点距离目标只有咫尺之遥。此时这位选手追悔莫及，只要再努力一下本来他是很有希望夺得夺冠的，但是机会已然错过，再也不会有了。

对于一个运动员而言，如果自己没有明确的目标，那么很容易就会中途就放弃，最终与成功失之交臂。对于理财也是同样的道理，很多人因为有明确的目标，最终取得了成功。但是很多人就是因为没有设立明确的目标，从而错过了很多理财的最佳机会，最后只能感叹自己当时没有很好的规划。

那么应该怎样设立成功的理财的目标？

1. 设立人生理财目标

设立自己人生的理财目标，确定自己的人生方向，然后在这个大的目标之下理性地选择不同阶段的理财方式，唯有如此才能取得丰厚的收益。千万不要被短期的目标所迷惑，同时也不能只看眼前，不能因为眼前还做不到就觉得以后也做不到。俗话说得好，机会是留给有准备的人，一定要

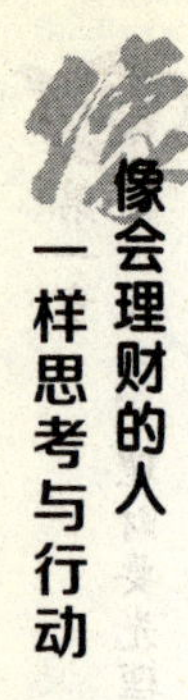

早做好成功的准备，不能机会来了，你还没有准备好，这样会让你与财富失之交臂。

2. 设定好短期目标，不要好高骛远

我们以前总是有很多的梦想，为自己设立远大的目标。还记得吗，我们小时候的梦想都想成为科学家，成为金融家，成为富有的人。但是长大之后我们会发现，其实有很多目标都没有实现。原因是什么呢？世事变化，很多时候的事情不是我们所能掌控的，也不是我们想如何就如何。但是还有一个很重要的原因就是，我们并没有为这个梦想付出行动，最终导致我们失败了。我们必须要知道，事情是一步步做成的，每一步在行动时都要谨慎，这样才能取得最佳效果。

在生活中，大多数人总是重视中长期目标的设立，往往忽略一些短期目标的设置，但是我们要知道短期目标是长期目标的基础，有了短期目标才能一步步地实现长期目标。同样的道理，长期目标也必须要由一个个的短期目标才可能实现，绝对不可能一下子就能实现很长远的目标。

举个很简单的例子，假如你想一年存款十万元，那么你就必须算好，每个月要存上多少钱，然后慢慢地一个小目标一个小目标地去完成，而且要不断地督促自己，千万不能放松了对小目标的努力，否则，大目标就会很难实现。

3. 适合自己的目标是最好的目标

大家都知道每个人脚是不一样的，那么我们穿的鞋也会不同，千万不能看别人穿着好看，自己也买回一双同样的来，那样的话，受苦的是自己。在一生中，要想有属于自己的风格，最忌讳的就是跟风，不要太好高骛远或者盲目地去追求，一定要找到最适合自己的。一定要记住，只有适合自己的才是最好的。

从理财的角度而言，理财要慎重地选择，在选择之前，一定要认真地考量自己的财产状况以及自己的时间、精力等各个方面，千万不要跟风。很多时候一种理财方式放在别人身上能发财，放在你身上就不一定合适。所以，要选择最适合自己的理财方式。

日本松下电器公司一直以来奉行“只改进，不发明”的原则，专门针对公司买进的电器专利，以及竞争对手的产品进行改进。松下先生认为，这种做法与发明相比较的好处在于：一是节省时间；二是降低费用；三是保证效益。比如，他们曾经成功地改进了索尼公司的"贝塔马克斯"录像机。虽然索尼公司的录像机先行进入市场，但是经松下改进后的录像机容量大，体积小，性能可靠，并且价格低，最后还是松下赚了大钱。

有时候创造的关键并不是从无到有，只要找到适合自己发展的道路，才能发展壮大。

我们一定要记住，要实现目标就要一步步地来，要先学会尝试着做，千万不能在某种投资上投入过多甚至是全部的金钱。另外在选择理财方式的时候，注意规避风险。要学会同一个篮子放不同的菜，千万不能抓住一样菜不放，这样也许会一口吃个大胖子，但容易营养不良。在选择的时候尽量的多样化，同时还要注意在不同的年龄阶段应该设立不同的理财方式，千万不能以一种理财方式贯穿到底。

人一定不能荒废自己最佳的理财时机，在年轻的时候我们就要为自己设立良好的目标，并且找到适合自己的目标，千万不能随便地去投资，也不能总是跟在别人的屁股后边，这样最后失败的是我们自己。

错误的消费观念会害你一生

大多时候尤其是年轻人都喜欢和别人比较，而且还有些小小的虚荣。但是我们要知道，虚荣是需要资本的，而且虚荣需要的成本绝对不只是钱，而牺牲掉的是幸福和轻松。就像人买东西一样，买的东西也不是越便宜的越好，有的时候便宜的东西看起来省了钱，其实则不然，你会在同样的东西上重复投资。

买东西看的是什么？是价钱还是质量？有的人说是质量，只要质量合格，多贵的也能接受。有人说是价钱，如果要省钱的话就买便宜的东西，要炫富的话就买贵的东西。但是总的原则一定是省钱。省钱不代表着就一定要买便宜的，而是要用长远的目光看问题。有时候花钱是为了买实惠，有时候花钱是造成浪费。买东西的时候先看质量，质量不好的东西再便宜都是浪费钱，质量好价格又合适的才是最完美的。

女人一般都很要面子，一群女孩子在一起，总喜欢把男朋友给自己买的东西做一番比较，总会觉得价钱越高就越有面子，哪怕这个东西并不是很好，但是价格标在那里，也会非常的开心。甚至很多女孩子都是以价格的高低来看东西的好坏，觉得价格高的就是好的，即使不好也是好的，因为能够说得出去，这样显得面子上有光。这是我们中国人的通病，通常看事情的时候总看表面的现象，然后再深入进去看别的，结果发现个个都像是外貌协会的！

商人也是聪明得很，大多时候就是利用消费者虚荣的心理，故意把商品价格提高。明明一件东西不值那个价钱，但是非要往上提价，因为有时候价格贵的东西并不一定就难卖。例如50元一瓶的矿泉水，99元一碗的面条，100元一盒的香烟，5000元一部的手机，标价1000万元一辆的汽车，这些越贵的东西都卖得特别好，甚至出现了供不应求的局面。想买还要提前一个月预订，还有需要提前半年预订的，这都不算什么，最可气的是，即便是提前预订了也不保证一定能买到现货。

但是生活还是生活，年轻人可千万不要掉入这样的陷阱里拔不出来，否则吃苦的是自己，花费的可都是自己的钱。现在提倡平民消费，拒绝比品牌。现在还是有很多人在选产品的时候喜欢选择品牌的，甚至有的还喜欢选择进口货。还有很多人在买东西的时候很纠结到底是国产的品牌好还是进口的品牌好。这个时候我们可以多加尝试一下，其实很多不是品牌产品的质量并不差，与其选择价格很高的进口货、品牌货，不如尝试着选择一下国产货，这样你就会比较出来哪个更好，更适合自己的需要。

国产的产品在国内生产，就没有了进口关税。同时广告费用和运输费用也非常的低，成本自然就下降了，价格自然而然就会比进口产品便宜很多。这就是进口产品比国产的贵的主要原因。但是从质量上来看，并不是越贵就越好，尤其像衣服之类的东西，我们完全就可以买国产的。同样的质量，品牌货不一定质量就好，并不是一定要买进口的，也完全可以选择国产的品牌，要是为了面子选择了进口品牌那就不值得了。现在很多商家的品牌就是凭借着广告打出去的，花了巨额广告费，让消费者铭记在心中，这样的话消费者在购买的时候就会很自然地想到这个品牌，但是这个品牌的产品质量究竟如何，真的不好评断。而且凡是品牌货都会有巨额的宣传费用和广告费用，这些费用你以为是商家出吗？你想错了。每一次广告费和宣传费都会算在每一件商品里，都会成为商品价格的一部分，所以商家的广告费是由你来付的！很多产品可能没有打广告，不是名牌，但是用起来实惠，质量也很好。

通常衣服是我们的必需品，所以买衣服的费用也就成了我们支出的很大一部分，尤其是对于女孩子，可能购买衣服是支出的重要的一部分。我们去买衣服的时候会发现，在品牌店凡是刚刚新上的衣服一般不会打折，而且价格会比较贵，但是与此同时，商家也会推出很多打折的衣服，这些衣服大多是过季的衣服，换季的时候就会特别的便宜。所以会买衣服的女孩子不妨尝试一下反季购衣这个方法，或许会给你带来一些惊喜！

通常在反季购衣的时候，我们会看到价格上便宜了很多，有的甚至会打出 1 ~ 3 折的价格，可能原来 1000 块的衣服，你只用两三百块就买到了，的确还是很诱人的。或许有很多女孩子觉得，过季的衣服明年再穿就过时了，但是仔细想想，我们的衣服不可能只穿一年就不穿了，很多时候要穿好几年，在这个时候你要是能淘到你喜欢的品牌和款式，那么就是一件很值得开心的事情。

在换季的时候，不妨出去逛逛，也许就能看见你心仪的衣服，既帮你省了钱，又能把你打扮得漂漂亮亮的！何乐而不为呢？

买东西的窍门还有很多，这里需要强调的是，在买东西的时候不一定越贵的就越好，也不一定越便宜的越好，购物时既要看价格又要看质量，同时还要看自身的需要，只有纠正自己在对金钱方面的这种错误观念，才能做一个真正精明的会理财人士，从而进一步将自己的生活打理得井然有序。

理财从改掉小小的生活坏习惯开始

生活里，很多人在花钱的时候特有激情，敢于超前消费，敢于花明天的钱享受今天的生活。他们到月末时，不管是口袋里还是信用卡的余额永远是零，并用还要经常面临借债的窘境。很多时候，他们明明知道这样做

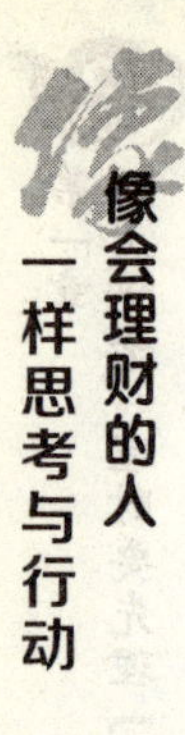

是不对的，却还是克制不住自己的欲望，不花钱就心里好像缺少什么东西似的。这些人之所以会成为月光族中的一员，其中一个很重要的因素是自制力太差，做事没有计划性。对于此类的年轻人，最好的办法就是培养自己的自制力，采用强制性的方式来改掉自己的一些坏习惯。如果这些坏习惯能改掉，那么这些人同样可以创造很多财富，所以说："自制力能带来财富。"

假如有人告诉你："如果你能戒掉抽烟喝酒的习惯，我可以给你300万美元"，你能做到吗？其实，戒掉生活中的这些坏习惯就可以帮你节省出不少财富。

举个例子来说：假如你每天喝3杯可乐，你1天就要花掉4美元。每周7天，也就是28美元。这些数字听起来似乎并不是很大，但如果以年为单位来计算，你每年在可乐上就要花掉1456美元。如果你把这笔钱用于投资，按照10%的收益率计算，一年之后你的收益将达到1601美元［1456×（1+10%）=1601］。如果按20年计算的话，你在可乐上的投资收益一共是8.9万美元（每年多加1456美元的本金）；如果按30年计算，你的收益将是25.7万美元；按40年计算，你的收益将是69.2万美元；按50年计算，你的收益将达到惊人的300万美元。所以如果你在18岁的时候开始戒掉喝可乐、抽烟以及快餐这三项开销的话，等你到73岁的时候，你把所节约下来的钱用于投资后的收益将达到900万美元。

如果你每天吸一包或二包香烟，喝三杯苏打水，或一个星期吃四次快餐，喝三次星巴克，这就意味着你有这三项坏习惯。那么在这十年之内，这些坏习惯将耗费你900万美元。

并不是所有的年轻人都能意识到正因为这些习惯在阻碍自己的前进。也许她们会告诉自己："仅仅只是4美元而已。"但事实上，这些东西正在慢慢偷走她们未来的投资能力。

为了得到这300万美元会有多少人愿意戒掉喝可乐这个的习惯呢？

不妨这样告诉自己："只要我能戒掉这个习惯，就会有人给我300万美元。"可能你会有更多的坏习惯，这样你就会有更多的钱拿来投资，而这些资金又会自行增值。当你在银行有了2.5万美元存款的时候，你就会惊讶地发现自己居然有那么多可以随意支配的资金。比如说你想从银行贷款。当你在银行的存款达到一定金额的时候，他们就会说："好吧，如果你需要的话，我们可以贷给你更多钱，拿去用吧。”这样的话，你就可以支配更多别人的而不仅仅是自己的资金。一旦有了更多的钱，你就可以用来进行投资，去努力实现自己的梦想。

那么从现在开始行动吧，把自己的坏习惯一一记录下来，然后张贴到一个让你一早起床就能看到的地方。比如说你可以把它贴到冰箱门上，这样每次想要喝可乐的时候，这张纸条就会提醒道自己：“哦，我的天呐，这要花掉我多少美元啊！我才不会这么浪费呢！”

如果你能够进一步提高自己的自制力，将你收入的10%用来投资，它会发生怎样的结果呢？即便是你一直没有得到加薪，你每天只能赚到80美元，但是你只需要拿出其中的10%，也就是每周40美元，用这40美元来进行投资，这也就等于你改掉了一个坏习惯。而且这还只是简单的投资，不包括其他的投资。只要你能继续坚持下去，50年之后，你所节省下来的这笔资产就能达到450万美元。如果你能同时再改掉3个坏习惯，那么你就会有1350万美元的资金。然后你就会惊奇地发现，改掉这些小的坏习惯居然可以为自己带来如此巨大的收益。这是一个非常有趣的数字游戏，一旦省下2.5万美元，这笔钱就会为你工作。把它存到银行里，你就可以用银行贷款来进行投资，不到10年，你就可以用这笔钱赚到成百上千万美元。也就是说，即便你每天只赚80美元，改掉这些坏习惯却可以让你获得数百万美元。

现在就开始，在行动计划上写下自己决心吧，彻底改掉自己的坏习惯。让这些坏习惯成为自己赚取更多钱财的有力工具吧！

要有理智而淡定的投资心态

许太太经营了一家小型服装厂，由于服装厂的效益还不错，因此赚了不少钱。2006年正是股市的黄金时期，于是她听从银行理财师的建议，买了10万元的基金。出乎意料，半年后，10万元的基金翻了一番。于是许太太被其吸引又增加了基金的投资额度。同时，许太太开始炒股。看着账户上资金不断的增加，许太太笑开了颜，连服装厂也不管了，整天守着红绿相交的电脑屏幕。然而好景不长，很快股票市场就风云突变，股票从6000点很快跌到了2000点，许太太于是就被套牢了。前后一算，不仅没赚到钱，反而亏了50多万元，还连带着赔了一家服装厂。

从上述案例中可以看出，许太太的做法是不可取的。理财的核心在于合理分配资产和收入，最终达到财务自由的境界，不仅要考虑财富的积累，也要考虑财富的保障，不仅要为利润而投资，但也要对风险进行管理和控制。事实上，这都是一个叫作贪婪的“心魔”在作祟。如果许太太能够战胜心魔，理性投资，合理分配资产，就可以降低投资风险。即使股票有损失，也不至于让自己变得一无所有。

那些在理财的道路上能够取得高收益的人往往都能一边学习丰富的理财知识，一边改变自己的思想、感受、态度和信念。通过这两方面的相互结合，取长补短，最终走上财富自由之路。

如何期待我们提高收益标准的真正起点是我们唯一能掌控的事物。我们无法消除对外界的障碍，但我们可以消除自己内心的障碍；我们没有任何能力来改变环境，但我们可以改变自己对环境的态度。心智是最有力的工具，它可以改变你与金钱的关系，提高你赚钱的能力。

在理财过程中，最常见的投资理财心魔是盲目的从众心理，即我们通常所说的“羊群效应”。股市越是上升，投资者就越会变得贪婪；而当股市下跌，投资者就会有更多的恐惧感。如果战胜不了“羊群效应”这个心魔，投资者就只能忙忙碌碌辛苦付出，到最后徒劳无功、颗粒无收。股神巴菲特的成功，在于他从不随波逐流，能做到真正降伏自己的“羊群”心魔：“在别人贪婪时要恐惧，在别人恐惧时要贪婪。”

就像我们前面提到的许太太，她就是因为贪婪，把自己的全部资产都套牢在股市里了，最后连自己的服装厂也搭进去了。如果许太太能够克服这种贪婪的心魔，在股市从6000点下跌到5000点的时候，她就应该退出来，虽然这样没有赚到在6000点的那样高的收益，那毕竟还是有收益的。其实投资理财只要有所赢利就可以，就像温州人投资房地产的一个秘诀一样就是“只要赢利5%就撤”，积少成多，时间久了，我们也是可以变得富有的。

在理财的道路上，我们除了要打败贪婪这个“心魔”之外，我们也要注意蛇咬效应。俗话说：“一朝被蛇咬，十年怕井绳”，在理财的过程中，这种“蛇咬效应”与“羊群效应”一样也是我们需要战胜的心魔。大多数人在进行投资理财的时候，因为自己的操作不慎或者是其他的原因，让自己的金钱遭受损失，这就会让自己对投资理财产生了一种恐惧的心理。为了让自己的资产不再遭受损失，有些人从此拒绝投资理财。其实遭遇一次大的挫折算不了什么，坚持总会等来下一次的强劲回升。而享有“全球投资之父”盛誉的约翰·邓普顿始终对市场保持着一份乐观与自信，他绝不会因为一两次的挫败就陷入“蛇咬”心魔不能自拔。

在投资理财中的非理性情绪的投资行为，都可以被称为“心魔”。其实承认它的存在并不可怕，关键在于有恒心和毅力去战胜它。只有尝试过理财的人，才能感受到不理财的生活是何等的浑浑噩噩。战胜“心魔”，让自己全身心地投入到理财中，才能通过理财改变我们的生活。这样的“心魔”不仅在理财前会产生，在理财过程中，也经常遇到各式各样的“心魔”。在投资理财的领域中，我们也需要面对许许多多的心魔并勇敢地战胜它，才能赢得卓越的创富人生。

另外，我们不妨尝试以“吾日三省吾身”的心态去努力戒除投资中的“心魔”，终有一天我们自己也能平静地面对市场风云而进入“得意淡然，失意坦然”的投资境界，成为投资理财人士中的佼佼者。

第二章

修炼自己，根基深厚的人“财运”旺

修炼行动力，从你的当下开始

如果你留心观察就会发现，社会上那些事业成功的有钱人，他们身上似乎都具备一些共同的品质。比如豁达、厚道，注重细节，有勇有谋，此外还有一个重要的特点，那就是行动力很强。有些人喜欢沉湎于过去的辉煌和美好，我们无法活在过去，过去的事情已经无法改变，徒劳地回忆，只会让你徘徊不前，只有活在当下，想到就立刻去行动，在不断的尝试中获取经验，才能不断地累积财富，获得成功的可能。

很多人想创业，却总是犹犹豫豫，害怕失败，总想等到“万事俱备，条件成熟”。其实，条件并不是等成熟的，而是逐渐开始成熟的，在打拼的过程中完善并走向成熟。再好的新构想也会有不完美的地方，即使是很普通的计划，如果切实执行并且不断修正，贯彻下去，都比没有执行要好得多；因为前者会收获许多经验，后者却一无所成。

我们很小就读“寒号鸟”的故事。生活中也是这样，同样面对一件事情，有的人总会等到事情不能再拖时才会开始行动。而有的人却恰恰相反，他们会以积极的姿态立刻采取积极行动，后者才是真正具有行动力的人。实践证明，那些“等明天”的人一直都徘徊在贫困边缘，无数的明天就这样在等待和怅惘中悄悄溜走了。

小王与小赵是很要好的朋友。几年前，两人看到本地人的生活开始有所改善，从人们的衣着服饰就看出了日新月异的变化，于是灵机一动，两人决定各自开办一家服装加工厂。小王说做就做，立即招兵买马行动起来，没过多久，就将产品推向了市场。

而小赵却多了个心眼儿，他想先看看小王的服装厂经营得怎么样然后再做打算，因此没有立即行动。事实上，小王的服装厂开办不久，确实遇到了很大困难：市场打不开，产品滞销，资金周转不灵，工资不能按时发放，工人的积极性下降……一看到这种情况，小赵暗自庆幸自己当时没有

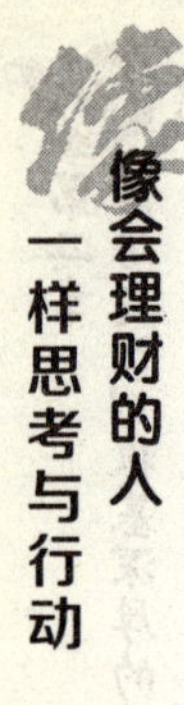

盲目地投产，否则自己也将会陷入困境。

然而顽强的小王并没有在困难面前倒下，他针对困难积极寻找解决方案，很快就将问题逐一解决了。一年后，他的服装厂终于渡过难关，利润也滚滚而来。

看到小王一天天鼓起的腰包，小赵后悔莫及。于是，他也开办了一家服装厂，但此时已为时过晚。由于早办了一年，小王赢得了众多客户和广阔市场，而小赵由于步其后尘，在有限的市场资源下，许多客户和渠道都被小王抢去了。几年之后，小王的行销网络逐渐扩大，已拥有数百万资产。小赵的服装厂却一直没有做起来。

从上面的案例中可以看出，这两位朋友同时看到了机会，但小王马上行动，抢占先机；小赵却犹豫观望，坐失良机，最终失了心气和财运。拿破仑曾说过："行动和速度是制胜的关键。"如果你一直在想而不去做的话，事实上就等于原地踏步，而每一个成功富有的人士，都能在最短的时间采取最有效率而且大量的行动。

不要总是试图猎奇，也不要试图标新立异；切莫以为只有去做一鸣惊人、不同寻常的大事，才有可能走向致富。假如你终于行动了，但还没有取得成功，原因就是你太慢了。事情到了执行的时候，效率就是最好的成功要素；这就好像一颗子弹在空气中的运动一样，其飞行之迅速为人目所不及，只有这样才能具备吸引财富的宇宙能量。

所以要想致富，就不要在行动时三心二意，要集中精力去做，行动的效果取决于你集中精力全力以赴的程度，更取决于你行动的速度，你的行动越快，就越容易取得成功。可见，有的人始终原地踏步，很多时候不是因为没有梦想，而是没有去用行动将梦想变成事实。

放下面子，才有更多的可能性

中国人行事为人最大的障碍就是"面子问题"。许多人都很爱面子，这既是好事又是坏事。说它是好事，是因为爱面子能让一个人的行为有所约束，不会做任意妄为的事；说它是坏事，是因为太爱面子使一个人思维和行动受到了局限，能够使人患得患失，变得日渐虚荣。或许，每个人都爱惜自己的面子，但生活中的许多事情都需要我们放下面子，只有放下了面子，才能够有魄力打破思维的界限，想平时不敢想，做平时不敢做，只有心灵无疆域，财富才会不受限制地涌向你。

明恩溥是美国一名牧师，他在《中国人的气质》一书中提到："初看上去，用'面子'这个全人类都有的身体部位来概括中国人的性格，没有比这更为荒谬的事情了。但是在中国，'面子'一词可不是单指脑袋上朝前的那一部分，而是一个语义甚多的复合词，其内涵之丰富，超出了我们的描述能力，或许还超出了我们的理解能力。"

没错，中国人好面子的程度的确远远超出了他们的理解。比如，有人宁可贷款也要买辆小汽车，为的就是让人说他"你看某某都开上车了"，实际上他每天都在为汽油钱犯愁；有人即使啃老也要付个首付，为的只是让人羡慕他年纪轻轻就有了自己的房子，实际上他每天压力大得寝食难安；有的人实在没有钱，便只好吹，吹来吹去却吹漏了底。这些好面子引起的行为，说白了就是打肿脸充胖子。

每个人都有自己的生活圈子，对很多人来说，放下面子，有可能最初受到的是周围人异样的目光，甚至会一度让自己陷于非议和孤立。但是，当你打破面子的束缚迈出了第一步，并最终获得了成功，周围人的目光会由异样变成欣赏，甚至在心里默默地崇拜你。

以"疯狂英语"闻名于世的李阳，在少年时代并不是个疯狂的人。十几岁的时候，他性格十分内向，不喜欢与人沟通。家里的电话一响，他就会立刻躲起来；家里来了客人，他从来不主动和客人说话。

有一次，他得了鼻炎，需要电疗治疗。然而，就在做电疗的时候，器械意外地漏电了，李阳的脸被灼得一阵刺痛，但他由于害羞，一直闷声不语，等电疗做完，大家才发现他的脸被灼伤了。为此之故，至今他的脸上还有一小块伤疤。

上大学的时候，李阳仍然是个内向的学生，他轻易不会和别人讲话。而且，他的学习成绩也不好，尤其是英语成绩，经常需要补考才能过关。

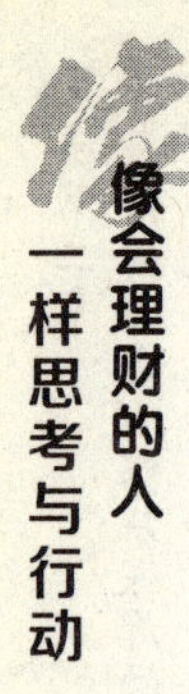

在大二的时候，他报名参加了大学英语四级考试。并不是他想考四级，而是如果四级通不过，他连毕业证都无法拿到手。报名四级考试后，他不得不加紧练习英语。每天早上，他都会到学校一处幽静的树林中大声朗读英语。很快，李阳发现这样大声地读出来，不但能够加快记忆，还能练习口语。此后，李阳天天都去树林中读英语，他的英语水平也突飞猛进。当然，他的英语四级考试轻而易举地通过了。

这件事让李阳终于明白，一个人要想成功，就得放下面子，敢于大声讲出来。有了在英语方面的突破，此后，他不管面对多少人，都能够大声说话了。后来，他将自己学英语的心得写成了演讲稿，准备办起了一个英语讲座。在讲座上，李阳不管别人怎么看，依旧我行我素，演讲出人意料地成功。在这次讲座上，李阳说了一句这样的话："我喜欢丢脸！"这，就是他从一个内向的小男孩成长为"疯狂英语"创始人最重要的感悟，也是他走向成功的真实原因。

实际上，很多时候面子就像一条无形的枷锁，重重地锁在人们身上。这种虚假的东西会给人的生活及成长造成极大的麻烦，它在无形中便把人圈定在某一身份、价值、理念等等之中。如果让自己纠缠在面子问题上无法自拔，那就很难超越自己，向前迈进一步。

阿里巴巴董事长马云曾说："如果你现在经营的是一家小公司，或者公司里只有两三个人，那你就最好低调一些。不要到处嚷着自己是什么CEO、COO、CFO，这样好面子不但不能给你带来什么好处，还会引起别人的反感。"

我国有句俗话："脸皮薄，吃不着；脸皮厚，吃个够。"这话听起来很糙，但理却不糙，对于成就事业、获取财富是百试不爽的妙招。从历史上来看，大凡成功者都是脸皮厚的人，其中最为著名的莫过于越王勾践。他在吴王夫差面前像个侍者一样，招之则来，挥之则去，受尽屈辱。然而，正是靠着这种厚脸皮，勾践最终换来了"三千越甲可吞吴"的辉煌成就。

因此，任何时候都不要太过于在意自己的面子。只有最终放下面子，你才能放下对自己虚妄的期待，此路不通就换条路走，高不成就从低处做起，这个社会通常会按结果来评价人，只要你做的事符合国家法律规范，只要你最终获得了成功，你就会赢得人们的尊重。有一天，当你真正能放下面子的时候，你会发现，其实赚钱并不难，成功也很简单。只要自己肯低一下头，弯一下腰，财富的方向盘就会自动地转向你！

敢于试错，财富才会围着你转

世界上的每一种事物都蕴含着无尽的商机和可能，会随时带给人神秘、新奇的发现或意外惊喜。有的人始终保持着对世间事物的好奇心，选择不断地去尝试，并通过尝试来学习更多的经验和技能，这也是它们经常使用的学习方式。也正是因为能够不断地尝试，他才最终获得了超凡的能力，才得以获得超凡的能力和生存的技能。

有的人就如狼一样，在不断的尝试中积累经验和素养，吸引财运滚滚而来。由此可见，人不尝试就永远不会取得成功。

亚洲有一户穷人，他们省吃俭用积攒了几年钱，存够了去美国的下等舱船票的钱，他们就出发了，打算去美国寻找发财的机会。

为了节省开支，妻子在上船之前准备了许多干粮，因为船要在海上航行许多天才能到达目的地。孩子们看到船上豪华餐厅丰盛的美食都忍不住向父母哀求，希望能够尝到一点点，哪怕是剩菜冷饭都行。可是父母不想被那些用餐的人看不起，就劝住自己的孩子，并且守住下等舱门口，不让孩子们出去。于是，孩子们只好和父母一样在整个旅途中日复一日地吃自己带的干粮。

其实父母何尝不是和孩子们一样渴望吃到美味食物？不过他们一想到自己空空如也的口袋就打消了这个念头。很快，旅途还有两天就要结束了，可是这一家人带的干粮已经吃光了。被逼无奈，父亲只好去请求服务员赏给他们一家人一些剩饭吃。听了这位父亲的哀求，服务员吃惊地说："为什么你们不到餐厅去用餐呢？"父亲回答："事实上，我们没有钱。"

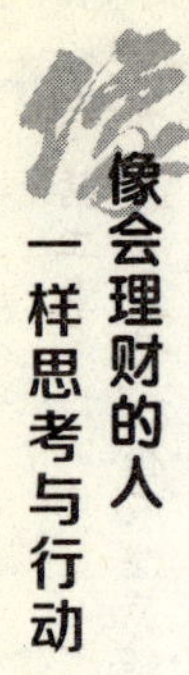

“可是只要是船上的客人都可以免费享用餐厅里的食物呀！”听了服务员的话，父亲大吃一惊，几乎要跳起来了。

这可能只是一件小事。但如果他们肯在旅行开始时去问一问，就不至于在一路上都吃自带的干粮了。他们不去问船上的用餐情况，最根本的原因是因为自己穷，没有勇气去问，因为这一对父母在头脑里早就给自己设了限——穷人是没钱去豪华的餐厅里享受美食的，于是他们就错过了十几天来大人孩子一起享用美食的机会。

由于没有勇气尝试而无法获得成功的事情其实又何止这些！也许你几番尝试，最终也不见得就会取得成功，但是如果你不鼓足勇气去尝试，那就永远没有成功的机会。

人的一生都是这样的，因为没有勇气，担心失了颜面，我们会与许多好机会擦肩而过。很多人抱怨上天不佑，感慨造化弄人。其实机会就在自己身边，只是因为担心和恐惧，进而顾虑重重，最终自行放弃了。而机会一旦丧失，就很难重新拥有。很多时候，只要积极地去尝试、努力，纵使这次没有取得成功，你也收获了经验，而且你的精神意志也会在不断的尝试过程中逐渐变得更加坚强。

据说有一个人有天晚上遇到一位天使，这个天使告诉他说，将有一件大事发生在他身上，他将有机会得到很多财富，并且在社会上获得卓越的地位，还能娶到一个漂亮的妻子。于是这个人就回到家里傻等。终其一生都在等待这个奇迹的发生，可是最终却什么事也没发生。他穷困地度过了一生，最后在孤独中绝望地死去。

死后的他来到天堂，再次看到了那个天使，他对天使说：“你说过要给我财富、很高的社会地位和漂亮的妻子的，为此我等了一辈子，却什么都没有得到，为什么呢？”

天使回答说：“我没说过那种话，我只承诺过要给你机会得到财富，一个受人尊重的社会地位和一个漂亮的妻子，可是你却让这些统统从你身边溜走了。”

这个人迷惑地问：“我不明白你的意思。”

天使回答说：“你是否还记得你曾经有一次想到一个好点子，可是却迟迟没有行动，因为你怕失败而不敢去尝试。”这个人点点头。

天使继续说：“因为你没有去行动，这个点子没过多久便被另外一个人实现了，那个人最终成了最有钱的人。还有一次，你或许还记得，城里发生了地震，许多房屋都被毁了，数千人被困在倒塌的房子里，你有机会去帮忙救助那些存活的人，可是你却担心自己的安全而踟蹰不前，只守在自己的房子里。”这个人听了天使的话，羞愧地点点头。

天使说：“那是你的好机会，去救助人你也可以因此获得很大的尊敬和荣耀啊！”

天使继续说：“你是否记得有一个头发乌黑的漂亮女子，那个你曾经十分强烈地被她吸引的女子，你从来不曾这么喜欢过一个女人，之后也没有再碰到过像她这么好的女人。可是你却在她面前产生了自卑心理，因为害怕被拒绝而迟迟不敢向她表白，就让她从你身旁走开了。”这个人流着泪点点头。

天使说：“我的朋友啊！她原本应该是你的妻子的，你却在迟疑中轻易错过了这个好姻缘。”

事实上，每天在我们身边都会围绕着很多的机会，包括致富的机会，获得爱的机会，可是我们又有几个人不是和故事里的主人公一样呢？一样的行为模式，一样的思考方式，胆怯、自卑，思前想后，徘徊不前，最终错过了许多机会。我们因为害怕被拒绝而不敢跟人接触；我们因为害怕被嘲笑而不敢跟人沟通情感；我们因为害怕失落的痛苦而不敢对别人付出承诺。一个人一生中的许多时候是靠自我激励才能前行的，这个鞭策的力量就是我们前进和成长的动力，有句话说得好，“人无惧，百事可为”。

无论此时此刻你是谁，你对自己的评价如何，勇敢地去行动，不断地试错，用行动改写一切，积累经验，获得财富。你丰盛的心智，多彩的生活，全都在一个“勇气”上。有了勇气也就拥有了一切成功的可能，这也是富人之所以成为富人的一个根本素养之一。

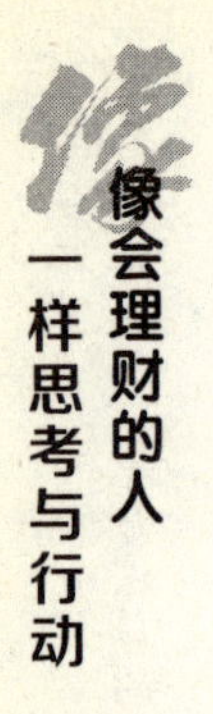

暂时示弱才能与机会前行

如果观察那些“有钱人”身上的特质，你会发现他们并不如你想象中那样有多么“强大”，那么凛然不可侵犯。他们一般都是谦和有礼的人，不温不火，懂规则、有底线、有行动力，能够抓住机会。因此，你认识到，真正的强者并不是看上去有多强大，不是那种外强中干，狐假虎威的人。恰恰相反，他们从不自诩为强者，在必要的时候，他们还能放下身段，向他人示弱。而这种品质，恰恰是很多囿于面子和自尊的人很难做到的。

在日常生活中，我们常用“毫不示弱”来形容一个勇敢的人，但时时处处不示弱的人只能获得“好强”的美名，却很难成为真正的成功者、有钱人。倒是有些人，凡事忍让，不逞能，不占先，心境平和宽容，能抛除私心杂念，不受外界干扰，做事持之以恒。他们即使遇到打击，也能处之泰然。这种人跑得不快，但能坚持到终点。就像马拉松比赛，有些人喜欢领跑，有些人喜欢跟跑，事实证明，领跑的人大多是半程冠军，在前半部分风光无限，而紧紧跟跑的人，不显山不露水，却会在最后关头适时提速，脱颖而出，笑到最后。

世间的英雄就像龙一样，能大能小，能升能降。大可以吞云吐雾，小可以隐藏于无形；向上可以升腾于宇宙之间，向下可以潜伏于大海深处。俗话说，“识时务者为俊杰”。龙蛇之蛰，以求存也。只能大不能小，只能算条虫罢了。

《三国演义》里有一个煮酒论英雄的故事。一天，曹操邀刘备入府饮酒。二人对坐，开怀畅饮。酒过三巡，曹操问刘备：“你周游四方，一定知道当今的英雄，请简单说一说。”刘备说了几个人的名字，曹操都摇了摇头。曹操接着说：“所谓英雄，就是要胸怀大志，腹有良谋，有包藏宇宙之机，吞吐天地之志。”刘备问道：“那么谁能称得上是英雄呢？”

曹操用手指了指刘备，又指了指自己，说道："现在天下能称得上英雄的人，仅你与我两人而已！"刘备一听，大吃一惊，吓得手中的筷子都掉在了地上。好在此时雷声大作，刘备巧妙地借雷声掩饰住了自己心里的惊恐。刘备为什么会被吓成这样呢？因为他与曹操并不是一条心，他正在韬光养晦，他害怕曹操发现自己的意图。

刘备能够成就自己的事业，当然首先在于他脑中始终藏有一股收拾天下的霸气，这股霸气来自于他跟自己赌着一口气，也来自他跟曹操赌着的一口气，这就是做个乱世英雄而不屈居人下。刘备能成就事业其次就在于他聪明的做事方法，也就是为求存而善于蛰伏。

刘备一生有"三低"最著名，它们奠定了他王业的基础。一低是桃园结义，与他在桃园结拜的人，一个是酒贩屠户，名叫张飞；另一个是在逃的杀人犯，正在被通缉，流窜江湖，名叫关羽。而他，刘备，皇亲国戚，后被皇上认为皇叔，肯与他们结为异姓兄弟，这一来，两条浩瀚的大河向他奔涌而来，一条是五虎上将张翼德，另一条是儒将武圣关云长。刘备的事业，从这两条河开始汇成汪洋。

二低是三顾茅庐。为一个未出茅庐的后生小子，前后三次登门求见。不说身份名位，只论年龄，刘备差不多可以称得上长辈，这位长辈喝了两碗那晚辈精心调制的"闭门羹"，他毫无怨言，一点都不觉得丢了脸面。连关羽和张飞都在咬牙切齿。这又一低，一条更宽阔的河流汇入他宽阔的胸怀，一张宏伟的建国蓝图，一个千古名相。

三低是礼遇张松。益州别驾张松，本来是想卖主求荣，把西川献给曹操，曹操自从破了马超之后，志得意满，骄人慢士，数日不见张松，见面就要问罪。后又向他耀武扬威，引起对方讥笑，又差点将其处死。刘备派赵云、关云长迎候于境外，自己亲迎于境内，宴饮三日，泪别长亭，甚至要为他牵马相送。张松深受感动，终于把本打算送给曹操的西川的地图献给了刘备。这再一低，西川百姓汇入了他的帝国。

最能看出刘备与曹操交际差别的，要算他俩对待张松的不同态度了：一高一低，一慢一敬，一狂一恭。结果，高慢狂者失去了统一中国的最后良机，低敬恭者得到了天府之国的川内平原。

在这个故事中，刘备胸怀大志，却平易近人礼贤下士，慢慢成就了自

己的基业。与之相反，曹操心高气傲，目中无人，白白丢掉了富饶的天府之国，并且还因此延误了统一中国的大计。单从这一点上看，刘备是真英雄，虽然他并没有所谓的气势和架子；而曹操则一向狂傲，耀武扬威，他因此吃了大亏，其实一点都不冤。从某种角度我们可以这样说，一个人能够成为云中龙还是草中虫，是大龙还是小龙，不仅仅是你有无志气，还由你做事是否能屈能伸来决定的。

弱者是对强者的示弱。弱和强是相对的，在暂时处于弱者地位的时候，人必须示弱，以避锋芒、养精蓄锐、蓄势待发。越王勾践“卧薪尝胆”，最终打败吴国；孙膑遭受髌刑后，经受各种耻辱，最后终于打败庞涓，还有蔺相如向大将廉颇示弱求得和睦，都被后世传为美谈。

在这里，示弱只是一种手段，通过示弱获得成功才是最终的目的。在这个复杂的人性丛林中，很多时候我们都需要将自己好好地隐蔽起来，等待该出手时再出手。如若沉不住气，一时冲动，就有可能暴露自己，遭到毁灭性的打击。

示弱，并不代表你真正的“弱”。要知道，水是最柔软的，但没有任何一样东西可以打败它。老子说过，“天下之至柔，驰骋天下之至坚”，意思是天下最柔弱的东西，能驾驭天下最坚强的东西。还说，“天下莫柔弱于水，而攻坚强者莫之能胜。以其无以易之。”意思是天下没有一样东西比水还柔弱，但任何能够攻克坚强的东西，却都不能胜过水，世上再也没有别的东西可以替换它，再也没有比它力量更大的东西。

老子的“道”即是“尚弱、尚柔、尚下”，最终达到“无为而治”的目的。向人示威，人人都会，向人示弱却只有少数人才做得到，因为示弱更需要智慧和勇气。生活中示弱，可以小忍而不乱大谋；工作中示弱，可以收敛锋芒并蓄势待发；强者示弱，可以展示博大的胸襟；弱者示弱，可以积累以渐渐变得强大。适度地示弱，就把自己置于一个弱者的位置上，这样就可以提高自身的忧患意识，同时也可以避开竞争对手的注意，以利于自己积聚力量，等待有利的时机，逐步实现人生的理想。

有些人看上去平平常常，甚至还给人“窝囊”不中用的弱者感觉。但这样的人并不可小觑。有时候，越是这样的人，越是在胸中隐藏着高远的志向抱负，而他这种表面“无能”，正是他心高气不傲、富有忍耐力和成大事讲策略的体现。这种人往往能高能低、能上能下，具有一般人所没有的远见卓识和深厚城府，这也是富有能力和财力者的重要品质。

自爱与爱人提升你的气场

浮躁的社会，一不小心就会使人走下坡路，一旦接受了诱惑的牵引，人就会迷失自己，负能量负气场也会随之而来，这样的人怎么会财运旺呢？虽然“自爱”是一个老生常谈的话题，但却是一个人安身立命之本，是一个人能否获得财富的必要条件。以自爱的方式来爱人，这是一个人人格尊严的体现。只有这样，你才能行事正，做事稳，才能在社交场合取信于人，初面就已信你七分，其他的几分在交流和接触中便会慢慢形成了，这样的人怎能不成功呢？

学会爱自己，才不会虐待自己，才不会刻薄对待自己，才不会强求自己做那些勉为其难的事情，才会按照自己的方式生活，走自己应该走的道路。一个有财力的人首先就是一个懂得如何自我爱护的、有尊严的人，因为他们知道只有懂得如何爱自己才能获得应有的尊重和信任。

从心理学角度看，人们的不自爱大多体现在两个方面：一方面是由于过去的失败经历造成的。另一方面是天性里对他人的依赖性过强。一种人过去生活中的痛苦、挫折与失败，早已让他们脆弱的心灵伤痕累累。他们日日纠缠于过去失败的痛苦中，不能自拔。一些过去生活的阴影所联结成的负面信息以惯性思维的模式不断在脑海中重演，有如自制的樊笼，越是挣扎便会将他们捆绑得越紧。他们每日里沉浸在哀怨与痛苦中，无法迈出超越自我情绪的一小步，更别提走上成功和致富之路了。而另一种人则可能是成长中缺少爱或者是天性脆弱，这使得他们的依附心理很强，总喜欢追随略有成功者的脚步，这样只能步别人的后尘，又怎么获得真正属于自己的成功呢？

可见，一个人不要光是羡慕别人获得的财富，首先要学会像有钱人那样做人处事，学习有钱人的品格，这样才能向身边的人释放正能量，才能更容易取信于人，最终获得人生和事业上的成功。大体来说，可以从以下几个方面做起：

1. 学会自律

人的一生总有许多时候没有人督促我们、监督我们、叮咛我们、指导我们、告诫我们，即使是最深爱的父母和最真诚的朋友也不会永远伴随我们，我们必须学会为自己生存，自律是拥有成熟自主人生的开始。

人不能从别人的眼光里寻找自身的价值，学会自律才能不自我姑息、自我放纵，而一个能够管理自己的人，才有足够的能力去管理别人。一个无法自律的人只能随波逐流，无法成就大事。如果你确实是一个意志比较薄弱的人，可以通过下面的小方法来提高自己的自我管理能力。

在手腕上戴一个皮筋，每次意识到自己在乱想的时候就拉起皮筋弹自己的手腕，皮筋弹到皮肤的痛感暗示自己不要再想了，几次下来就形成一个反射，一旦乱想就会想到痛，然后停止。这个方法很有用，可以让你控制自己的思想，不仅仅是感情，有时意识到自己在想不好的事情就命令自己不许想！皮筋在这里有一种喝令、禁止的意思，所起到的作用是阻止消极的自我暗示，并使得这种禁止形成一种惯性思维来支持你内心积极能量的涌入。

2. 快速调整心态

俗话说："饱汉不知饿汉饥。"一个人如果没有经历过别人的处境，有时是很难体会到别人的感受的，不知你有没有注意到，但凡有财力的人都能快速调整自己的心态，他们不但智商超群，还富有很高的情商。他们处变不惊，在面对突发场合事件时能够快速调整自己，把握事件脉络，不感情用事，以理性的方式处理事情。这就是一个人高情商的表现，无论遭遇什么样的责难，受到什么样的打击，哪怕是众叛亲离，也能够快速调整自己的心态，稳稳当当地把事情处理好。

3. 自我肯定

当一个人失去自我，无法肯定自己的时候，他是很不幸的。失去了爱的能力，常常会想尽一切方法来掩盖、来弥补，就像饥渴的沙漠需要水，他需要一切能证明自己存在的东西，但往往就是在这个时候，金钱、财富、地位、成功，等等，这些能够证明我们自己的东西反而离我们更远。

《世说新语》里有这样一则小故事：桓公少时与殷侯齐名，有一天，桓公问殷侯：“你哪一点比得上我？”殷侯思考了一下，很委婉地回答道：“我与我周旋久，宁作我。”

是的，何必羡慕别人？我有自己的性格与生活经历，不论遭遇是好是坏，一切喜怒哀乐都是我在承受与体验。我的生命是独一无二的，怎么可以拿来与别人交换！

不要羡慕别人的美貌，不要希冀有别人的头脑，不要模仿别人的身材，爱自己的出发点，就是勇敢地接纳并不完美的自己。眼睛小？没关系，眼小能聚光；身材矮？没关系，浓缩的都是精华……无论是哪里多一寸，或是少一寸，你都是上天的杰作，你没有理由轻视自己，你也是夜空中一颗耀眼的星星。

自我肯定是由内至外散发出的一份自信，绝不是孤芳自赏，更不是自恋，这份信心能令你在为人处事上从容、大度，不陷入世俗的旋涡中。自我肯定的主要内容是自我欣赏。

懂得自我肯定的人才有更充分的自信去获得自己想要的东西，这样的人让人们仰慕的同时又有些敬畏。需要注意的是，自我欣赏不能过火，更不要堕落成自恋狂。要知道，一个有社会基础的人，仅仅拥有外表的高贵是远远不够的，它更需要良好的文化修养和内涵。

4. 不依赖

很多人总是会使你产生依赖心，使你想变成菟丝花紧紧地依附在爱人这棵“树”上，一旦失去了“树”，就再也不能独立生长。

其实人们在寻找一棵大树之前，应该先将自己培养成一棵树。一个人要想强大自己，就要学会在经济上和精神上的双重独立。只有一个独立的人才是一个有尊严的人，也只有一个独立的人才能成为有自信的人，才能获得更多的财富。

总之，要学会爱自己，要从今天开始，从这一刻开始。人，不应该因牵挂未来而焦虑，也不应沉湎于过去的失败而不能自拔，要知道只有现在这一分、这一秒才是最重要的、最能确定的。

经济上真正富足的人是在与命运的激烈碰撞中，绽放出光芒并实现自我人生价值的。在这多彩多姿的世界上，要好好地生活。活给自己看，也活给爱自己的人看，更要活给那些瞧不起自己的人看。尽管免不了会经历这样或那样的挫折，可那也是上苍给予你的礼物，让你在成长中学会如何

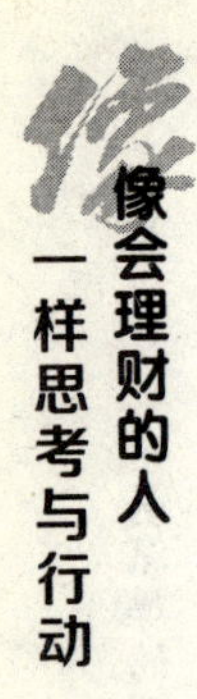

成功，如何为自己积累财富。

总之，一句话：自爱与爱人，是个人尊严的体现与自我价值感提升的最好方式，只有学会自爱与爱人，才能提高自身的生命质量，才会使许多人乐于向你聚拢，让你成为一个人气旺，气场大，有实力的人。

沉得住气才能成大器

生活中，我们通常会遇到有些人，他们一遇见大事就六神无主，或者偏激、情绪化地处理问题，人们通常会认为这样的人气量小，不够沉稳，成不了大事。事实上确实如此。一个人要想沉住气，就得修炼自己的意志力。顽强的意志力，要靠自己长期风风雨雨、坎坎坷坷的人生经历来磨砺。能够沉住气，才能终成大器，而社会上那些但凡有些成就的人，在他们身上都能看到这些处变不惊，能沉得住气的优秀品质。

“沉住气，成大器”，这句话体现了中国人特有的聪明和涵养。它并非是老于世故、老谋深算者的处世哲学，而是对任何普通人都适用的生存智慧，是现代生活在人性丛林中的人必须遵守的法则。如果一个人能够真正领悟并运用好这一处世良方，那么任何环境都不难适应，再复杂的问题也都不难处理。

能够沉得住气才能处理好复杂的人际关系。话说某人由于年轻气盛，无意中得罪了经理。于是，在以后的日子里，经理总是找碴儿跟他过不去。他真想一走了之，但转念一想，这是一家很有名气的广告公司，自己完全可以从中源源不断地得以“充电”。于是他坚持留下来了，整理好心情，以兢兢业业的工作来为自己疗伤。一笔又一笔的业务，增添了他的信心，也让他积攒下许多经验和财富。后来，他又找了机会请他的经理吃顿便饭，在饭桌上，他适时地向经理坦陈了自己曾经的错误，对方也感到当初自己的做法有些过分，最终二人和解了，此后越走越近，最终得到了经理的提携，升职为部门主管。

一个年轻人在热带雨林找到一种树木，放在水里不像别的树那样浮在水面而是沉到水低。他心想：这一定是种价值连城的宝物，就满怀信心地把香木运到城里市场去卖，可是却无人问津，为此他深感苦恼。一开始他还能坚持自己的判断，但日久天长，时间最终让他改变了初衷。当看到旁边摊位上的木炭总是很快就能卖完时，他决定将这种香木烧成木炭来卖。随后他把香木烧成木炭，很快就被抢购一空，这让他十分高兴，没过多久他就将木炭卖完了，他迫不及待地带着钱回家看望父母，父亲听了他的话并看了他带回的样品后，不由得老泪纵横。原来被这个人烧成木炭的香木，正是世界上最珍贵的树木——沉香，只要切下一块磨成香粉，价值就远远超过一车木炭。

沉不住气，没有足够的耐心去等待买主，最终让这个年轻人错失了挣大钱的好机会。初涉世事的年轻人，遇事往往很偏激，他们常率性而为，不知委曲求全，自然难以在社会上立足。若是如上例中的年轻人那样施行“适用”的生存智慧，必然只能用小聪明发点小财，却无法最终成大事。如果一个人能够真正领悟并运用好沉稳内敛这一处世良方，专心做事，耐心等待自身的完善和机遇的来临。如此，就可让浮躁的心气在时光的流逝中慢慢沉淀、化解，能够更加练达地优游于世事人情之间。

能够沉得住气才能在恶劣的环境下求得良好的生存。在2008年这场经济危机中，沉得住气是十分重要的。清初作家孔尚任在《桃花扇》里写道“眼看他起高楼，眼看他宴宾客，眼看他楼塌了”，竟一语成谶，俨然今日世界金融危机的写照。在银行屡屡降息、股价一跌再跌、楼市一蹶不振、资金周转不开等情况下，更多是在考验人的心理承受能力，这场突然而至的经济危机正在蚕食人们的意志，令人感到暗淡、压抑和绝望。对于那些意气风发的人们来说，这可能是一场灾难，但或能也是一次巨大的机会、机遇、挑战。就看你是否沉得住气，慢慢等待机会的来临了。

《老子·五十八章》中有云：“福兮祸之所倚，祸兮福之所伏。”意思是祸与福互相依存，可以互相转化。比喻坏事可以引出好的结果，好事也可以引出坏的结果。也许，对于当前的局势而言，既有阻碍限定我们发展和前进的一面，也有能突破万难，独辟蹊径的契机，只要我们“泰山崩于前而色不变，麋鹿兴于左而目不瞬，然后可以制利害，可以待敌”。

有些人心浮气躁，遇事极易鲁莽，听风就是雨，根本就不考虑事情的可行性和后果。这样的人，机智有余，而大智不足。现在，金融危机已经渗透到了实体经济领域，虽然2009年各国采取措施力挽狂澜，但人为的努力终究更改不了经济大周期的来临。毕竟，差不多上百年的世界经济大泡沫囤积下来，不可能就这么快被挤破的，要崩溃的依然还会崩溃。所以不要布局危机股接下来的，最需要的是沉住气，耐心地等待，不要浮躁。

当然，更重要的是，我们要在这万难的形势下练就一双慧眼，能于危机中捕捉商机。如何做到这一点呢？那就要沉得住气，于细小之处看到别人看不到的神奇，具有思维的敏感性。要学会对异常事物欣赏和关注，以开发的态度接纳新出现的东西、特别的东西、别人所不接受的东西，然后研究它，试验它。敢于研究那些看起来离经叛道、出人意外的事物，对“正常”质疑。若事事都先入为主，就拒绝了生活中绝大部分的可能性。例如，国际金融风暴导致大批企业举步维艰，也创造了低成本扩张的绝好机会；国内房地产降温，但旧楼翻新粉刷、经济型住宅发展也催生了更多的涂料市场。如此看来，在涂料这一领域我们可大展拳脚，伺机而动。如若不肯去面对问题，也就无从谈及解决之道，纵使我们有丰富的经验，最终也将无济于事。

所谓人穷志不穷，穷人可以没有钱，但不能没有心气，没有厚积薄发的勇气和信心，要坚定不移地坚持自己的目标，沉下心来积累经验和知识，无论外在环境有多大的改变，都要矢志不渝，不随波逐流，最终才能有所成就。

享受内心的充盈，与孤独为伍

热情的静定是一种心态，同时也外化为一种神态，一种生存的最佳状态。有了它，我们人生的每一种等待将不会充满痛苦和煎熬；有了它，无论遭遇什么样的人生风雨，我们都会勇敢淡定地前行，这也是生活中具有富贵命运的人常有的生命状态。

托马斯·基廷神父说过这样的话：意志最主要的行动并不是努力，而是一种允许……以意志的力量去完成一些事实是在加强假我……但是当内心越来越自由，意志随着这自由的阶梯往上攀登时，它的行动逐渐变成一种允许，允许神的来临和恩宠的流入。

一直在考虑这样的问题，我们现有的文化一方面在倡导人们要活在此时此刻，保持觉察，安住在生命的不可预知里；另一方面又鼓励人们积极进取，用行动取胜，和人生的困境作斗争。

那么在面对“存在”与“做”这个古老议题时，其中的奥秘是什么呢？尤其对于一个人生境遇不佳，生活窘迫的人来说，到底应该怎么做呢？什么样的状态才能让我们重拾勇气和信心，最终使自己达至理想中的高贵而富有的形象呢？

肯·威尔伯《恩宠与勇气》这本书给了我们很大的启发。书中详细记录了肯与他新婚不久即发现患有乳癌的妻子崔雅一起乐观、顽强地与病魔作斗争的刻骨铭心的经历。在此过程中，夫妻二人完成了各自对于生命和灵性的探索与成长。特别是崔雅这个自然而又充满活力的女子，在面对磨难时彻底的开放性和超人的接纳力量让人由衷地钦佩。她在日记中写道，“我们对热情的认识都只限于执着、想要得到某人或某样东西，但是又害怕失去他们，以及强烈的占有欲，等等。如果你没有执着，没有其他那些东西，只有纯粹的热情，你会怎么样？其中的意义又是什么？我想到有时打坐时，突然感觉心开意解，混杂着奇妙的心疼感，那一股巨大的热情是没有对象的。如果把两个词组合便可以比较完整地形容那种状态——热情的静定，意思是对人生的每一个面向都充满热情，对每一个生命都有最深的关怀，但是没有丝毫的执着。这份感觉是充实的、圆满的、完整的，而且充满挑战性……它们非常缓慢而坚定地渗进我生命的每一个层面……”

崔雅说：“打开我的心，一直是我最大的挑战，我应该放下自我保护的欲望，让我有勇气去体验痛苦，如此一来，喜乐才有可能进入。”“我越是能够接受生命的本然，包括所有的哀伤、痛苦、磨难与悲剧，就越是能够得到内心的安宁。”

在临终前几个月，崔雅在她曾参与草创的“风中之星”癌症基金会的年会上与大家分享她的经验，把她五年的抗癌历程所学到的每一件事都加以浓缩整理，在短短数分钟内阐述得极为完整。其中谈到内在的改变时她说道：“要谈论与理解外在世界的事是很容易的，但更令我兴奋的是发觉自己内在的改变，借着每一天的灵修，将自己对健康的认知与肉体提升到灵性的层次。一旦轻忽这份内心的工作，我发现自己满是危机的人生情境立刻变得恐怖、沮丧，甚至乏味。内心的工作如果一直在进行（我采取折中的态度，吸纳各门各派的方法），我就能感受到生命的挑战、振奋和深刻的参与感。我发现了自己坐的这辆癌症的情绪云霄飞车，是我对生命热情逐渐增长时练习静定的好机会。

“学习与癌症为友，学习与提早来临的死亡诸种痛苦为友，从其中我学会了接纳自己的真相和人生的本然。

“我知道有很多事是我无法改变的，我不能迫使生命有意义或变得公平。我愈是能接受生命的本然，包括所有的哀伤、痛苦、磨难与悲剧，愈是能得到内心的安宁。我发现自己开始和受苦的众生有了非常真实的联结。一股开阔的悲悯之情不断从心中涌现，我想尽我所能持之以恒地提供帮助。

“有一句老话在癌症病患中相当流行：‘人生随时都是终点。’如果以这个角度来看，我其实是很幸运的。我常常会注意到那些亡故者的年龄，读报时也注意到那些年纪轻轻就葬身意外的人；我习惯把这些消息剪下来提醒自己我很幸运能事先得到警讯，因为如此一来，我才有足够的时间机警地过活，我觉得非常感恩。”

“因为不能再轻忽死亡，于是我更加用心地活下去。”这同时也牵及我们对于孤独这一概念的理解。有人说过孤独使我们对自己更坚强，对别人也更友善，两者都会使我们的生活变得更加健康、明朗。

一个人独处，可以有两种含义：一种是寂寞，是痛苦的；而另一种则是快乐的，就是孤独。能够享受孤独的人一定是强者、智者，发掘孤独等于发掘了许多可以独自享受的乐趣，但是很不幸，大多数的人都没有发掘到独处的快乐含义。对于大多数人而言，独处往往是痛苦的另一层含义。他们只要被迫独自待上十分钟，就会坐立不安，当这些人必须独处的时候，立刻就会感到寂寞。都市生活的一大弊端就是人际隔离，都市中到处是人碰人、人挤人，但彼此互不认识、互不关心，结果形成的现实是人与人之间的物理距离越近，心理距离越远，这就是所谓的孤独感。寂寞的人往往因为没有朋友，不肯在休闲的时光中从事任何积极的活动，哪怕这些活动其实自己一个人也可以完成。经常可以看到很多人无论工作还是娱乐都希望找个人陪，似乎没有一个同伴他们就无法专心去做事。事实上，无论你何种身份，也不管你是置身于人群，还是独居一室，只要你对周围的一切缺乏了解，你就会体会到孤独的滋味，而这样的孤独实则是不安全感的化名。而真正的成功而富有的人则是一个能够享用孤独的人。动如脱兔，静若处子。知道如何享用一个人的时间，他们也许会倾听物语，也许会以阅读的方式与伟人沟通，聆听智者的思想，或者忽然会在另一个故事里发现曾经的自己，总之，他们懂得充分地享受孤独提供给自己的闲暇时光，生活中的许多活动都是充满乐趣的，而孤独则使他们能够充分领略生活的美妙。所有这些都是一种交流，一种提高内心体验，为自己积累能量的方式。

许多有过痛苦经验的人都说，当他们遭到生活的打击而又不能够对人讲诉时，他们会不由自主地主动地去被清爽的江风吹着，心情就会渐渐开朗。可见，独处时的感受反映了某种内在智能和安全感，世上有许多人缺乏这种自我平衡能力和内在的安全感。古往今来的大智慧者，能够自我实现的人都渴望孤独，珍惜孤独并享受孤独。因为，只有学会在喧闹与孤独中静若处子，才能为心灵不断地累积能量，打造平稳强大的气场，以迎接生活历程中不可预知的风雨，这样的人才是人生中真正富有的人。

“我今不复到园中去，寂寞已如我一般高，我夜坐听风，昼眠听雨，悟得月如何缺，天如何老。”戴望舒的句子中流淌出太多的感动和静对人生的风雅。生命给了花开的机会，花开多美，可是不能永存；生命给了花落的无奈，花落多悲，可也只是瞬间！“岂有豪情似归时，花开花落两由之。”成功与失败，得与失，都只不过是人生沧海中的一粟。富有的人也是心灵强大的人，他们大多能够笑对人生，以宁静淡泊的心态对待生命中的每一瞬间。

“平静的热忱”这种境界有点类似于我国传统文化关于“天人合一”的思想，又有似禅所说的劈柴、挑水。生活中的我们虽然不能像智者一样超脱，却是拥有了太多的执着，对财富执着，对工作执着，对理想和信念的执着，甚至挤车时人家不小心踩了你一脚你都会借题发挥，和他人及自已过不去，一天都不痛快。就是因为有了这些，才使得我们人生中的一个又一个的等待充满了苦痛和煎熬。那些已经拥有的都不能让我们满足，而那些已失去和得不到的却让我们殚精竭虑，执着于一生苦苦经营。

其实一个真正富有的人，首先要有一颗富足的心，只要我们放弃头脑中的执念，专注、投入而又满怀热情地活在当下，珍惜已有的一切，一个有意义的世界就会从你心里、眼中浮现出来，而此时你的心神必定也会是厚重、热情、稳定而不易受干扰的，并且释放出智者般富足的光芒。

第三章

穷则思变，你的思路决定你的财路

重要的不是你在哪里，而是你朝向哪里

每个人的一生都需要有一个明确的目标，有了目标才有希望，自然，有了希望才会有奋斗的动力。一个没有目标的人，就像是一艘在大海中漂泊不定的船，终是无法成功到达彼岸；没有目标的人，又像是断了线的风筝，没有方向，茫然不知所终；没有目标的人，又像一只无头苍蝇，在寻求财富的道路上闭目塞听，终会撞得头破血流。

不知大家有没有听过三个囚犯的故事。

三个囚犯同被判刑三年，监狱长许诺答应他们每人一个要求。

第一个囚犯是美国人，他爱抽雪茄，听到这话后他立刻要了三箱雪茄；第二个囚犯是法国人，他喜欢美色，因此要了一个美丽的女子相伴；第三个囚犯是名犹太人，他只要一部可以与外界沟通的电话。

三年后，这三个囚犯的状况如何呢？第一个冲出监狱的是美国人。他的嘴里和鼻孔里都塞满了雪茄，大喊道："给我火，给我火！"原来他在要求香烟的同时却忘了要火；接着出来的是法国人，只见他手里抱着一个小孩，那位美丽女子的手里牵着一个小孩，肚子里还怀着第三个孩子；最后出来的是犹太人，他不慌不忙地紧紧握住监狱长的手说："这三年来我从未间断与外界的联系，我的生意不但没有因此而停顿，反而增长了200%。为了表示感谢，我送你一辆劳斯莱斯！"

这个小故事说明了什么呢？它告诉我们，人生重要的不是所处的位置，而是所选择的方向，正是我们选择的方向在不知不觉地决定着我们的未来！

人生其实就是不断地迎接和选择方向的过程。昨天的选择造就了今天的自己，而今天选择的方向就决定了明天生活的目标。生活就是这样，有什么样的态度，就有什么样的方向；有什么样的方向就有什么样的行动。

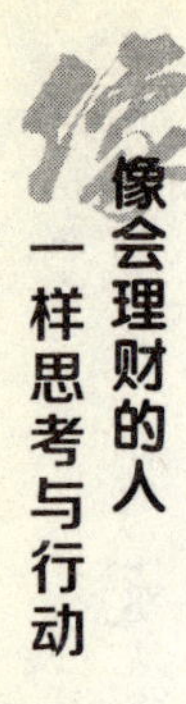

有理想有抱负的人总能不畏迷茫，敢于探寻自己的方向。

美国哈佛大学曾针对本校一群在智力、学历、环境条件等方面都差不多的毕业生做过一个关于目标对人生影响的调查，在这群即将毕业的学生里，有27%的人没有目标，60%的人目标模糊，10%的人有比较清晰的短期目标，而3%的人有明确的长远目标。

调查的结果如何呢？30年之后，哈佛大学就又对这群学生进行了追踪调查，结果显示：3%有明确的长远目标者，这30年以来一直朝着同一个目标而不懈努力，如今几乎都成了社会各界的成功人士，其中不乏行业领袖和社会精英；而10%有清晰的短期目标者，也在不断地实现自己的一个个短期目标，业已成为各个领域的专业人士，他们大多处于社会的中上层；60%目标模糊的人，生活较为寻常，没有什么出色的成绩，他们大部分生活在社会的中下层；而那些27%没有目标的人，则庸庸碌碌，生活没有方向，过得很不如意，甚至处于生存的边缘，还因此常常埋怨他人，抱怨社会。

从这个调查结果中我们可以清晰地看出，穷人和富人的区别之一便是：穷人没有目标，富人目标明确。现在让我们把目光调到当今中国的人才招聘市场——许多熟悉的声音依然在耳畔回响：

“啊！为什么沦为‘面霸’的总是我？找一份工作为啥这样难？！”

“五百强，你伤害了我，还一笑而过……”

“人家名校毕业的都去卖猪肉了，我还能干什么呢？”

……

“毕业那天我们一起失业！”面临毕业问题的大学生常常这样调侃自己。对于这些年轻人而言，这依然是一个现实而敏感的话题，毕业的日子近了，毕业后的路到底该怎么走？面对社会这张大网到底该何去何从？这样一种“路在何方”的天问，代代轮回，困扰着一届又一届朝气蓬勃的毕业生，想避而不能避，令他们困惑、恐惧，甚至每每产生逃避心理。

当我们拿着毕业证从宿舍搬了出来之后，提着自己半新不旧的行囊找了间廉价的破房子租了下来，开始闯荡生活，一腔热血渐渐恢复平静后，我们才开始发现，老板的眼光是多么地狠厉精明、同事是多么地现实势利、工作是多么地枯燥无趣；我们也发现了发薪的日子好像总是遥遥无期，现实生活中的柴米油盐也开始让你皱起了眉头；商店里的东西仿佛只是为别人摆设，路过的时候，心虚地摸摸干瘪的钱包不敢有丝毫停留。

现实和理想总是有着天壤之别，这就是大部分毕业生的体会。有些同学处于“一无所有”的悲惨位置：没钱、没经验、没阅历、没社会关系；干累活、拿低薪，却仍然得不到认可，甚至还随时面临着失业的压力。

于是，有些同学迷茫了、停留了、退缩了、逃避了、开始抱怨了，也开始羡慕含着金汤匙出世的“富二代”们，忘记了自己当年誓要出人头地的诺言，在现实面前把“我的命运我做主”抛诸脑后；渐渐地不谈理想了，也不思进取了，更不看未来了，只耽于眼前的小恩小惠。于是渐渐地丧失了应有的激情、信仰，人生的方向目标开始变得模糊而遥远。

不知你有没有听说过广州盛放文化传播有限公司总经理黄希？她对此就深有感触。她本人丝毫不怀疑明确的目标对于人一生的重大指导作用，而她自然是一个目标十分明确的富人。

黄希小的时候，她的父母就经常教导她要好好学习，将来好找一份理想的工作。然而，儿时的黄希就已经有了自己的主见，她心想：为什么将来自己一定要找一份好工作，而不是为别人提供一份好工作呢？

此后，小黄希便默默地在心里给自己定下了奋斗的目标——创业当老板。明确了这个目标后，黄希一直勤恳努力、奋发图强。在上大学时，黄希就开始留意创业方面的相关信息和机会，她所在的中山大学有很多留学生，黄希灵机一动，以此为契机给中外学生提供一个相互交流的平台，不是大家学习语言的好办法吗？

想到就做到！刚读大二的黄希联合美国、匈牙利的留学生一起创办了中外大学生联盟俱乐部，这个俱乐部在当时的中山大学引起了不小的反响，慕名来报名参加的学生一个接一个，加入会员高达3000多人，而他们加入俱乐部的会费也成了黄希创业的第一笔原始资金。

三年时间过去了，黄希修完中山大学自考本科后，就义无反顾地踏上了自主创业之路，开始了自己的创业历程。

又过了三年，在黄希英明的指导下，她亲手创办的广州盛放文化传播有限公司被评选为广州市十大优秀外模(国际模特儿)公司之一。

世界著名快餐店麦当劳的创始人说过：“一个人如果想要成功，必须具备两种优秀的品质，一个是目标明确，另一个是要有坚强的意志。”黄

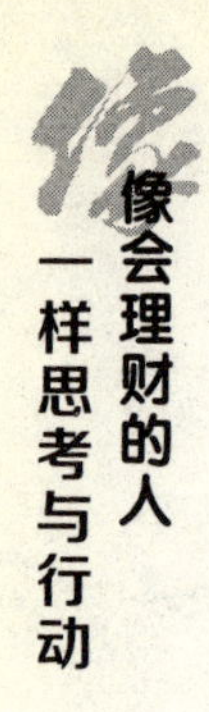

希之所以能够创业成功，成为富人，就是因为她拥有明确的目标，并且一刻不停地朝着自己的目标努力。正因为目标明确，黄希才能矢志不渝地朝着既定的方向前进；正因为目标明确，黄希才会积极地去寻找创业机会；正因为目标明确，黄希才能创办出属于自己的公司，为更多的人提供了就业的机会。

由此可见，想要创造财富成为富人，就要先树立自己的奋斗目标，自己要做什么，要成为什么样的人。只有目标明确了，才能在脱贫致富的道路上加速前进。

用你的天赋激发自身潜能

一个人无论身处哪个行业，要想很快获得成功，在一定程度上都取决于你是否具备该行业所要求的特长。当然，如果没有这方面的天分或特长，你就要付出比别人多几倍甚至几百倍的努力才能成为这一职位上的优秀人士。因此说，我们在为自己定位时，如果能考虑到自己的天赋，并将自身潜能发挥到极致，那么我们就走向了成功和致富的捷径。

也就是说，如果缺少出色的音乐天赋，你将很难成为一名优秀的音乐教师；如果缺少很强的动手能力，你将很难在机械领域游刃有余；缺少机智老练的经商头脑，你将很难成为一名真正意义上成功的商人。

但是，即使我们具备某种特长——某种我们所从事的职业所需要的特长，也并不会保证我们就一定能够致富。有些音乐家具有非凡的音乐天赋，但是，他们一生却过着贫困的生活；有些木匠、铁匠，虽然手艺高超，仍未能过上富裕的生活；有些商人具有出色的人际交往能力，但他们最终依然是失败者！这是为什么呢？归根结底是因为我们过于轻率地使用了自己的天赋，并没有把自己的天赋和潜能相结合，使自己最终在专业领域实现质的飞跃，拥有过人的财富。

在追求成功和致富的过程中，人们所拥有的各种才能就如同工具一样。好的工具固然必不可少，但是能否正确地使用这些工具同样十分重要。有的人可以只用一把锋利的锯子、一把直角尺和一个很好的刨子，就能做出一件漂亮的家具；而有的人使用同样的工具却只能仿制出一件拙劣的产品。原因在于后者不懂得如何善用这些精良的工具。我们所具备的才能仅仅是工具，我们必须在工作中善用它们，充分开发它们的潜在优势，才能实现事业有成，过上富裕的生活。

人的潜能存在于潜意识中，一个人要实现自己的职业生涯目标，干出一番惊天动地的事业，需在树立自信、明确目标的基础上，进一步调整心态，开发潜能，这一点也极为重要。科学家研究发现，人类具有巨大的潜能，若是一个人能够发挥一半的大脑功能，就可以轻松学会 40 种语言、背诵整本百科全书，拿 12 个博士学位……

人具有很大的潜能是无可否认的。如果用冰山理论来形容，即海面上漂浮着一座冰山，阳光之下，其色皑皑，颇为壮观。其实真正壮观的景色不在海面之上，而在海面之下，与浮出水面上的那部分相比，沉浸在海面下的部分是它的五倍、十倍，甚至上百倍。

我们可以这样比喻，浮在海面以上的部分，是人的显在能力，即我们已经知道的能力；沉浸在海面以下的部分，是人的潜在能力。可见，人的潜在能力大大超过显在能力。并非人们不存在潜能，主要原因是没有进行潜能开发训练，使人的潜能没有得到淋漓尽致的发挥。

任何一个平凡的人都存在巨大的潜能，只要他的潜能得到发挥，就可干出一番事业。而假若能将潜能与天赋相结合，并且全身心投入其中，那这个人必定会创造出非凡成就。研究发现，那些被世人称为天才者，为人类做出突出贡献者，只不过是将个人天赋发挥到了极致而已。

当然，如果我们拥有某一个行业所需要的卓越才能，那么，从事这个行业的工作，我们会比别人更容易获得成功。但是，这种说法具有一定的局限性。实际上，我们当中的任何人都不应该认为，我们因为受自身资质的局限，只能从事一些有限的职业，无法获得应有的成功。每个人都有发现并运用自己天赋的权利，当然如果因为现实原因，我们不能从事自己天赋范围内的工作，只要勤恳努力，日久天长，也一样会获得应有的成绩。

也就是说，无论从事什么行业，我们都有机会致富。即使我们不具有某一行业所需要的天赋，我们仍可以培养和发展相应的才干。这就意味

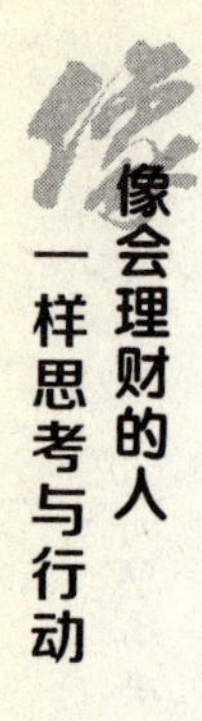

着随着我们的成长，我们需要根据实际情况来培养自己的生存技能，而不是仅仅使用某些与生俱来的天赋，在任何行业里，我们都有取得成功的潜能，因为我们可以培养和发展任何工作所需要的基本才干。一个正常人与生俱来的素质和潜能，可以帮助他通过学习获得所需的基本能力。

当然，正如我们所说的，做自己最擅长的事情，并且勤奋地工作，这是最容易取得成功并实现致富的。生命的真正意义在于我们最终实现了自我价值，过上了自己想要的生活。可以肯定，每一个人都可以并且有能力做自己想做的事，想做某种事情的愿望本身就说明我们具备相应的才能或潜质，这才是通往致富路上的捷径。

凭一时心情，不如有计划地做事

在追求财富的大舞台上，每个人都是自己的导演，要想获得满堂喝彩，就要有计划地导演好每一个桥段。在这一点上，穷人和富人往往有着明显的差别。

穷人是个糟糕的导演，做事总是看自己的心情，结果往往弄得一团糟，他们心情好的时候就愿意去做事并且做得也不差，一旦心情不好做什么事都打不起精神，就算是平常喜欢的事也不愿意去做。而富人则是个人舞台上一个优秀的导演，他们总是根据自己的计划有条不紊地做事，几乎从来不会因为自己心情不好而打乱自己的任何计划。

显然，一个穷人要想成为富人，首先要培养自己做计划的能力。做事有计划，那么一切事情都会按照事先的计划一步一步、脉络清晰地执行，这样通过各个击破，最终才会实现自己的财富目标。而做事没有计划，一切全凭心情，就很容易导致事情失去控制，一团混乱，这就好比没有计划的航行，很难到达目的地。

时任美国伯利恒钢铁公司总裁的查理斯·舒瓦普，因公司经营不善、效益不佳而向效益专家艾维·利请教提高做事效率的方法。艾维·利听后，胸有成竹地对查理斯·舒瓦普说：“我可以在10分钟内给你一样东西，这个东西能将您公司的业绩提高50%。”

查理斯·舒瓦普对艾维·利的话将信将疑，心想世界上怎么会有这么神奇的东西呢？这时，艾维·利递给查理斯·舒瓦普一张白纸，说道：“请你在这张纸上写下你明天要做的6件最重要的事情。”

查理斯·舒瓦普照着艾维·利的要求，花了5分钟写完。“现在，请你针对你所写的事情，按照它们对你和你公司的重要程度，由高到低用数字标明次序。”查理斯·舒瓦普又照着艾维·利的要求花了5分钟时间完成了。

艾维·利继续说道：“好了，把这张纸放进你的口袋，明天早上第一件事情就是把这张纸拿出来，先做第一项最重要的事情，一心一意地投入进去，不要考虑其他事情。等第一件最重要的事情做完以后，你再用同样的方法做第二件、第三件事情，直到下班为止。如果当天只做完第一件事情，那也没关系，因为你每天总是在按计划做最重要的事情。每天都坚持这样做，当你发现它确实提高了你的做事效率，并对它的价值真正认可的时候，你再将这种方法传授给你的员工。这个试验你想持续多久就持续多久，然后寄一张支票给我，你认为我传授的这个方法值多少钱就给我多少钱。”

一个月以后，艾维·利收到查理斯·舒瓦普寄来的一封信，里面附有一张2.5万美元的支票。查理斯·舒瓦普在来信中说这是他一生中所上的最有价值的一课。凭借艾维·利所传授的方法，5年以后，这个当年不起眼的小钢铁厂发展成了世界上最大的独立钢铁公司。

一个曾经鲜为人知的小钢铁厂，只用了短短5年的时间，就一跃成为世界上最大的独立钢铁厂，之所以能实现这样华丽的转身，很大程度上是因为这里的每个员工都依照对事情的轻重缓急进行规划，并且按照这个计划严格地贯彻执行。正因为开始有计划地做事，查理斯·舒瓦普才能带领员工高效地完成工作，最终将钢铁公司做大做强。

其实，无论是每一天的点点滴滴，还是大到制定一生的财富目标，计划都是不可或缺的。纵观历史上卓有成效的富人，他们都对自己的人生目标有着清晰具体的计划，并且会坚定不移地按计划执行。其中，韩裔日本

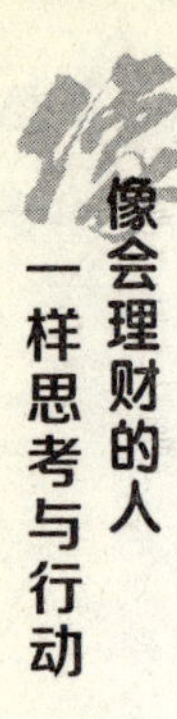

人、软件银行集团董事长兼总裁孙正义就是一个典型的代表。

孙正义在19岁时就为自己作了一个50年的人生规划，这个规划的具体内容是这样的：30岁以前，要成就一番事业，向所投身的行业证明自己的存在，光宗耀祖；40岁以前，要拥有至少1亿美元的资产，足够做一件大事情；50岁以前，要选择一个十分重要的行业，并且把重心投注在这个行业上，争取做到领域内最好，公司要拥有10亿美元以上的资产来进行投资，整个集团要拥有1000家以上的公司；60岁之前，实现自己的目标，公司营业额要超过100亿美元；70岁之前，把事业传给下一任接班人，回归家庭，安度晚年。

个人蓝图拟好后，孙正义开始实现自己的计划。23岁时，某天孙正义又开始想自己到底要做什么，他把自己所有想做的事情列成一个清单，总共有40多条，然后，他又逐一地对每一件事情开展了详细的市场调查，并分别做出了10年的预想损益表、资金周转表和组织结构图（如果当时把这40多个项目的资料全部整合起来，足足有10多米高）。

随后，孙正义做出了25项选择事业的标准，包括该工作是否能让自己全身心地投入一辈子，自己是否能在这行业成为全日本第一，等等。按照这些标准，孙正义分别给自己的40多个项目打分排队，最终，计算机软件批发业务从这些项目中脱颖而出。

如今，54岁的孙正义正按照自己的计划如火如荼地开展着自己的事业，他的名字也早已入驻《福布斯》财富榜。

从开弹子赌博机店小老板的儿子到今天腰缠万贯的大富豪，这个在常人眼里一辈子都很难实现的飞跃，孙正义却只用了短短十几年时间就实现了。之所以能有这么高的成就，完全得益于他做事有着缜密的计划。

试想，如果孙正义做事没有计划，不分清轻重缓急，只是随着性子做事，那么他还会在这么短的时间内实现自己的财富目标吗？

相信到此为止，不用回答大家也会心知肚明。因此，在追求财富的道路上，做事有计划是十分重要的，它是每个想成为富人的人所应必备的素质。也只有那些做事有计划、有条理的人，肯管理自己的人，才能优雅从容地摘取财富树上的果实。而那些凭一时兴趣做事、没有计划的人或许会有一时的成绩，但最终也只能与财富擦肩而过。

找理由给自己解脱，不如找解决的方法

每一个经历过人生的人或许都遇到过这样的人，他们总是为自己的失误找理由，不停地抱怨，似乎什么都不合自己的心意，每个人都是不对的，甚至都是针对自己的，是自己做事失败的重要原因。在一个公司里领导最看不上的就是这样的员工，在生活中，我们也最不喜欢和这样的人亲近，因为他们浑身散发着负能量，没有人愿意听你没完没了的抱怨，为事处人，如果不能从自己身上找原因，那么这个人终究不会有大出息。

让我们来听听下面这些抱怨吧：

“我的工资挣这么少，都是因为我没有高学历。”

“这些同学里面就我混得最惨。唉，谁让我没有摊上一个有钱有势有本事的老爸呢？”

“这次创业失败了我也没辙，政策突然变了，又缺少贵人相助，想不失败都难！”

……

很大程度上，有的人之所以一直都很贫穷，和这样的推卸责任的心理有直接的关系。

现实生活中，发出此类声音的人不在少数，这样的人一旦在财富竞争中遭遇滑铁卢，脑海中闪现出的第一个念头就是逃避，他们脑子里随时装有千万个理由和借口，而这种拒财富于千里之外的行为也注定了他们会与财富失之交臂。

遇到同样的问题或者遭遇同样的失败，有的人则会采取完全不同的态度，他们知道找理由和借口对事情的解决毫无益处，只有找到解决问题的方法才能反败为胜，最终赢取财富。

台湾地区著名的企业家、台塑集团创始人，并被誉为台湾地区“经营

之神”的王永庆就是这样一位遇事积极找解决方法的富豪。

王永庆于1917年出生于台北一个贫困家庭，父亲以种茶为生，只能勉强糊口。为了减轻家里的负担，身为长子的王永庆在小学毕业后就到茶园当杂工，随后又到一家小米店当学徒。

然而，王永庆并不甘心一辈子就待在米店做小工，于是在学徒期间，他认真观察学习老板经营米店的方法，然后结合自己的想法，总结出了一套属于自己的独特经营理念。

一年以后，16岁的王永庆作出了人生中第一个重要决定，就是自己当老板做生意，他用父亲四处张罗借来的200块钱作为本钱，在嘉义开了一家小米店，并把大弟王永成和二弟王永在召集到米店来一起帮忙。

在当时，王永庆开米店的处境是十分尴尬和艰难的，因为米店的顾客均以家庭为单位，家庭每天都要吃米，因此购米的周期比较短，这就使得大部分家庭都已有了自己固定购米的米店。新开张的米店要想拉拢顾客是十分困难的，这就给王永庆出了个难题。

王永庆所开的米店门市很小，旁边就是日本大店，周围还有不少老字号的米店，都拥有自己长期固定的客户。面对重重阻碍和困难，王永庆并没有自暴自弃，为自己找理由和借口开脱。为了争取到米店的生意，让米店经营下去，他苦思冥想，最终决定一家一户地挨个走访，推销自己店里的米。通过这种上门推销的方式，王永庆终于争取到几个客户。

尽管如此，王永庆米店的生意还是十分惨淡，面对这种不尽如人意的境况，王永庆绞尽脑汁地思考着改变现状的方法，他深知如果店里米的品质与服务质量与其他米店相比没有明显的优势，那么他之前费尽心思争取过来的试用客户过不了多久就又会回到自己习惯购买的米店去。这样的话，连原有的几个试用客户都保不住，又怎么去招揽更多的客户呢？

想到这里，王永庆决定把工夫下在米的品质和服务质量上。在当时，稻谷收割完后，都铺在马路上晒，然后再碾成米。这样碾出的米品质不高，掺杂有米糠、沙砾、小石头等杂质。

虽然这种现象卖米人和买米人都已习以为常，见怪不怪，但是王永庆却从中看到了契机，他认为这样的米品质不好，顾客买回家还得花时间挑拣，很是不便，于是他专门把米里掺杂的米糠、沙砾、小石头等杂物挑拣出来，然后再把挑拣干净的优质米卖给顾客。

顾客当然更乐意花同样的钱买质量更好的产品，因此，王永庆的这一举措为他赢得了许多的客户。然而，米店的生意还是很勉强，王永庆发现，只有当顾客上门时，米才能卖出去，这种销售模式很被动。经过再三思考，王永庆想出一个变被动为主动的好方法。

当有顾客上门买米时，王永庆便主动热情地向顾客提出送米服务，顾客听到有这样的好事自然是欣然接受。王永庆亲自将米送到顾客家里，倒入米缸后，就会拿出事先准备好的笔和小本子记下顾客家米缸的容量，并以拉家常的方式了解顾客家里的情况，比如家里有几口人，一天的用米量大概是多少，等等。王永庆记下信息后，便向顾客承诺往后不用再去米店买米了，他会计算好时间，到时亲自送米上门。这种前所未有并且周到体贴的服务受到顾客的一致好评，这样一来，王永庆就会在顾客家的米即将吃完的前两三天主动将米送到顾客家。王永庆米店的口碑自此越来越好，固定的顾客越来越多，生意自然十分红火。

仅仅十几岁的王永庆能够在竞争激烈的米市打拼出属于自己的一片天地，这其中的原因是什么呢？聪明的读者肯定知道，这就是他遇事主动找解决方法的积极态度。

正是由于有了这种积极态度，王永庆才会用上门推销的方法争取到仅有的几个临时客户；正因为有这种积极态度，王永庆才能想到用提高米质的方式来稳定和扩大顾客群；正因为有这种积极态度，王永庆才会使用送货上门的优质服务提高顾客的忠诚度；正因为有这种积极态度，王永庆才能从一个米店学徒成长为米店老板，并且最终成为台湾地区首屈一指的富豪。

试想，如果王永庆遇到困难和问题总是找理由和借口，没有顾客就认为自己的米店新开张，店面还小，而别的店有是因为有老主顾，资本还很雄厚，等等，那么他还能后来居上，最终独占米市鳌头吗？

俗话说：“兵来将挡，水来土掩。”每个问题都有它的解决之道，与其找问题的理由，还不如用心找解决的方法。只有这样，才能解决实际问题。

有一次，美国华盛顿广场杰斐逊纪念大厦的某处墙面出现了裂纹，为了更好地保护这幢大厦，有关专家召开了专门的研讨会。最初大家认为是酸雨损害了建筑物表面。为此，他们研讨出了一套套复杂而又详尽的维护方案，但这些方案都不能从根本上解决问题。

但是进一步研究后，却发现最直接的原因是每天冲洗墙壁所用的清洁剂对建筑物有酸蚀作用。而每天为什么要冲洗墙壁呢？是因为墙壁上每天都附着大量的鸟粪。为什么会有那么多鸟粪呢？是因为大厦周围聚集了很多燕子。那燕子为什么会聚集在此呢？是因为墙上有很多燕子爱吃的蜘蛛。为什么会有那么多蜘蛛呢？是因为大厦四周有蜘蛛喜欢吃的飞虫。为什么有这么多飞虫呢？是因为开着的窗子阳光充足，吸引了大量飞虫聚集于此，超常繁殖……

专家们终于发现，原来解决问题的办法很简单，只要将大厦某一面窗帘拉上，一切问题也就迎刃而解了。而此前设计的那些复杂的维护方案，也就都成为一纸空文。只要拉上窗帘就能节省每年几百万美元的维修费用，这就是系统思考带给我们的启示。我们在处理问题时，若能从看似不相干的事物中找出必然的联系，那么效率自然也就提高了。

在追求财富的道路上，遇事找解决方法、找出必然联系的富人数不胜数，比如吉利集团董事长李书福、蒙牛乳业集团创始人牛根生、华人首富李嘉诚，等等。他们的事迹无不表现出人与人在对待问题时的根本差别，因此，想要发财致富的朋友，请你务必反省一下自身，看看自己是否具有成为富人的这方面的潜质。

对于有钱人来说，再完美的理由和借口都是虚无缥缈的。就事论事，当务之急是总结失败的教训找到解决问题的方法，然后重整旗鼓，东山再起。

摆脱惯性思考，时常保持旺盛的好奇心

黑格尔说过：“人死于习惯。”杜威说过：“人基本上是一种由惯性铸成的动物。”习惯是人们在不经意间积累起来的思想和行为。它默默无声地生长、发芽、开花、结果。好习惯可以开出芬芳的花朵，长出香甜的

果实；坏习惯或许会使花儿枯萎或是果实酸涩。

习惯在一定意义上反映着一个人的文化教养和精神追求，也体现着这个人的生活背景和自律程度。人的心理往往无意间采取这样一种价值取向，那就是在旧的习惯面前会采取一种惯性的因循态度，而一个新的良好习惯的培养却需要一定的意志力来辅助完成。

有的人习惯于因循旧的思维和生活模式，不肯冒险改变现状，而有的人却常能保持对新鲜事物的好奇心和探索欲，这一好奇心往往会给他们带来巨大的机遇和改变生活的动力。

苹果成熟了，从树上掉下来，这是日常生活中常见的现象，没有多少人会在意。然而牛顿却对这种现象产生了好奇心，从而发现了万有引力。水开时蒸汽会顶起锅盖，这也是再常见不过的生活现象，而英国人纽科曼却对此产生了好奇，从而发明了蒸汽机，引发了一场改变人类文明进程的工业革命。

科学发明需要好奇心，发财致富更需要好奇心。

美国西屋电气公司的创始人乔治·西屋有着极强的好奇心，如果他想了解一件事情，他就会抱着一种“打破砂锅问到底”的精神探求到底。

有一次，他坐火车出差，由于火车误点5个多小时，很多旅客抱怨连天，纷纷向列车员询问误点的原因。列车员解释说：“火车在中途跟另一辆火车相撞了，从而导致了交通中断。”旅客们抱怨了一通后，决定改乘汽车。乔治·西屋却并没有急于换乘汽车，受好奇心的驱使，他跑去问站长：“为什么火车会相撞呢？”站长告诉他：“因为火车的刹车失灵了”。乔治·西屋仍然不满足，他继续问：“为什么刹车会失灵呢？”经过几番刨根问底似的问询，乔治·西屋终于弄明白了火车刹车失灵的真实原因。原来那时候的火车在每一节车厢上都单独设有刹车器，每当火车停下来的时候，每一节车厢的刹车工＝需要同时拉刹车器，这样火车才能慢慢停下来。然而每个刹车工的反应不一样，有快有慢，不可能让每节车厢同时停住，从而让车厢与车厢之间经常发生撞击，严重的刹车失灵甚至会引起两列火车相撞。

得知这个消息后，乔治·西屋开始陷入了思考，他想：如果火车的刹车系统得到改良，那么火车相撞的事件肯定会大大减少，而对自己来说，

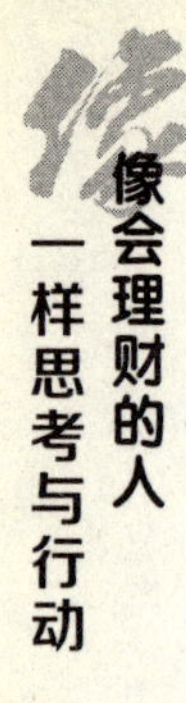

这可是一个求财求名的好机会。

经过与专家、火车工作人员的反复探讨研究，乔治·西屋终于想出了解决火车相撞难题的方法。他在火车司机驾驶室设置了统一的刹车器，用机器刹车代替刹车工的人工操作，这一改进应用到实际中后，效果非常好，随后不久全美国的火车都采用了乔治·西屋发明的刹车系统。

乔治·西屋对火车刹车器的探索并没有因眼前的成绩而止步，不久后他又利用压缩的空气为动力，发明了性能更为优越的空气刹车器，只要一拉开气门枢纽，就能轻而易举地把火车停住。空气刹车器成为19世纪最伟大的发明之一，这也是乔治·西屋一生中最引以为傲的发明。自然，这一发明也为他的西屋电气公司带来了巨大的经济效益。

而这一切的发生，都发轫于他的好奇心。

乔治·西屋的经历告诉我们，那些能在最短时间内寻找到致富门路的人，都是拥有强烈好奇心的人。而一个对任何事情都无动于衷、停留在自己惯性思维中的人却大多是不富有的人，因为他们安于生活现状，很难捕捉一闪而过的发财机遇，只能继续贫困下去。

有个长工为地主做了十几年活，虽然他工作很卖力，但由于需要养家糊口，一年到头还是一贫如洗。地主很同情他，想帮助他改变困境，于是就建议他在村口开一家磨坊，并且愿意借给他足够的运转资金。

地主原本认为，这么好的事情他一定会感恩戴德地同意，毕竟这是他改变命运的好机会。然而令他惊讶的是，长工断然拒绝了他的提议，因为长工认为，为地主干活虽然比较劳累，但是最基本的生活还是有保障的。如果自己独立去村口开一家磨坊，那么每年的那些苛捐杂税就要自己来支付了，这是一件很冒险的事。

最后，长工仍然做着最初的工作，继续过着一贫如洗的生活。

习惯的力量起初看起来似乎很微弱，弱如一滴水、一段绳，几乎使人们感觉不到它的存在，但绳锯木断、水滴石穿，习惯的力量就存在于类似断木与穿石这种持之以恒、坚持不懈的重复之中，等你能够感觉到它确实存在的时候，它已然不可动摇了。

许多心理学家一致认为，习惯实际上不仅仅影响着我们的个人生活，也在引导着整个社会结构的心理机制的改变。每个人都在不同程度地被自己的习惯和一些常规所左右。

在现代都市中，有很多打工者表示，自己跟一个上了发条的钟表没有什么两样，只能一个劲地朝前走，一旦停下来，就有吃不上饭的危险，不敢结婚、买房，甚至不敢生病。跟这种生活境遇相比，其他风险简直都可以忽略不计了。

和被围困在自己思维惯性中的人不同，有些人从一开始就能跳出惯性思维，而好奇心则是让他们从穷人一跃成为富人的“跳板”。很多人之所以能从零做起，把一桩小生意发展成为大事业，就是因为他们每时每刻都保持着旺盛的好奇心。

人要想改变自己的贫困境地，就要把发家致富随时放在心上，对身边所发生的一切保持一颗好奇心。美国心理学家曾对数百名杰出的企业家进行调查研究，发现这些企业家都有着强烈的好奇心。他们喜欢独立思考，对事情刨根问底，一旦有了新点子，又会在第一时间贯彻执行。

以大局观思考

有的人目光狭隘，只看到眼前的既得利益，而有的人则习惯以大局观思考问题，无论是处人还是为事，都能显现出过人的气度和眼光，这是成大事者必然具备的基本素养。

美国前副总统亨利·威尔逊的成长史或许会带给我们某些启示。

威尔逊出生在贫困的家庭里，当他还是世事无知的孩童时，就已感受到贫穷的窘迫。他深深体会到，当他向母亲要一片面包而她手中什么也没有时是什么滋味。他的家里确实很穷，但他不甘心，决心一定要改变这种情况，不会像父母那样生活，这个念头每时每刻在他的心头萦绕。

他决心到外面的世界去看看。于是在他10岁那年他毅然离开了家，当了11年的学徒工，每年仅可接受一个月的学校教育。最后，在11年的艰辛工作之后，他获得了一头牛和六只绵羊的报酬，这是他人生第一次获得劳动回报。

从出生到21岁那年为止，威尔逊从来没有在娱乐上花过一美元，花每一美分都是经过精心计算的。他完全知道拖着疲惫的脚步在漫无尽头的盘山路上行走是一种什么样的滋味，在他21岁生日之后的第一个月，他带着一队人进入了一个几乎还没有被开发的原始森林，去采伐那里的木头。每天，他都是在黎明到来之前起床，然后就一直辛勤地工作到满天星星为止。在一个月辛劳努力之后，他获得了6美元作为报酬。当时在他看来这可是一个大数目啊！每一美元在他眼里都跟晚上那又大又圆、银光四溢的月亮一样。

虽然在威尔逊不屈不挠的努力下，贫困的家庭基本解决了温饱，虽然威尔逊不能像其他少年一样接受系统的学校教育，但是威尔逊却没有因为辛苦的生活境遇而有丝毫放弃，他抓住每一个发展自我、提升自我的机会，抓住每一分钟的时间用来学习和改造自己。

虽然他一直在农场里做苦工，很少有机会获得书籍，但是在他21岁之前，他已经设法读了1000本好书。他曾徒步到100里之外的马萨诸塞州去学习皮匠手艺。他在行走的途中经过了波士顿，在那里可以看见邦克、希尔纪念碑和其他历史名胜。整个旅行只花了他一美元六美分。他对于知识的渴求并没有因在钱财上的暂时缺乏而受到阻碍，他想尽一切办法提升自己。工夫不负有心人，一年后，他在一个辩论俱乐部脱颖而出，已然成为其中的核心人物。

后来，他在马萨诸塞州议会发表了著名的反奴隶制度的演说，在12年之后，他进入了国会。此后，他又当上了副总统。他终于凭借自己的奋斗获得了成功，摆脱了原来的贫穷，成了真正意义上的贵族。

贫穷的生活最能消磨一个人的心智，威尔逊的成长成功史告诉我们，不安于现状，始终将学习和进取作为人生的第一要义，由内而外地提升自己，这就是对自己和人生大局观的把握，肯从思想上改变自己才能从根本上改变自己的人生格局。也就是说你的目光有多远，路就有多远。

美国商界有这样一句箴言：“愚者赚今天，智者赚明天。”富人都是

智者，他们能总览全局、统筹兼顾，所以才能从大局观思考，为自己赢得满堂彩，获取最终的全面胜利。

红顶商人胡雪岩曾这样阐述自己的商业思想："生意做得越大，眼光就要放得越远。做大生意的眼光，一定要看大局。你的眼光看得到一个省，就能做一个省的生意；看得到天下，就能做天下的生意；看得到国外，就能做全世界的生意。"在创建企业、追求财富的过程中，以高瞻远瞩的目光从大局观看问题，思考问题，才能让事业越做越大，越做越红火。

是的，眼界决定高度。无论是在贫苦生活中追求个人成长的威尔逊，还是苦心经营自己事业的刘迎霞，他们都告诉我们一个道理：眼界过低，做事总是从小处着眼，就会在无形之中给自己设限，不利于自身的发展和财富的创造。只有眼界放得高远一点儿，心胸放宽一点儿，站在全局的高度思考问题，才能在致富之路上勇攀高峰。

找到你真正的对手，向他们学习

几年前的一个晚上，比尔游览黄石公园，并与其他观光客一起坐在露天座位上。面对茂密的森林，大家都期待看到森林杀手灰熊的出现，看它走到森林旅馆丢出的垃圾中去翻找食物。骑在马上的森林管理员告诉大家，灰熊在美国西部几乎是所向无敌，大概只有美洲野牛及阿拉斯加熊例外。但比尔却发现有一只动物，而且只有一只，随着灰熊走出森林，而且灰熊还容忍它在旁边分一杯羹，它是一只很臭的鼬鼠。灰熊当然知道只需一掌就能把它毁灭，那它为什么不去做呢？因为经验告诉它划不来。

比尔也发现了这一点。他在农场上长大，曾在围篱旁捉到一只臭鼬。到了纽约，也在街上碰过几只两条腿的臭鼬，痛苦的经验告诉他，两种都不值得碰。

这个故事告诉我们，只和真正的对手较量，与比自己渺小的人较量既显出自己没有气度，又降低了自己的身价。然而，又有一个问题抛出来，在这个不缺对手的时代，当不期遇到真正的对手时，你应该怎样做呢？

如果你对对手心怀仇恨时，就是付与对方更大的力量来压倒我们，给对方机会控制我们的睡眠、胃口、血压、健康，甚至我们的心情。如果你的对手知道他带给你多大的烦恼，他一定会很高兴！憎恨伤不了对方一根汗毛，却把自己的日子弄成了炼狱。

因此，面对你的竞争对手，你不该咬牙切齿、怀恨在心，想尽一切办法要干掉对方。很多有实力的人，他们的做法是坦然镇定，虚心地向对手学习，以最大的努力超越对方。

费尽心机干掉对手，将对手逼上绝路，不仅不会给自己带来多大的好处，甚至还会造成两败俱伤。与其如此，不如欣然接纳对手，和平相处，虚心地向对手学习成功的经验以及失败的教训，只有这样，才有赶超对手的可能。

纵观古今中外的历史，那些在竞争中最终胜出的一方绝对是善于向对手学习的。这里，我们不妨一起来看一个关于哈雷公司与竞争对手本田公司之间的案例。

哈雷和本田都是世界上的知名品牌。1982年，日本本田公司在美国重型摩托车市场中拥有40%的占有率，是哈雷汽车公司最强劲的对手。在当时，很多热衷于骑摩托车的人都认为日本制造的本田摩托车物美价廉，不仅价格比哈雷低，而且摩托车本身的质量也不比哈雷差。

受到威胁的哈雷公司为此经常召开高层会议。为了进一步了解本田这个竞争对手的详细情况，学习对手的优点，哈雷公司派了一名主管去访问本田汽车公司在美国的工厂。令这位主管大吃一惊的是，他在本田公司的工厂里既看不到电脑，也看不到机器人，所有的工作竟然都是纸上作业。

经过多方面的调查研究，这位主管发现，本田摩托车在生产线末端被淘汰的数量只占5%，而哈雷摩托车在生产线末端的淘汰率却高达50%～60%，之所以淘汰，是因为摩托车的配件在仓库储存过久导致主机生锈。

经过分析研究，哈雷公司发现了自身在竞争中的弱点和劣势。哈雷公司每次都生产出一大批配件，然后放到仓库储存起来，而日本本田公司的零件供应商每天只生产当天所需的零件，当下生产当下使用，这种“及时”的生产和供应方式让本田大受裨益，既节省了库存的利息，零件也不会因为长时间储存而生锈损耗。哈雷公司虽然用电脑来控制整个生产过程，看似工作手段很先进，实则生产出了一大批废料。

找到问题的症结所在后，哈雷公司引进了本田公司的库存管理系统，把员工参与模式和统计数据当作品质制度的基础。此外，哈雷公司还扎根美国本土，着意迎合美国人的消费心理特点，制造出符合美国人口味的摩托车型号，再配以更为科学的人事管理制度，终于使哈雷摩托实现了脱胎换骨。五年之后，哈雷摩托卷土重来，在美国市场的占有率上升到了46%，销售额也一度达到了1770万美元。

从这个案例中我们看到，哈雷公司之所以能够在与本田公司的竞争中取得胜利，最终主导美国的摩托车市场，主要就是因为它足够虚心，积极向竞争对手本田公司学习，它通过借鉴本田摩托的成功经验，结合自身的产品优势，终于走出了销售“瓶颈”，最终发展为世界级的摩托品牌。

如果哈雷公司在竞争处于劣势的时候，没有冷静理智地分析本田公司的优势，也没有及时借鉴本田的成功经验，而是一味地想着如何打压抵毁本田公司，通过恶性竞争等非法手段来置本田公司于死地，那么哈雷公司的复兴之路一定是艰辛的，甚至还会声誉扫地，彻底沉落。

公司与公司之间的竞争是这样，在追求财富的道路上，人与人之间的竞争也遵循这样的道理。古语云：“他山之石，可以攻玉。”每个人都有自己的优势和劣势，只有不断向对手学习成功的经验，总结对手失败的教训，才能不断地提高自身赚钱的能力。

对此，很多富人都深有感触。华人首富李嘉诚在总结自己成功经验时，就告诫人们要善待竞争对手，千万不要总是一心想着干掉对手，将竞争对手逼上绝路。此外，清朝第一大富商、“红顶商人”胡雪岩也十分不赞成这种做法，他相信对手是最好的老师。

而在古人总结的处世智慧中，也提到过“四不尽”的道理，其中有一个就是“寇不可杀尽”，意思是说对待对手，万万不可穷追猛打，对手一旦被逼得走投无路，必然会以牙还牙，导致两败俱伤的局面。

可见，在财富竞争中，如何对待你的对手已然成为一门很大的学问，而对待对手的不同态度，也将决定你最终获得财富的多寡。

所以，想要成为一个有钱人，请努力向富人看齐，学会向你的竞争对手学习，因为他们的长处、优势正好是你欠缺且亟待补足的地方，也是你应该提防的命门。只有虚心认真地向竞争对手学习，再结合自身的优势，你才能从最终财富竞争中胜出。

遵循愿望的指引，更容易赢在终点

你的才能就是你的天职。你能做什么？将走什么样的路？这是每一个人一生中经常会问自己的问题。庸者随波逐流，唯有那些坐拥财力的智者，才有资格成为自己的导师和内心的解读者。

如果我们的内心有强烈写作的渴望，这就意味着我们所具有的写作天赋在寻求表达的机会；如果我们的内心有打篮球的渴望，这说明，我们所具有的运动天赋在寻求表现和发展。也就是说，如果我们内心具有想做某件事情的强烈愿望，这本身就是告诉我们，我们在这方面具有很强的能力或潜能。这时如果条件允许，时机成熟，我们所要做的，就是正确地运用和发展它。

在择业之初，在其他所有条件相同的情况下，我们知道最好选择一个能够充分发挥自己优势的行业；而如果我们对某个职业怀有强烈的愿望，那么，我们完全可以遵循愿望的指引，选择这个职业作为自己最终的职业目标，因为许多实践证明，遵循愿望的指引，你更容易获得成功和财富。

做自己想做的事情，做最符合自己个性、令自己满心愉悦的工作，这是一个人一生中最幸福的事情。谁都无权强迫我们做自己不喜爱的工作，假如这份工作不是你擅长的领域，你就要付出比平时多几倍的时间和精力，才能赶超正常人的水平。

英国著名军事将领威灵顿在小的时候是一个很笨的孩子，知道他的人都认为他是低能儿，连他母亲也是这么看的。在学校里他是最差的学生，别人都说他迟钝、呆笨又懒散，功课没有一门能过得去。他没有什么特长，而且从来没想过要入伍参军。在父母和教师的眼里，他的刻苦和毅力是唯一可取的优点。但是在他 46 岁那年，他却打败了当时世界上最伟大的军事天才拿破仑，拯救了国家。

在选择职业时，应该选择最能发挥你的潜能、能让你全力以赴的工作。

中国社科院曾经在一个报告中说，中国劳动力的就业趋势将会向“小”而“精”的方向发展，也就是说未来人们择业，将会更加自由和随意。那么，该如何选择自己的职业呢？就像鸟儿需要飞翔一样，你的职业就是你飞翔的翅膀，它是你梦想开始的地方。能飞多远完全取决于你判断的准确程度，具体说来，你必须在选择前明白自己的性格、气质、能力和兴趣。在选择职业之前，你需要对自己的气质和性格有一个基本的了解。从而发现自己的长处是什么，自身的优势在哪儿。

每个人都有自己的强项和弱项，缺点和不足，关键在于要努力把自己的特长发挥到极致，把不足之处的危害降到最小。如果把精力全部花在提高弱项方面，不仅收效甚微，反而会影响到别的方面，成为一个毫无特色的人，自然也就难有建树。

美国作家马克·吐温，是美国批判主义文学的奠基人、世界著名的短篇小说大师。这位大文豪一生写下了许多不朽的作品，如传世小说《镀金时代》《哈克贝里·费恩历险记》。然而，就是这样一位大文豪，也不是一个十全十美的人。他曾经因为不懂经营，在从事商业投资时吃尽了苦头，不仅血本无归，还欠下了很多债务。

历史和现实中的例子告诉我们，善于经营自己长处的人，才更容易获得成功，使人生价值和个人财富获得增值。

有人说，在人生的所有幸福中，有一种幸福被人们所津津乐道并被人所羡慕，这种幸福并不是大多数人都能拥有的，只是少数人的特权。大多数人为了生计而四处奔波，干着自己不喜欢的职业，这其实是很无奈的，而真正的幸福就是所从事的工作和自己的爱好相一致，就像易趣网的创始人邵易波所说：“一个人要成功的话，一定要找到自己最想做的事，当然这也是他最能干的事，这样他就能够每天都很有劲地去工作，也容易成功……”

易趣网的邵易波可谓是一个少年得志的人，还在上高中时，他在数学方面的才华就崭露头角，并在高二直接进入了美国哈佛大学学习。在哈佛大学读完 MBA 毕业之后，他谢绝了美国各大咨询公司和金融投资银行的高薪聘请，回上海创办易趣网，任首席执行官。如今，易趣网已成为全球最大的中文网上交易平台。

谈及自己的工作，邵易波说：“回国创业不是我的一时冲动，而是我想了很久才定下来的，最重要的是，感觉自己对这方面感兴趣，愿意在这方面发展。”

生命的意义就在于遵循自己愿望的指引，做自己想做的事情，想做某种事情的愿望本身就说明你具备相应的才能或潜质，因而能最大限度地发挥自己的创造潜力。对于一个想尽快获得成功、积累财富的人来说，做自己想做的事，的确是一个捷径。

第四章

死拼到底，财富终会来到

运用心灵的力量

没有人的一生是一帆风顺的，人穷志短对有些人来说是一个无奈的话题。因为人往往在贫困的生存境遇下会感到英雄气短，此外贫苦的生活日复一日也会磨蚀一些心灵软弱者的斗志，如果你任由这样的状态进行下去，你的心智就会大大地被耗损，这时候要想打一个发家致富的翻身仗就很不容易了。缺憾这种心理暗示的力量之大，将严重影响你的生活质量。

每个人的一生中都难免遇到一些缺憾和不如意的事情，如果你放大这个缺憾和不如意，那你将永远生活在阴影之中。也许我们无力改变生活中的缺憾，也许我们无法避免人生中的苦难，然而，只要你相信心灵的力量，并且带着强烈的意愿，你就会改变自己贫苦的人生。不管你是否相信，这个事实却是千真万确的。

1858年，一个普通的女孩来到了人世，但不幸的是，孩子出生后不久就患上一种无法医治的瘫痪症，丧失了走路的能力。虽然她的家境富裕，但是也没有能力治疗孩子的疾病。

孩子7岁那年，她和家人一起乘船去旅行。在旅途中，船长的太太对孩子说船长有一只天堂鸟，孩子立刻被那只鸟深深吸引了，很想亲自看看。于是，保姆把孩子留在甲板上，自己去找船长。急于见到天堂鸟的孩子实在没有耐心等到保姆的归来，她要求船上的服务生立即带她去看天堂鸟，而服务生并不知道孩子的腿不能走路，便带着她去看那只美丽的小鸟。这时，奇迹发生了，孩子因为过度渴望，竟忘我地拉着服务生的手，慢慢地走了起来。孩子的病，竟然就此痊愈了！这个女孩，就是历史上第一位荣获诺贝尔文学奖的女性——茜尔玛·拉格萝芙。

在世上，每一颗普通的心灵里都潜藏着无穷的能量，这种能量一旦爆发，将促使一个人创造出伟大的业绩，甚至发生奇迹。

也许你在这个世界上拥有的东西很少，既没有一个优越的环境，也没有一个聪明的大脑；既没有渊博的学识，也没有漂亮的容貌；既没有良好的机遇，也没有贵人的援手……但是只要我们还活着，就拥有一颗心、一颗时刻有力跳动的心、一颗潜藏着无限能量的心。只要我们相信自己的心灵，只要我们相信这颗心能够源源不断地释放出巨大的能量，那么，这个世界上就没有任何力量能够阻止我们改变自己命运的脚步。

一生中谁都有时运不济的时候。人首先要能够正确地面对自己的人生，当你面对一件想不通的事情时，不要纠缠在里面，一遍一遍地问为什么，而是要把自己解放出来，以理智的头脑去看待遗憾，去化解遗憾。

化解遗憾的第一个前提是先认可这个遗憾的存在，在最短的时间内把这件事接受下来。说好了，这就是一种安排，我已经知道有这个遗憾了。第二个态度是尽可能地采取积极主动的态度，用自己可以做的事情去补足这个遗憾。也就是说，做一些实际的事，用实际行动使你的生活流动起来，思想也会因此走出固执，灵感随之而来，整个身体的能量获得正向的流动，你的人生境遇自然也会随之改变。

要改变自己，先要从自己的心开始，只要你带着十足的愿望和努力，扭转身心境遇所带来的负能量、负气场，那么你的人生一定会好起来，财运自然也会随之滚滚而来。

印度诗人泰戈尔曾经说："如果你因为失去月亮而哭泣，那么你也将失去星星了。"如果你总看着自己人生的遗憾，你总在念叨着这个遗憾，这个遗憾能被放大到多大呀，甚至这个遗憾有可能变为你生命中的一个阴影。这个阴影对你的生命质量是会有所损害的。

在人生中的苦难时刻，我们需要心灵的力量。有了这股力量，在人生风雨到来之时，我们一定还能收获晴空万里的心情；在寒冷的季节，我们一定能守候到温暖的日子；在凋零寂寞之时，我们一定能重现盛开的灿烂，只要相信心灵的力量。

心灵的力量是无穷的。如果你对一件事情的愿望特别强烈的时候，往往也是奇迹发生的时候，那时，所有的路都会为你敞开，所有的荆棘都会为你让路，在实现愿望的过程中，还会有许多有意无意的支持者，为你提供各种支援，这就是心灵的力量！它能感染人，影响人，也能鼓舞人，最重要的是它能摧毁一切通往理想路上的荆棘与不平，让全世界都为你让路，使你所向披靡，最终达到理想的彼岸。

心有所想，才能离目标越来越近

如果人们富有进取意识，坚信财富必然会到来，积极地围绕这一信念去思考和行动，就没有什么能把你束缚在贫困之中。

吸引力法则告诉我们：你相信什么就会吸引什么到来。如果你总是相信自己是穷的，外界也会出现情况使你的境遇每况愈下。相反，如果你开始鼓励自己，相信自己一定能获得财富，并且围绕"赚钱"这一信念在观察和思考，并采取相应的实际行动，那么财运就会自始至终围着你转。

无论何时，无论何地，我们都有权改变自己，按照自己希望的样子去思考和行动，最终完全实现致富的目标。如果越来越多的人都这样去做，那么致富的通路将会在很大程度上被打开。

但是从一定意义上来说，如果你是以竞争的观念在实现致富，那么富者越多，则预示着贫者越贫；相反，如果遵循"创造致富"的法则，富裕起来的人越多，就会带动更多的人实现致富，那么，后来者得到的启示和帮助也就会越大。

实践的人越多，富裕起来的人就越多。先富者带动后富者实现致富，也在某种程度上激发了他们对于富足生活的向往，帮助他们树立起致富的信心和决心。

当我们接受了创造致富的思想，就会从竞争的泥沼中超然而出，进入财富的自由王国。但是我们要时刻坚定创造致富而不是竞争致富的思想，对此不能有丝毫的动摇，绝对不要以为财富的供给是有限的，或是采用竞争的手段来致富。

无论何时，一旦我们的思想落回旧思维的陷阱，就要立即纠正自己。因为竞争式的思维，会让宇宙能量远离我们，不再与我们同步。总的来说，就是一个人对待财富的态度问题。端正态度可以让你开心地去做事，不再抱怨公司、抱怨薪水、抱怨老板……我们需要明白，再多的抱怨对个人财富的累积都是毫无意义的，只能让你的时运更糟糕。

所以，人一定要敢于挑战自我，端正自己对于金钱的态度，只有激起挑战生存困境的勇气和决心，才能最终战胜自我，实现积累财富的目的。

1. 相信什么就得到什么

态度决定了主观的一切。有了认真的态度，兢兢业业、一丝不苟，不论是读书、求职、为官、做人，都会越来越好。无论一个人做什么事情，积极的态度和成功都是密不可分的。有一句谚语是这样说的："决定你成就如何的不是你的能力，而是你的态度。"当一个人充分地相信自己之后，人们就会向他打开那些对其他人关闭的机会之门。

2. 脚踏实地地做事

无论你是一个多么有能力的人，都必须踏实地做人做事，绝不能因好高骛远，而让自己脱离实际去做一些不着边际的事情，否则宇宙的能量就会背离我们，成功自然就变成了遥不可及的事。无论什么时候，我们在人生的不断试错之后，都要重新回归到正确的轨道上来。

3. 改变不了环境就去努力适应

一个人最终能否成功，不在于所处的环境是什么样子，从事什么样的工作，关键是看如何对待环境，如何对待工作。你的态度会直接决定着你的命运。天道酬勤，命运掌握在勤恳工作的人手上，正如优秀的航海员总能驾驭大风大浪一样。人类发展的历史表明，那些伟大的成就通常是由一些平凡的人经过自己的努力取得的。对于勤奋而走正路的人，生活总能给他丰厚的回报。

4. 允许自己不断试错

失败和成功一样，是我们每个人生命中必然具备的一部分，失败只不过是暂时的挫折，它是通往成功大道的一级石阶。它告诉我们的是某些方法已经行不通了，而某些方法还没有试过，对于一个人来说，能够勇于试错，才有机会接近成功，行动比什么都重要，这是通往财富路上必然要经历的成长历程。修得圆满你就成为了真正意义上的富人，反之，则是你的时机还不成熟，接受一切能接受的，改变一切可以改变的，这是生命成长的必然历程。

人应该有面对任何问题和困难的勇气，激流勇进，这样才能战胜困难。积极的思想会产生积极的行动，得到积极的结果；消极的思想会导致消极的行动，得到消极的结果。每个人对待财富的态度决定你的前途和命运！任何事情只要你简单地相信，认真专注地投入、执行，最终，你一定会获得你想得到的一切，或许对你来说，只是一个时间的问题。

意志力是富人身上的重要特质

这个世界上有很多人，他们以等待作为自我安慰的借口，来掩盖内心的恐慌、消沉、自卑与不安。等待也是他们茫然退缩、停滞不前的借口。事实上，要摆脱目前的生存困境，你只有不断地向前奔跑，以一种超乎寻常的意志力，我们需要的是拥有坚韧不拔的意志，身心投入地向着自己既定的财富目标前进。为什么在同样的时间内，人生的道路相同，命运却如此迥异呢？人的意志代表着一种信念，一种积极向上的精神元素，也是挑战，是坚守，更是穷苦人财富梦想的达成，还是进取心与行动力的最佳证明，有了它，也就有了促发你成功的重要元素。

谁的心中没藏着一座瑰丽的海市蜃楼呢？但现实的阻力往往像一盆又一盆冷水浇到你头上，直到火种熄灭。坚持自己的财富梦想是需要勇气的，能够坚信自己并持之以恒走下去的才是心灵上的自由人，因为他们不会被现实所羁绊，不需要扭曲自己，他们都能以坚强的意志力排除万难，从而实现自身梦想，成为人生和事业的成功者。日本当代最伟大的艺术家之一草间弥生先生就是这样一个最终博得人生喝彩的人。

1929年，草间弥生出生于日本长野县一个很富裕的家庭。不幸的是，她患有先天神经性视听障碍，视物时如同隔着一层布满圆点的网，模模糊糊的。母亲对她说：“要是你能把看到的圆点都画出来，那你的眼睛也就好了。”于是，她拼命地画她眼睛里的圆点，希望能治好自己的眼病。

若干年之后，她看到的依然是带圆点的网状世界。然而，她竟渐渐地迷上了圆点绘画。从京都美术工艺学校毕业后，她没有找工作，而是回到

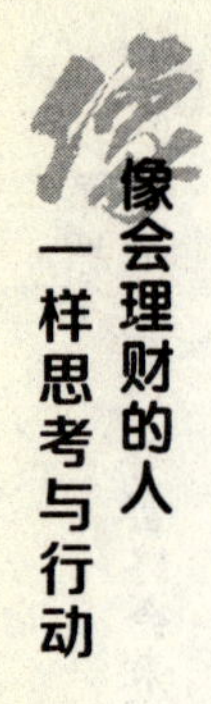

家里废寝忘食地终日作画。然而，母亲对她的艺术家幻想坚决反对，她毁掉了她的画布，让她和工人们一起干活，还经常把她关起来。母亲的反对反而激发了她更大的创作潜能，无论现实有多少阻隔，她都义无反顾地咬牙坚持。

虽然举步维艰，她仍然在默默的期待中毅然前行。直到有一天，她的“圆点画”受到了精神病医生西丸四方的欣赏，他购买了她的画，还把她介绍给一位凡·高画的研究者。西丸四方对她说：“凡·高患有精神分裂症，但却是一代绘画宗师。有时先天的缺陷反而成就了艺术。”这位医生极大地坚定了她在艺术道路上走下去的决心。

26岁那年，她在旧书店里看到了美国女画家乔治亚·欧姬芙的作品，灵魂被深深地震撼了，决定前往美国。平时一向胆小的她给女画家寄了一封信：“我是一位神经性视听障碍患者，生活在遥远的东方。我喜欢您的作品，痴迷绘画，虽然自知资质愚钝，但希望能得到您的指点。”不久，她就收到了女画家的回信，信中除了鼓励，还有热情的邀请。

两年之后，经过千辛万苦，她终于前往美国。临行前，母亲给了她100万日元，告诉她永远不要再踏入家门。失去了亲情，她内心无比凄怆，也更加决然和拥有了孤注一掷的勇气。

初到美国时，她穿梭在纽约的画廊，但她的画几乎无人问津。她贫困潦倒，经常在半夜被冻醒，肚子饿得咕咕叫，只好用在街边的垃圾篮中捡的鱼头和烂菜叶熬一碗热汤，再继续画画。渐渐地，她的网状图案和圆点开始被纽约知名评论家关注。

终于有一天，她的成名作《无极的爱》诞生了。它以震撼人心的非凡艺术效果，受到评论家的追捧。接着，她的雕塑作品《南瓜》在香港拍卖到天价——272万港币。她还引领时代潮流——为兰蔻设计的化妆包以及为AU设计的手机都成了热销品，圆点图案服装风靡日本。2009年6月，英国《泰晤士报》评出200位20世纪最伟大的艺术家，她名列其中。

无论是绘画还是雕塑，她的作品几乎都以圆点为题材。她说：“地球也不过是宇宙中众多圆点中的一个，画好了圆点，就画好了宇宙，画好了世态人生。”

圆点曾是她的不幸——眼前布满圆点，这使她的世界无比残缺，然

而，她又是幸运的——正是她对圆点的热爱，不厌其烦地重复着圆点，才使她取得了举世瞩目的成功。“我坚持了一生圆点艺术，也算圆满了人生。其实，任何一棵树，能数十年去浇灌，注定都会成为参天大树的！”

草间弥生漫长的人生等待，坚定的成就梦想的决心，最终使她不虚此行，获得了最终的成功。在黑暗的世界里寻找到了光明，以艺术的方式去临摹美的信息，并且排除万难地去努力，这是怎样的一种意志啊！

老鹰是世界上寿命最长的鸟类。它一生的年龄可达 70 岁。要活那么长的寿命，它在 40 岁时必须做出困难却重要的决定。当老鹰活到 40 岁时，它的爪子开始老化，无法有效地抓住猎物。它的嘴变得又长又弯，几乎碰到胸膛。它的翅膀变得十分沉重，因为它的羽毛长得又浓又厚，使得飞翔十分吃力。它只有两种选择：等死，或开始一个十分痛苦的更新过程。这是 150 天漫长的操练。它必须努力地飞到山顶，在悬崖上筑巢，停在那里，不得飞翔。老鹰首先用嘴击打岩石，直到嘴完全脱落，然后静静地等候新的嘴长出来。它会用新长出的嘴把指甲一根根地拔出来。当新的指甲长出来后，它便把羽毛一根一根地拔掉。5 个月后，新的羽毛长出来了，老鹰开始飞翔。它重新得以再过 30 年的岁月！

假若留心观察，不难发现，生活中很多富有的人，他们身上有着一些共同的性格特质：他们大多是有理想并且能将此理想以长久的意志去实现的人。正可谓“有志者立长志，无志者常立志”。时光可以消磨掉一个人的青春，但是一个有信念、有想法的人却不会因为年华的消逝而衰老，恰恰相反，理想与意志会给他们提供源源不断的能量，这种能量经过岁月的磨砺渐渐转化为一种睿智，一种自信，一种永不消磨的激情和神采，这是一个经过岁月磨蚀后痛苦的转变过程，有如鹰的蜕变。

所以说，富人之所以富有，都是有原因的。其中持之以恒的毅力是贯穿其中一个重要的因素。所谓事业、事业，我们或许也可以这样理解，将一件事披荆斩棘地做到好，做到理想中的效果，就说明你在“做事”上的业力已然完成，你就成了一个真正富有的人，一个在“做事”方面获得圆满的人。

勇于试错方能获得成功

我们大家都知道，失败只不过是暂时的挫折，是通往成功的一级阶梯。它是在告诉你在成功的路上某些方法已行不通了，你可以换个方法继续前行。这个道理谁都知道，可现实中许多人一直在过着捉襟见肘的日子，却在面临选择的时候左思右想，前怕狼后怕虎，迟迟拿不定主意，而时机就在这样的犹豫不绝中错过了，为了怕失败，为了追求完美，你有没有觉得自己已付出了惨重的代价？是的，什么也不做你也就不会有出错的机会，可是你也因此错过了许多经验和成长，更不要说改变自己穷苦的生活困境了。

生活中不乏有这样的人，他们很聪明，就是因为太聪明了，有任何机会放在他们眼前，他们总是把可能有的状况全都想到了，由于不想冒险，所以迟迟不肯迈出关键的一步。这样虽然避免了出错，却只能让你永远地站在了穷困的此岸，远远地看着别人的成功而黯然神伤。

在追求财富和成功的路上，几乎每个人都不可避免地要遇到失败。美国大发明家爱迪生曾经说："在困难面前，只有放弃的人才是真正的失败者。"通常人们被困难击倒的主要原因之一，就是他们自己认为无法抵挡困难，会被困难打败。这就像拳击手上台后发现对手比自己高大强壮就吓晕了一样——你不是被对手击倒的，而是自己把自己打败了！因此我们应该勇敢地向前冲！事实上，所谓的成功只是相对的，它其实是一条没有终点的射线，也许别人在你眼里的成功，在这个人的心里他也依然在路上。这个"成功人士"也许每天都在和不同的人打交道，每天都会面临许多选择，他依然经常会出错，甚至他的失误比他做的正确的事还要多，那又有什么大不了呢？他每天都在修正自己，为自己积累成功的经验，扩展自己的人脉，在很多人的眼里，他依然是一个成功的人。

其实，没有人天生就是赢家，他们成功的关键通常在于勇于尝试，在不断的试错中勇敢地向既定的目标前进。玛格丽特·米切尔是世界著名作家，她的名著《乱世佳人》享誉世界。但是，这位写出旷世之作的女作家的创作生涯并非我们想象的那样平坦，相反，她的创作生涯可以说是坎坷曲折。玛格丽特·米切尔靠写作为生，没有其他任何收入，生活十分艰辛。最初，出版社根本不愿为她出版书稿，为此，她在很长一段时间里不得不为了生活而节衣缩食。但是，玛格丽特·米切尔并没有退缩。她说："尽管那个时期我很苦闷，也曾想过放弃，但是，我时常对自己说：'为什么他们不出版我的作品呢？一定是我的作品不好，所以我一定要写出更好的作品。'"

经过多年的努力，《乱世佳人》问世了，玛格丽特·米切尔为此热泪盈眶。她在接受记者采访时说："在出版《乱世佳人》之前，我曾收到各个出版社一千多封退稿信，但是，我并不气馁。退稿信的意义不在于我的作品无法出版，而是说明我的作品还不够好，这是叫我提高能力的信号。所以，我比以前任何时候都努力，终于写出了《乱世佳人》。"

个人心理学先驱艾尔费烈德·艾德勒说："你越不把失败当作一回事，失败越不能把你怎么样；只要能保持心态的平和，成功的可能性就越大。"这是个很有力的建议：连失败都有正面的价值，说不定它还是上帝给予我们的奖赏呢！

成功学大师拿破仑·希尔曾经指出：因为下面这三个原因，失败往往能够转化成成功的基石。第一，失败可以打开新的机遇大门，迎来新的人生机会；第二，失败可以给骄傲的人注入一针清醒剂。第三，失败可以使人知道什么方法是错误的，而成功又需要什么样的方法。基于上面三个原因，我们应该知道，失败带来的逆境并非都是坏事。关键是看人们对失败做出何种反应，它决定着一个人的成败。

人生如战场，试想一下，如果你身临战场，当你遇到困难和敌人时就赶紧后退，其后果如何？把事情做好，把困难解决掉，这自然也是一种"作战"方式。在面对困难时不回避而是面对它们，这些困难就总会有过去的一天。轻轻地触摸蓟草，它会刺伤你；大胆地握住它，它的刺就碎落了。一个人要想改变生活，就需要有这样的勇气和信心，在通往成功的路上，不断试错，不断前进。

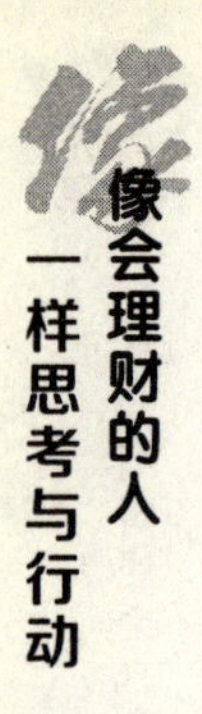

全力以赴，不急功近利

毋庸置疑，每个人都羡慕富人所拥有的巨额财富，谁都希望自己能成为一夜暴富者，但我们只看到了他们的成功，却很少有人关注他们在成功背后所付出的艰辛努力。对这些富人来说，他们也曾遭遇过失败，经历过挫折，事实的情况是，很多人都是求财路上的耐力长跑者，谁能沉得住气，谁才有希望成为最终的胜利者。人生很多时候不是在跟别人较劲，而是在和自己较劲，只有自己才是自己最大的敌人。

生活中，不知你是否注意到，善于放长线、钓大鱼的人，看到大鱼上钩之后，总是不急着收线扬竿，把鱼甩到岸上。他会按捺下心头的喜悦，不慌不忙地收几下线，慢慢把鱼拉近岸边；一旦大鱼挣扎，便又放松钓线，让鱼游蹿几下，接着再慢慢收钓。如此一收一放，待到大鱼精疲力尽，无力挣扎，才将它拉近岸边，用提网兜拽上岸。追求成功也是一样，那些希望投机取巧，在求财路上打短平快的人基本上都不能成大事，甚至还可能因为一念之差而走上不法之路。多少人生实践证明，只有耐心等待，不懈努力，才会到达成功的彼岸。

唐代京城中有位窦公，聪明伶俐，极善理财，但他却财力绵薄，难以施展赚钱本领。没有办法，他先从小处赚起。他在京城中四处逛荡，寻求赚钱门路。某日来到郊外，却见青山绿水、风景极美处有一座大宅院，房屋严整。一打听，原来是一权要官宦的外宅。他来到宅院后花园墙外。但见一水塘，塘水清澈，直通小河，有水进，有水出，但因无人管理，显得有点零乱肮脏。窦公心想：生财路来了。水塘主人觉得那是块不中用的闲池，就以很低的价钱卖给了他。窦公买到水塘，又借了些钱，请人把水塘砌成石岸，疏通了进出水道，种上莲藕，放养上金鱼，围上篱笆，种上玫瑰。

第二年春，那名权要官宦休假在家，逛后花园时闻到花香，到花园后一看，直馋得他流口水。窦公知道鱼儿上钩了，立即将此地奉送。这样一来，两人成了朋友。一天，窦公装作无意地谈起想到江南走走，宦官忙说：“我给您写上几封信，让地方官吏多加照应。”

窦公带了这几封信，往来于几个州县，贱买贵卖，又有官府撑腰，不几年便赚了大钱。而后又回到京师。他久已看中皇宫东南处一大片低洼地。那里因地势低洼，地价并不贵。窦公买到手之后，雇人从邻近高地取土填平，然后在上面建造馆驿，专门接待外国商人，并极力模仿不同国度的不同房舍形式和招待方式，所以一经建成，便顾客盈门，连那些遣唐使们也乐意来往。同时又辟出一条街来，多建妓馆、赌场甚至杂耍场，把这条街建成“长安第一游乐街”，日夜游人爆满。不出几年，窦公挣的钱数也数不清，成了海内首富。窦公为了钓到宦官不惜下血本作钓饵，又耐性极好，鱼儿上了钩浑不知觉。他的这种“钓鱼”技巧很是高明。

这里还有一例。据说，某中小企业的董事长的交际手腕实是高人一筹。他长期承包那些大电器公司的工程，对这些公司的重要人物常施以小恩小惠，对年轻的职员也殷勤款待。这位董事长并非无的放矢。事前，他总是想方设法将电器公司内各员工的学历、人际关系、工作能力和业绩作一次全面的调查和了解，认为这个人大有可为，以后会成为该公司的要员时，不管他有多年轻，都尽心款待，这位董事长这样做，是为日后获得更多的利益作准备。他明白，要钓到鱼，需要耐心放线，十个欠他人情债的人当中有九个会给他带来意想不到的收益。他现在做的亏本生意，日后会利滚利地收回。

所以，当自己所看中的某位年轻职员晋升为主管时，他会立即跑去庆祝，赠送礼物。年轻的主管自然倍加感动，无形之中便产生了感恩图报的意识。董事长却说：“我们公司有今日，完全是靠贵公司的抬举，因此，我向你这位优秀的职员表示谢意，也是应该的。”

这样，当有朝一日这些职员晋升至经理等要职时，还记着这位董事长的恩惠。因此在生意竞争十分激烈的时期，许多承包商倒闭的倒闭，破产的破产了，而这位董事长的公司却仍旧生意兴隆，其原因是由于他平常慧眼识人，耐心放线的结果。

综观这位董事长的放长线手腕，确有他“老姜”的“辣味”。这也揭示出一种必要的社会生存法则。尤其经过股市低迷、物价上涨、商业竞争日益激烈的今天，在平日里有甄别地交友是生意场上的必需。只有广结人缘、慧眼识人，并且以十足的耐心投入情感、培养友谊，才能让你利人利己，广开财路。

用持久的激情坚持不懈

感性的人较之于理性的人更容易被一时兴致所吸引，从而做出草率的决定。这就是我们所说的三分钟热度。而一个人要想脱贫致富，没有持久的激情是行不通的。让我们来听听以下这番话：

“韩语很好听啊！想当年，我还特意为此报了个辅导班呢，只是后来因为公司业务忙起来，坚持没多久就不了了之了，唉……”

“毕业后，一时我觉得IT行业挺好找工作的，就报了个计算机补习班，书都买好了，可这时有个公司让我过去上班，一忙起来就把这事给忘了。唉，太可惜了，我的钱都交了，一共也没上几天，现在那些书还放在书架上呢。”

“今年公司年会，我本已向领导请示接手了这个策划，可没想到做策划这么难，每一个细节都要考虑到，还要出新点子，一时间我就没了兴趣，不想练了，结果还因此事受到了领导的批评。唉，真是得不偿失！”

现实生活中，这样的对话或许你早已经司空见惯。受好奇心或一时兴致的支配，很多人都会对新鲜事物产生突发兴趣，但是一旦接触了解得更多些，新鲜劲儿过去后，大部分人很快就会丧失原有的兴趣和热情，要么敷衍了事、草草收场，要么干脆将这件事晾在一边，不予理会。这样的人就是人们常说的只有三分钟热度的人，他们经不起时间的考验，做事虎头蛇尾、一曝十寒，到头来功亏一篑。

而那些甚至撞了南墙都不回头的人，却总是给自己打气，让自己保持持久的激情，不会因为时间的流逝而丧失原本的热情和兴趣。他们信念坚定，坚韧执着，一旦将自己的热情倾注在一件事情上，就会有破釜沉舟的决心，不达目的不罢休。

在追求财富的道路上，亦是如此。失败者往往只有三分钟热度，时冷时热，而那些成功的人则拥有持久的激情，让自己自始至终保持“恒温”。

激情是一个人能够成功的重要特质。纵观古今中外，那些颇有建树的富人，没有哪一个不拥有持久的激情。其中，日本十大财阀之一，著名的“佐川捷运”创始人佐川清便是这样一个很有激情的大富豪。

佐川清于1922年出生在日本一个大地主家庭，从小过着娇生惯养、养尊处优的生活。然而，天有不测风云，人有旦夕祸福，母亲在佐川清8岁的时候因病去世。不久，父亲再娶。

继母的出现彻底改变了佐川清的生活。性格倔强的佐川清对继母极为反感，总是怀着敌意，而继母也是想尽办法虐待他，甚至不给他饭吃。

上学后的佐川清十分顽皮，尽管没有好好学习，但是凭着自己的聪明，还是考上了县里的名校，由于不满学校严厉的校规，15岁的佐川清擅自退学，离家出走，决定自己挣钱养活自己。

在尾道，觉得自己有一身力气的佐川清进入丸源运输公司当搬运工，佐川清生平第一次接触货运工作，并且立刻喜欢上了这份工作。佐川清对这份工作的热爱并非五分钟热度，而是倾注了持久的热情，正因为如此，才决定了他一生的命运。

工作虽然艰辛劳累，但是满怀激情的佐川清却做得不亦乐乎，他像一块海绵一样，恣意地吸收着来自工作的各种知识和养分，也开始渐渐懂得顾客的需要是一个企业赖以生存的基础。

两年后，佐川清结束了在丸源运输公司的工作，重返家乡。然而没过多久，他与继母再次发生激烈的冲突，不得不再一次离家出走。此后，佐川清便开始在各地给别人当搬运工来养活自己，但他时刻都没有忘记自己对这份工作的热情。

此后，佐川清还当过甲板员、土木工匠、包头工，每个工作都做得很出色。然而，他一直都想自立门户，打拼出属于自己的天下，于是他决定重操旧业，打算先从搬运工这个运输行业开始打出自己的品牌。

1957年，满腔热血的佐川清凭借自己健壮的身体和丰富的经验创办了“佐川捷运”。创业初期，主顾很少，为了联系业务，佐川清在京都和大阪之间挨家挨户地向各批发商推销公司的搬运工业务，却遭到了一次又一次的拒绝。

尽管如此，佐川清的创业激情依旧未减丝毫，他相信只要坚持不懈，就一定能用自己的真诚打动那些批发商。功夫不负有心人，经过整整四十多天的奔波辗转，佐川清终于接到了第一笔业务，为大阪千田商会的老板运送照相机。

有了第一次，便有第二次，佐川清接的业务开始越来越多，佐川捷运的经营情况也渐渐扭亏为盈。他分外珍惜每一单业务，其他脚夫不愿意承揽的活他都毫不犹豫地接了下来。

有一次，一家叫“光洋轴承”的机械商委托佐川清将轴承运送到京都，这种类型的轴承十分笨重，每个都有50公斤重，其他搬运商都不愿承接，唯独佐川清不由分说一手包揽下来，并且按时安全地将轴承送达了目的地。光洋轴承的老板被佐川清吃苦耐劳的精神所感动，当即将自己所有的业务都承揽给了光洋轴承。

在佐川清的精心经营下，佐川捷运的生意越来越红火。1960年，佐川捷运有限责任公司正式成立，并在短时间内得到了快速发展，垄断了整个日本的货运，年营业额超过3000亿日元，名列日本商业第一。

如今的佐川捷运，在日本拥有20000台车辆，年经营货物量达12亿件，营业额高达8000亿日元，并且在世界各地开设了许多分支机构，已然成为世界货运市场上一股强大的力量。

不管这个时代和科技如何变化，佐川清依旧执着地坚守着自己的“脚夫精神”，强调“回到原点”，长久地保持着创业之初的激情和吃苦耐劳的精神。正因为如此，他才能一直不改初衷，将脚夫这个行当做得有声有色；正因为如此，他才能在遭到无数次拒绝后依旧充满激情，保持着创业者的赤子之心；正因为如此，他才能成功实现从一名平凡普通的脚夫到名震日本以及世界的大富豪的华丽转身。

试想，如果佐川清在从业之初只有三分钟热度，做任何事情都虎头蛇尾，那么他还能在创业时坚持到底，最终将运输行业做大做强吗？他还能充分实现自己的价值和财富目标吗？答案显然是否定的。这也告诉我们，

做事只有三分钟热度，没有持久的激情，不愿付出长久的努力和行动的人，是永远不可能在追求财富的道路上挣到大钱，获得真正意义上的成功的。

所以，想要发财致富的朋友，请你一定要培养自己坚韧的毅力和马拉松精神，只有拥有持久的激情和耐力，才能在脱贫致富的道路上最终成为他人的榜样。

第五章

欲成大事，要善于借力使力

发现并借助同行业优势，成就自己的财富

人要生存，就要有生存的本事。优势无法利用就是劣势，宝贝放错了地方就是废物。穷人要想变身成为富人，仅有生存的本事还不够，还得知道怎么利用一切可利用的外力，让它们为自己聚拢财富服务。在现实生活中，有很多人之所以一生碌碌无为，不是他们没有优势，而是他们没有发现外界事物各自的优势，并利用这些优势和机缘来成就自己。

有个年轻人偶然拾到一大块磁铁，年轻人看着这块磁铁，心想："它有什么用呢？如果当废品卖掉，也卖不了几块钱，可留在家里似乎也没什么大用处！"

这时他的母亲看到了，便问："这磁铁是用来做什么的？"一句话点醒了他，他灵机一动，顿时豁然开朗："磁铁就是用来吸铁的呀，我何不好好利用这一点呢？！"

于是，年轻人将磁铁拴在一根粗绳子上，跑到海港码头去"垂钓"。因为有成千上万的船只打这儿经过，海里累积了许多废弃的零件，还有修理时用的工具……没过多久，这个年轻人就用磁铁"捞"上了上千斤废铁，捞得了人生中的"第一桶金"。

随后，他又多雇了几条船，用同样的方法去吸铁，一个月以后，他就积累了数万元财富。看到他的收获，工厂负责收购的人感叹道："我收过的磁铁无数，有很多比他的还要大，怎么就没有想到过这一点呢？"

可见，任何事物都有其自身的优势，关键是有没有机缘得以充分发挥。人何尝不是如此？顺势而为，借力而行，才能最大限度地赚得盆满钵满。有时候，在同行业间未必只有竞争关系，只要你具备独到的眼光和足够能把他们各自的优势联合起来的凝聚力量，那么这些优势一样会为你所用，助你做出一番成就。

世界首富比尔·盖茨说："任何一个聪明的企业家都善于借助别人的力量，任何一个聪明的人也都善于借助别人的力量。不管是经商还是做人，都要学会有效借助别人的力量，那样可以大大缩短你成功的时间。"

在日常生活和工作中，这样的人并不是少见，那就是越是能力不足的人，越是喜欢自己独立完成不可能的事情，他们认为求助于人是件羞耻的事，也是伤自尊的事情，殊不知这样的想法只能让自己故步自封，最终一事无成。

其实，许多声名显赫的人，在他们能力有所不及的时候，也是借助他人之力来实现自身梦想的。

约翰·皮尔庞特·摩根是美国的一位银行家，他通过投机赚到了一笔钱后，开始将思路从投机转移到银行投资上来。时值 1871 年，法国在普法战争中战败后，国内局势一片混乱。法国的财政部门经过测算，认为至少需要 2.5 亿法郎才能让法国渡过危机。但此时的法国政府根本拿不出钱，他们唯一能做的就是发行国债。

然而，当时的情况是法国刚刚战败，谁有胆量承担数额如此巨大的国债发行呢？法国最富有的商人不敢，英国的富豪们也不敢。这个时候，摩根一眼盯上了这笔生意。

可是，仅仅摩根自己的资金根本不足以做这样的事情，于是他经过几番思考，终于想到了一个主意：将华尔街上所有的银行联合在一起，形成一个临时的联盟，这样风险就由一个金融机构承担转变为多个金融机构共担了。法国所需的 2.5 亿法郎，按照当时的汇率折合成美元只有 5000 万元，这些钱如果由华尔街多家银行共同消化，那岂不是十分容易的事吗？

当摩根将他的想法告诉自己的合伙人克莱姆时，克莱姆惊叫道："天啊！你疯了吗？你这样做是在向华尔街的游戏规则挑战，是不可能成功的。"克莱姆的话并不是全无道理，摩根的想法确实违背了当时华尔街的传统。在那个时代，华尔街的规则是：谁有能力，谁独享；谁有钱，谁独吞。各个金融机构之间的关系都是剑拔弩张的。尽管如此，摩根依然坚持自己的想法是行得通的。没多久，摩根将这一想法透露给了媒体，消息一经曝光，许多人纷纷嘲笑摩根自不量力，有人甚至给摩根寄来了恐吓信。摩根不但没有被吓倒，反而更加镇定了，因为这个效果正在他的预料之中。

渐渐地，华尔街的金融机构对摩根的想法开始表现出了两种截然不同的意见，有人甚至提出拥护摩根的提议，有人则强烈反对。这两派谁也无法说服对方，甚至因此产生了激烈的冲突，于是双方都把目光集中到这个建议的提出者摩根身上。

摩根不失时机地抓住这个机遇，他将拥护派集中起来，借助他们的力量结成了联盟，然后承担起发行法国国债的事情，从中大大地赚了一笔。

现代社会的复杂性远远超过了摩根那个时代，如果不懂得借力使力，想要获得成功就更加困难了。而如果能有效借助别人的力量，将所有可用的优势力量集中在一起，那么就会起到事半功倍的效果。

利用同行业可利用的优势条件来为自己服务，在短期财力不足的情况下，这无疑是一个灵活机动的好办法，也是创业致富的捷径。现在的那些富人都是最善于利用联合优势成就自己的人，如果你也想成为富人，那就努力地从身边看似寻常的事物中发现商机吧！

借助名人效应，服务于自己的事业

我国古代曾有“凿壁偷光”“囊萤积雪”的故事，描写穷书生刻苦用功，“借光”苦读。现代也有人善于借他人之光，并因此照亮自己的前程，借贵人之光照亮自己的前程，关键是看你能否抓住机遇，寻找一个可借的光源来照亮自己，说不定自此你从不敢想的难事就能轻易办成，甚至你的命运也会因此而发生悄然改变。

现代社会，靠着老老实实地打拼想要闯出一条路，获得巨额财富十分困难。如果能够有效地借助名人的效应，做起事来就会事半功倍。比如沟通中常出现一些身份高贵者的名字，你在别人眼里就显得不同寻常；去有地位有身份的人常去的地方，也可以作为提高你的身份和能力的方式；请社会名流题词，请专家教授为你写的书作序，请明星为你签名等行为也能给你增色。被社会承认是人的正当需求，对社会进步也有积极意义，而必要的时候借助名人提高自身的知名度是其中很有效的方式之一。

当你还是个默默无闻的小人物时，不妨借助一些名人的名气，让别人有机会注意到你的存在，进而实现迅速为自己的产品打开销路，或者为自己的未来寻找出路的目的，这无疑是一条捷径。

据说美国一家出版商有一批滞销的图书，久久不能脱手。一天，他终于想出了一个好办法。他给总统送去一本书，并三番五次地征求总统的意见。

忙于政务的总统实在没有时间与他纠缠，便随便应付了一句：这书不错。出版商便借总统的话大做文章，并打出宣传语："这是一本获得总统称赞的书。"不久这书便被抢购一空。

不久，这个出版商又有书卖不出去了，就又送了一本给总统。总统对上一次书商借自己的名义做宣传很恼火，于是，这次便奚落他："这本书糟透了！"出版商竟然又如获至宝，在自己的书店打出宣传："现有总统讨厌的书出售。"这次，书又脱销了。

第三次，出版商再次将不好卖的书送到了总统处。总统接受了前两次的教训，便不做任何回复。出版商仍然借此大做文章："现有总统难以下结论的书，欲购从速！"这次书又被一抢而空。总统哭笑不得，出版商却凭借总统的几句话赚了个盆满钵满。

可见，当自己由于没有名气而寸步难行时，不妨借助名人的名气来提升自己，这样会让你做起事情来事半功倍。这个书商就是借用了总统带来的名人效应，使他的书达到了畅销的目的。如果你身边有这样的资源，不妨好好利用。俗话说，背靠大树好乘凉，问题是首先要找到一棵大树。许多优秀的商人均认为，成功借用别人的名气是一种智慧，它能够迅速壮大自己的力量，快速成就自己的事业。

中国服装协会男装委员会委员中国品牌建设优秀企业家柯夏鸣就是一个借力高手。

柯夏鸣从小喜欢名牌服装，对穿着十分考究，这促使他与服装行业结缘，他 26 岁与人合伙开办服装厂，踏入了服装业。之后一路畅通，三度向成熟品牌“壳”、借力 NBA、嫁接 2008 奥运，不断地将自己的事业推向高峰。

1987 年，刚刚成家的他做出了一个让人难以理解的决定：放弃待遇优厚的工作，下海创业，做服装生意。几年后，他的生意已经初具规模。1992 年，他迎来事业发展的第一个高峰。通过朋友的推荐，他与当时在泉州服装行业排名第一的企业达成合作协议，用他公司的生产团队为其贴牌加工。到 1993 年年初，他的员工已经接近 300 人，每天能生产 1000 多件服装。

1995 年年底，柯夏鸣又与七匹狼合作，借助七匹狼的品牌优势，利用自身在产品开发、设计和制造上的能力，借壳发展。随着资金实力逐步充裕，他感觉独立运营品牌的时机已经成熟，但是租牌运作还是创牌运营呢？他一时还拿不定主意。

此时，正值“拼牌”男装进行授权，柯夏鸣认为这是一个借力的大好机遇。取得授权后，他马上召开 1998 年秋冬订货会，并投入 100 多万元进行宣传。当季的宣传效果非常好，一个月内他就招齐全国二十多个省份的代理商，开启特许加盟专卖的先河。

这一年，他的销售业绩突破 8000 万元，专卖网络达到 400 多家。2000 年，经销商抢着订货，甚至为订货而发生冲突，此后两年销售业绩一直在 1 个亿徘徊。

2006 年 8 月，当他得知 NBA 来中国开拓市场的消息，便火速飞赴北京和上海与之接洽，并签订一系列合作协议。这一年，他的专卖店发展到 900 多家，销售业绩也比上年增长 50% 以上。随着 2008 年的到来，他继续借力高端体育资源，嫁接 2008 北京奥运的商机，在全国范围内展开了新一轮进攻狂潮。

试想一下，柯夏鸣如果没有借助七匹狼和 NBA 的名气，而是独自一点一点从零做起，他不可能在这么短的时间内做成现在的成就。所以，抓住时机借力使力往往比亲力亲为更有效率、更能成事。这并不是说我们会因此丢掉自主，而是说我们要在适当的时候利用外部资源和他人的力量，这样才能大大提高我们的做事效率，这才是聪明人的做法。

任何一个渴望成功的人，都要懂得这个道理。因为一个人的力量总是有限的，当单靠自己的力量还不足以获得成功时，如果你有条件，要学会借用别人的名气来开创自己的事业。将对方的名气当成获取个人利益的跳板，这也是千百年来商业活动中的运营智慧。

名能生利，借人之名收己之利是一个人获得成功的捷径。因此，我们要做一个敢于借用他人名气，善于借用他人名气的人。当然，当你运筹帷幄打算郑重其事地运用名人效应来抬高产品或个人的身价为自己谋利时，一定要首先获得名人的首肯，不要为自己招来不必要的麻烦，以免得不偿失。

找到缺口，搭对手的便车

学会“搭便车”是一种职业技巧。在复杂的社会竞争环境中，灵活机变地搭上对手的便车，利用各种有利的条件让对手来为我们服务，是一种智慧的做法。

一个牧场主和一个猎户相邻而居，牧场主养了许多羊，而猎户却在院子里养了一群凶猛的猎狗。猎狗经常跳过栅栏袭击牧场里的小羊羔。牧场主几次请猎户把狗拴好，但猎户都只是口头上答应，却依然放任不管。没过几天，猎狗又跳进牧场里横冲直撞，小羊羔深受其害。牧场主再也坐不住了，去当地法院控告了猎户，要求猎户赔偿他的全部损失。听了他的控诉，法官说：“我可以处罚那个猎户，也可以让他把狗锁起来。但这样做你将失去一个朋友，多了一个敌人。你是愿意和一个敌人做邻居，还是希望能有一个朋友做邻居呢？”牧场主说：“当然是和朋友做邻居了！”“那好，你就按我说的去做，这样不但可以保证你的羊群不再受骚扰，还会赢得一个友善的好邻居。”

回到家，牧场主就按法官说的挑选了三只最可爱的小羊羔送给猎户的三个儿子。看到洁白温顺的小羊，孩子们十分喜欢，每天都要在院子里和它们玩耍嬉戏。因为怕猎狗伤到儿子们的小羊，猎户做了个大铁笼，把狗结结实实地锁了起来。从此，牧场主的小羊羔再也没有受到猎狗的骚扰，两家的关系也开始和睦起来。

由此看来，在上述“羊狗博弈”中，羊主人通过让渡一定的利益将狗主人变为朋友，并借助其手化解了自己的难题。

人在社会上闯荡，难免会树敌，如何处理好与这些对手的关系，并借助对手的力量来推进自己致富的节奏呢？“红顶商人”胡雪岩曾说：多一个朋友多条路，多一个对手多堵墙。一和万事兴，在合适的时候，我们不妨站到对手身边去，借助对方的力量实现双赢。

在强势下，无须博弈，只有服从。强者是规则的制定者，在他面前，最好不要正面交锋，而是学会顺势而下，韬光养晦，善于搭强者的便车，等待机会，以弱胜强。

弱者与强者是矛盾的两个方面，而通常由强者决定着矛盾的走向，因为强者是矛盾性质和内容的规定者。但矛盾的另一个特性是在一定条件下双方会发生逆转，所以弱者在与强者的对角中要学会以弱胜强，学会用四两拨千斤之道和反间之道。

此外，在双方对角中，还要善于观察形势，抓住解决问题的关键环节，这样便可以事半功倍，付出极少的成本而获得极大的收益。

西汉初期，匈奴不断侵扰我北方边境，开国皇帝刘邦决定一劳永逸地解决匈奴问题。公元前200年，匈奴单于冒顿挥师南下犯我边境，刘邦亲率30万大军迎战，没想到在平城白登山（今山西大同东北）中了匈奴兵的埋伏，被30万匈奴骑兵困住。刘邦在白登山被困了七天，突围不成，救兵被阻，又值严冬，粮断草绝，许多士兵的手指都被冻坏了，刘邦焦急万分。双方力量相差悬殊，硬拼无异于徒劳，对手又是死敌，基本没有商谈的可能，确实是一个无招可破的死局。

正在这危难之际，刘邦的手下大臣陈平想到一条妙计，他派使者带着厚礼去求见冒顿单于的妻子阏氏，使者特别献上一张洁白的狐狸皮，并对阏氏说，如果单于继续围困汉军，汉朝将送最美的美女给单于，那时你将失宠。同时，陈平还令人制造了一些形似美女的木偶，装上机关使其跳舞。阏氏远远望去，见许多美女舞姿曼妙、楚楚动人，由于担心汉朝真的送美女来，于是，她想办法将包围撕开一个缺口，刘邦趁机冲出重围。这就是历史上的“白登之围”。

在白登山，刘邦已身陷困境，如果匈奴一举拿下汉军，也许汉朝的历史自此将被改写。但在这样的情况下，陈平却巧妙地利用女人的嫉妒心使用离间计攻其不备，帮刘帮成功解围。刘邦突围后，经过修整又成了与匈奴对决的强势一方。

在古代军事上，巧妙地借力突围的战役不胜枚举，当下人们更是把“借别人的资源办自己的事”之道发挥到了极致。毫不夸张地说，这是一个炒作的时代，炒名人、炒影视、炒书籍、炒楼盘……好像天下万物什么都能炒，当然也不乏借助对手炒红自己的案例。

近些年来，韩寒与郭敬明之间的“口水大战”甚嚣尘上，从未间断，时常他们的战况就会见诸各大媒体头条或报端。两个人互相攻击对方的写作风格及关注方向，看似一场战争，但两个人却均从这场对对手的“炒作”中获得了好处，实现了双赢。事实上这就是一个典型的搭对手便车的案例。

所以，从致富的角度来说，在创业阶段的“小猪”们要想迅速获得成功，就必须紧跟时代的步伐，具有借助外力助力自己的智慧，成功搭上对手这班便车，少走弯路，成功聚拢财富，成为一个真正的富人。

借助外界资金

没有人只靠自己就能获得成功。大多数人在创业之初，都比较艰苦，手上都没有多少钱，此时你可以借助别人的财力，以钱生钱，为自己带来收益，这也是生意场上较为常用的方法。

可以说，没钱不要紧，只要你拥有过人的胆识和才智，拥有足够的时间和精力，就大可以冒险一试，果断地借助外界的资金来做自己的事情。

只有坚信“天下之财均可为我用”的思想，才能拓宽自己的心胸，提高自己的自信，并迅速积累起属于自己的财富。

罗兆辉是香港皇爵集团的掌门人，被媒体称为香港地产的“狙击手”。他之所以年纪轻轻就身价数十亿，最主要的原因就是他有效地利用了银行的资金。

最初，罗兆辉在香港一家小型的地产公司做经纪人。这是个很普通的工作，每个月的工资不到1000元，但他却渐渐喜欢上了这份工作，并且一做就是五年。做的时间长了，他对地产行业的经验也与日俱增，对楼盘的买卖也越来越熟悉。通过五年的积累，罗兆辉学会了一个基本的地产交易原则：花最少的钱，以最长的成交期买房，然后用最短的时间将其转手，从而赚取其中的巨额差价。

在这家地产公司，罗兆辉做到了主管的级别，工资也涨了几倍，但他仍不满足于现状，便跳槽到了一家业内知名企业，干了近两年时间。在这两年里，他凭着出色的业绩积累了很高的信誉，在内业已开始小有名气。然后，他开始计划自己开创一番事业。

机会终于来了，他发现了一片十分开阔的住宅用地，假如建成高楼，面积约有10000平方英尺。然而，买下这块地至少需要500万元港币。思虑再三，他凭着自己良好的信誉向银行贷款买下了这块地，然后又以3000万元港币的价格转手卖了出去。如此一买一卖，罗兆辉净赚2500元港币，这也是他开创个人事业的第一桶金。

后来，他在经营过程中不断向银行贷款，借银行的钱投资自己的事业，事业发展十分迅猛。对于借贷之道，罗兆辉说：“我成功的最大的秘密就是靠别人的钱做自己的事。比如，我手中有100元，便会靠贷款买300元的货；我手中有300元钱，便会靠贷款买3000元的货。靠着自己的信誉，我很容易贷到款。通过借来的钱，迅速让其生出更多的钱，就这样滚来滚去，我赚到的钱越来越多。”

其实，这种借钱生钱的办法就属于负债经营。既然向别人借钱，就要付给对方利息。可是，一旦你看准了市场，找到了稳赚不赔的项目，就要大胆借贷，只要做上一个项目或一单生意，不但能够偿还所有的贷款，还能够迅速为自己创造财富。只要方法得当，借来的钱所生出的钱要远远大于你所支付的利息。

如果不愿意借别人的钱，只想依靠自己的力量发展，除非你有雄厚的运转资金做后盾，否则你将遇到许多难以克服的困难，甚至很难从这些困境中突围出来。

美国可口可乐公司前任董事长伍德拉就是一个喜欢凭借自己的力量去做事的人。他从来不喜欢向银行贷款，更不喜欢向别人借款。在美国经济大萧条时期，可口可乐公司一度陷入了困境。这时，公司里一位财务负责人想以 9.75% 的利息贷款 1 亿美元以促进公司正常运转，当他将这一想法提交给伍德拉时，伍德拉毫不迟疑地回答："不需要，只要我在任一天，可口可乐就永远不会借别人一分钱。"这种做法大大限制了可口可乐公司的发展，使得它在很长一段时间内一直无法进入大公司的行列。

伍德拉离任后，他的继任者戈苏塔与他的做法截然不同。戈苏塔深知借钱生钱的重要性，于是，他一旦看准了方向，就开始大举借款。他上任后，让可口可乐公司的债务由原来的 2% 一下子升至 20%。这样的举措使得大批高管内心惶恐不安，他们担心万一失败，公司将面临破产，可戈苏塔丝毫没有感到担心。他用借来的钱改建公司的设备，并大胆投资影片公司。戈苏塔常说的一句话就是："既然看准了方向，就不要怕花钱。没钱，借钱也要花。"

正是这种不怕负债的自信和勇气使得可口可乐公司在发展过程中获得了充足的资金支持，公司的利润也增长了 20%。随着公司利润的不断增加，可口可乐公司的股票价格也水涨船高，成为人们竞相追捧的对象。如此一来，可口可乐迅速成为饮料界的龙头企业。

戈苏塔正是靠着借来的钱，使得可口可乐业绩突飞猛进的。如果他像前任董事长伍德拉一样，恐怕可口可乐至今仍是一个名不见经传的小公司。

无数事实表明，能够充分通过外界资金来发展企业的人，才是具有长远眼光的优秀的企业家。许多巨额财富都是靠着最初的贷款来获得的，这也是许多富人白手起家时的明智之举。法国著名小说家小仲马在自己的剧本《金钱问题》中有这样一句台词：“赚钱，实际上并不困难，只要有效利用好别人的钱就可以了！”

学会借助外界的资金来夯实自己的财力，能做到这一点，你才具备一个商人的思维。尤其对于年轻人来说，刚步入社会，工作的时间也不长，资金方面的积累还十分薄弱，尤其是对于很多打算自己创业的年轻人来说，各方面条件都成熟，唯独缺乏资金，这个时候，你可以借助别人的钱来办自己的事情。当然，说到金钱，每个人都很谨慎，别人不会轻易把钱送到你手中，这就需要你首先具备驾驭金钱、创造财富的能力以及良好的道德品质，让人觉得你值得信赖和托付。大体来说，如果你想借助的资金不是通过银行等机构，而是通过亲朋好友的帮助，那你必须做到以下几点：

（1）恪守信用，一个不守信用的人是很难借到钱的。

（2）要有良好的心态，要把借钱投资理财当作一件正常的求助行为，不要有任何害羞的感觉。

（3）不管借谁的钱都要付利息，这是对他人的尊重。人与人之间的关系只有平等互利的关系最能长久。当然，亲戚朋友间小额借款可以不付利息，但也一定要尽量表示谢意。

（4）借钱一定要向你的债权人说明用途及预期盈利能力，否则他们就不敢把钱借给你。因为他们只愿意支持你去干值得支持的事业。

（5）要不断积累“信用记录”。经常借又按时还就代表有“良好的信用记录”。借钱的次数越多，借钱的金额越大，并且没有一次“不良信用记录”就代表信用记录非常好。

（6）最好向不怎么会喂“鸡”的人去“借鸡”。“借鸡生蛋”一定要看对象，最好是吸收社会闲散资金和向那些只会将钱存到银行的人去借。如果向商人和企业家去借钱就不是社会资源的优化配置，因为那些人多数都是养“鸡”的高手。当然，在你临时急用时，向那些暂时有闲置资金的商人和企业家们借用几天还是可以的。

将人脉分类，有助于资源整合

生活中，每个人都有自己的人际关系网，在这张关系网中，有关系亲密的也有疏远的，有过去形成的也有将来会形成的，而我们要想成就一番事业，就要充分利用好这张关系网，就必须对其进行有效的规划。因为日常积累下来的人脉，如果疏于经营，它就无法为我们积累财富提供必要的支持，发挥它的积极作用。因此在处理人脉关系上，我们一定要善加经营，要学会筛选并不断调整自己的人脉，特别是要把重要的关系进行自我归类，善加经营，经过自身人脉的认真筛选，会使你的人脉资源更加清晰，使你不会被复杂的人际关系所累，又能让良好的关系随时为己服务，进而随时助推我们的财富积累进程。

在庞杂的社会生活过程中，我们能很好地搜集与组织自己的关系网，但要做到维持所有关系似乎是不可能的，在现有的人际网络内加进新的人或组织那就更难上加难了。因此，在组建人际关系的时候，为了不被复杂的人际关系所累，就必须学会筛选放弃。换言之，你必须随时评估自己早已变得难以掌握的人际网络，对现有的人际关系进行重新梳理，放弃已不再对你有任何价值的人际。

造型顾问帕朗提曾被国际知名演说家菲立普女士邀请做她的造型设计。菲立普女士说：“整理出来的衣服一堆要送给别人，一堆回收，剩下的一小堆才是自己的。但有许多我最喜欢的衣物都在送给别人的那一堆里，我曾央求帕朗提让我留下一件心爱的毛衣与一条裙子。但她摇摇头说道：‘不行，你最喜爱的这些衣物，却不适合你现在的身份与你所选择的形象。’由于她丝毫不肯让步，我也只得眼睁睁地看着自己的大半衣物被送走。我必须学会舍弃那些已不再适合我的东西，而‘清衣柜’也渐渐成为我工作与生活的指导原则。不论是客户、朋友还是衣服，我们都必须评估，再评估，懂得割舍，以便腾出空间给新的人或物。我也常与来听演讲的听众分享这个道理，这是接受并掌握生命、生活不断变动的一种方法。”

衣柜满了需要清理，以便腾出空间放新的更适合自己今后身份的衣服。同样的道理，你的人际关系网也需要经常清理。人海沉浮，当彼此共同的兴趣或话题已不存在，便可以淡漠下去，中断联系其实可以是个顺其自然的过程。

清理人际关系网的道理也和清除衣柜类似。帕朗提让菲立普女士留下的衣服，当然是对于菲立普来说最适合、最得体的几套。“舍”永远不是件容易的事，虽然有遗憾，但从此拥有的不仅都是最好的，而且也有更多空间可以留给更好的，如果确认不合适的关系却迫于情面敷衍下去，当事人和自己都会觉得很累，而且在这个日新月异的时代，这是一件很浪费时间和精力的事情。

无论是亲戚关系、同学关系、朋友关系，还是商业关系、职场关系，乃至情感关系，人的一生不可避免地生活在各种关系中，清减了这些关系，对自己和对方来说都是有益的行为，无论你清减的标准是情感式的，还是比较功利的，最终都是要权衡双方的感受。无论是哪一种关系，只要交往得当，处好的关系都会在你发展和成就自我的过程中，在必要的时候为你提供最温暖最恰当的支持和帮助，这就是有益人际关系的自然回馈，也是你平时走动和付出的结果。

如果我们肯对自己的人际网络做这样的“清除”工作，留下来的朋友不就都是我们最乐于来往的吗？我们应该把时间与精力放在互动价值最高的人身上。筛选人际关系网络应该是我们安排生活先后次序的第一步。

第二步，就是把你人脉网中的人按重要程度排队。这就像打扑克中要“理牌”一样，明白自己手里有几张主牌，几张副牌，哪些牌最有力量，可以用来夺分保底，哪些牌只可以用来应付场面。由此知道哪些关系需要重点维系和保护，哪些只需要保持一般联系和关照，从而制定自己的交际策略，合理安排自己的精力和时间。

第三步，要对人际关系进行分类。比如有的关系可以帮助你办理相关手续，有的能给你财务上的支持，有的则能为你提供情感的支持或智力上的参考。虽然作用不同，但对于你的人生和发展有可能都是至关重要的，所以一定要进行分门别类，对各种关系的功能和作用进行分析、鉴别，把它们汇入自己的关系网之中，也许这一过程只在你的头脑中便已完成了，

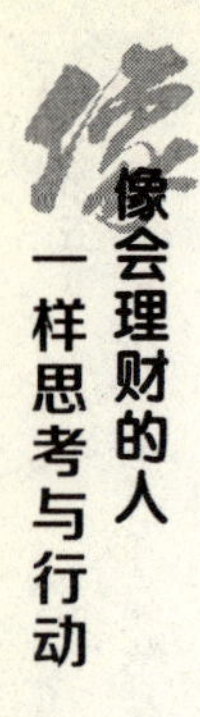

但是这个过程一定要有，这是提高你的人际质量的必要方法。

做好这些后，你就可以画一张“求人联络图”了。样板戏京剧《智取威虎山》中，杨子荣就是凭一张“联络图”打入匪巢的。你最好也有一张自己的人脉联络图。记住，人脉好，关系广，做好规划，才能为你财富积累路上的成功助力！

先赋予支持者以角色，再提出要求

很多人总觉得先给予别人是一种吃亏行为，其实不然。所谓礼尚往来，人和人之间最大的交往原则就是互惠。你在帮助了别人的同时，也体现出了自己的价值。同时满足别人的虚荣心也能培养别人对你的信任和感激，或者从较为功利的角度来说，通过这些，你或许就此被对方引为知己，而这些都可以为你在必要的时候得到对方的帮助和支持做好铺垫。

从社会心理学的角度看，当一个人被授予某种头衔的时候，实际上他是被赋予了某种社会角色。著名心理学家津多巴曾经做了一个这样的实验：津巴多将所有志愿者（都是男性）分成两组，一组扮演监狱里的“看守”，另一组扮演“犯人”。一天后，几乎所有的志愿者都进入了角色。“看守”开始变得十分暴躁而粗鲁，甚至想出许多方法来体罚“犯人”。而“犯人”则“垮”了下来，有的消极地逆来顺受，有的积极地反抗，有的甚至去欺辱其他犯人，争做“老大”。可见，人将自身的言行与自己所扮演的角色统一起来是一种与生俱来的本能，很难抛开自己所拥有的头衔而做出格的事情。

尽管头衔无法增加人的经济收益，但却可以在极大程度上满足人的自我成就感。很多人在创业路上都曾通过给予对方一个光辉闪耀的头衔来获得过对方的鼎力相助。

斯坦梅茨是一位拥有异常敏锐的观察力和十分有才能的人。然而，他在就任通用电气公司的行政主管时，事务却乱作一团，因此他被撤销了行政主管一职，被贬去担任顾问兼工程师。那么，怎样才能让一个事业上受挫的人不遗余力地继续为公司效力呢？

他们给予了斯坦梅茨一个耀眼的头衔——“科学的最高法院”。一时之间，公司上下所有人都知道有一个被称为“科学的最高法院”叫斯坦梅茨的工程师十分了不起。而斯坦梅茨也极力维护这个头衔所带给他的荣誉，他不遗余力地工作，创造了很多奇迹，为通用电气的发展作出了杰出的贡献。

头衔是一种公开化的赞誉，几乎没有人能够真正抗拒它。头衔能够让许多人激动不已，从而激发出他们极大的工作热情，最重要一点是，它还能够赢得人们的忠诚。一个小小的头衔真的具有这么大的魔力吗？

其实，这是有心理学依据的。从个体心理学角度看，当一个人被赋予某种头衔时，他对自己的自我认知就提高了。在潜意识中，他将自己和这种头衔默默统一起来，一旦他不按头衔所要求的去做，他就会产生认知失调，也就是心理学术语——自我认知和言行冲突，从而产生心理不适。因此，为了避免认知失调产生，每个人都会用积极的言行来极力维系头衔带给他的荣誉感。

美国劳工协会缔造者的赛谬尔·冈伯斯也是凭借这个策略走向成功的。开始的时候，他除了缺少资金外，还缺少同盟者和支持者。为此，他创立了“民间委任状”制度，专门给那些愿意组织工会的人授予荣誉称号。通过这种方式，一年之中他就获得了80个人的鼎力支持。从此以后，美国劳工协会的会员数开始直线攀升，自然他的个人政绩和财富也实现了突飞猛进。

因此，今后你要想成为自己心目中的富人，获得他人的鼎力支持，你也可以通过头衔的形式先赋予这个人某个角色，这是被无数事实反复证明的一种十分有效的借力方式。

找到致富路上的贵人，可以少走弯路

无论是选择创业还是走进职场，我们很多人都是从零起点开始的，要想在这一过程中获得快速发展和提升，找对方向，并获得重要人物的提携是至关重要的，这对我们的发展将起到十分深远和至关重要的影响。因此，最重要的是找到那个将对你的人生产生重要影响人物，这将是你人生规划中最重要的一环，其次是最大限度地获得这个人物的信任和支持。

京剧大师梅兰芳曾经说过："不看别人的戏，就演不好自己的戏。"演戏如此，做其他事也是如此。经验对我们来说十分重要，需要不断地积累。但是在你追求财富的过程中，在社会经验不足的情况下，就需要借助他人的经验，来助推自己前进。

有个孩子跟妈妈一起到杂货店买东西。杂货店的老板很喜欢这个可爱的孩子，于是打开糖果罐，让小孩自己抓糖果吃。可是，一向喜欢吃糖的小男孩居然没有任何反应。老板叫了他几次，他都站在那不动。最后，老板以为是他不好意思，就亲自抓了一大把糖果塞进孩子的口袋中。

回家后，妈妈很纳闷，问孩子："叔叔给你，你为什么不去拿糖果呢？"小男孩说："我的手太小了，拿的糖果太少，他的手大，抓的糖果要多很多。"

这个小孩子的确聪明，他想要更多的糖果，但是自己的手太小，所以他不动声色地借用了店主的大手为他抓糖，因而他得到了更多的糖果。当我们的力量和能力不够的时候，就要懂得借助于他人来达到自己的目的。

经验能使我们少走很多弯路。它不仅存在于别人的头脑中，而且，在书本中也有很多对我们有益的指导和帮助。在这里，我想重点说的是，在创业或工作之初，不仅要主动地向别人学习，而且当别人向自己提供一些建议的时候，一定要虚心地接受；有些建议听起来不一定悦耳，但是"忠言逆耳利于行”，对于别人的忠言，你接受得越多，改进得就越多，出现失误的机会也就越少。

通用汽车公司总经理斯隆曾说：“把我的财产都拿走，但只要把我的人才留下，4年之后，我将使被拿走的东西失而复得。”中国台湾巨富陈永泰也说过：“聪明人都是通过别人的力量，去达成自己的目标。”这些话都深刻地表明了借用他人之力的重要性。那么，我们又该如何借他人的力量为自己所用呢？

“良禽择木而栖，良臣择主而侍”是中国几千年来执业生涯中的经典总结，也是当今时代我们必须遵循的一条“择主”准则。那么茫茫人海中如何寻找自己的“真命天子”呢？尽管我们不能奢求这个人是没有缺点的圣人，但是这样的人最起码要具备以下几个特点：

1. 具有很好的智商和情商

如果一个人的智商不足以支撑他所从事的事业，那么他成功的概率肯定也会很小。同时，这个贵人还需要具备一定的情商，不能是一个喜怒无常的人，而且要有足够的魄力，因为他是团队的灵魂，倘若引领者都慌乱、迷茫，那手下的人又如何能从容自若呢？

2. 要有志向，对个人事业发展有具体的规划

如果这个人没有志向，那么他的事业自然也不会支撑太久。当年李自成攻下北京后，认为理想已经彻底实现了，当时是既有权又有势，全天下都是他一个人的了，要什么就会有什么，谁敢不给就灭了他。于是，他搞了个“比饷镇抚司”，这衙门的职责就一个，那就是明抢！连个法律条文都不用出具，直接就吩咐兄弟们去有钱人那抢过来。结果众所周知，李自成进京百日就自取灭亡了！一个人上升到一定高度后，如果自身并不具备足以支撑起这个高度的综合素质，以及合理而长远的规划，那么他必然无法为你做人生指导，给你提供有益的经验和发展。

3. 具备道德底线

一个人经过社会的浸染后，如果在道德层面有所缺失，那么这个人必定不适合在你追求富有的过程中为你提供有益的指导，而且由一个道德缺失的人引领是一件很危险的事，相处的过程中很可能会将你引向歧途，而且就算你能和他共患难，你也不可能和他共富贵。朱元璋在还是草莽的时候也能够礼贤下士，但是开国以后他都干了些什么呢？

洪武十三年，朱元璋陷害宰相胡惟庸谋反，于是胡惟庸及其所谓的党羽共两万多人被杀，这就是有名的胡狱。接着他又说七十多岁的李善长谋反自立为王，这个罪名说给当时的马皇后听，她都认为难以成立，七十多岁了，就是谋反成功，还能当几天皇帝啊！但是朱元璋就是决定将他株连九族，将其全家七十多口全都杀掉。后来，杀光所有开国文臣后，朱元璋又以大将军蓝玉谋反为借口，杀掉了一万五千多将士。至此，跟他打天下的所有文臣将士都被他杀光了。可见，追随一个没有道德底线的人是一件很危险的事，即使他能给你提供财力、事业或者人力、物力上的支持。

4. 要有必要的资源

如果这个人没有什么资源，那么你追随他的意义也不大，他自己都是赤脚的，你还能穿鞋吗？他喝汤，你能好意思吃肉吗？当然，资源有很多种，人脉、地位、金钱都是资源。无中生有难，用钱生钱倒是比较容易的，可是他却无法为你提供帮助，自然也不能成为你真正意义上的贵人。

因此，大家不要以为贵人好找，其实贵人比找千里马还难呢！那么你不妨在人际交往的过程中，先具体研究一下你的需要，然后再认真了解一下你所要熟知的人，然后锁定目标。相信只要你足够用心，定会引起“贵人”的关注和支持。

找一个可以互补的搭档，巧借力

在致富路上，很多人都会抱怨没有资金，没有人力，没有可助推自己成功的资源。但在当今的市场经济环境中，却有不少智者在自身缺乏资金的情况下，不仅实现了自身的价值，也成功地为自己积累了财富，甚至带动了更多的人实现致富，最终实现了多赢博弈。其实，他们靠的就是“空手套白狼”的博弈智慧。

一个人的力量是有限的，很多事情我们自己做不了，就得依靠他人的力量共同完成。每个人都有各自的优势和长处，你所缺少的正是他人所拥有的。要懂得取他人的长处，补自己的短处，互助合作才能实现致富路上的双赢。

用科学的语言来说，“空手套白狼”就是通过精心的策划、独特的创意、完美的操作、具体的实施，在遵守法律和道德规范的前提下，巧借别人的人力、物力、财力来获取成功的运作模式。

当今社会，许多大师级的成功人士在通往成功的道路上发明了许多借力使力、互助合作的绝招。

在创富的过程中，我们难免会遇到竞争对手，聪明的人往往会找一个相同目标也在寻求合作的伙伴联合起来，以对抗竞争方。但我们首先要考虑的是合作伙伴能否有效弥补自己的劣势。因为只有选择互补的搭档，才能迅速壮大自己，一举击中对手要害，在竞争中胜出。

在一般消费者看来，可口可乐和百事可乐是饮料市场上两个水火不相容的竞争对手，两家的市场竞争也可谓你死我活，这种局面反而让每一家都赚了个盆满钵满，而且从来没有因为竞争而使第三方异军突起。

我们认真分析一下，就会发现这两位饮料市场的龙头老大实际上属于一个攻守同盟，从而形成了一种有合作的竞争关系。它们真正的目标是消费者和那些虎视眈眈的后起之秀。只要有企业想进入碳酸饮料市场与之对抗，它们就会展开一场心照不宣的攻势，让挑战者知难而退，或者屈居其下。

可口可乐和百事可乐之间虽然存在着竞争，但是防止其他饮料公司异军突起却是它们共同的目标。它们深谙一个道理：只有联手垄断整个饮料市场，才能稳固自己的地位，强者联合，可以更强；弱者联手，才有机会巧打“咸鱼”翻身仗。

如果你是一只大雁，只有在雁群里你才会飞到目的地；如果你是一滴水，只有融入大海你才永远不会干涸。人无完人，如果能找到与自己并肩作战的搭档，用他们的长处补足自己的短处，那么你就使自己的成功之路搭上了快车。

当然，选择搭档不能全凭感觉，更不能抱着试试看的心理，要有端正的态度和对自我及他人正确的认识，从多角度来评估自己，审视自己，同时还必须对你的搭档和你自己的切身利益做个周密的考量。

一般来说，每个单位的领导周围都有几员得力干将，占据着重要部门的重要位置。而你会发现，凡是得力干将和老板性格相似，趣味相投的，

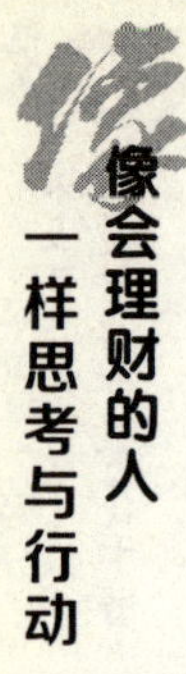

团队中的问题都比较多；但凡是两者性格互补的，团队通常都比较健康。

看看中国几个知名大企业都是如此。海尔有张瑞敏做战略，杨绵绵做执行才平衡。海信有周厚健掌舵，于淑敏才能无后顾之忧地往前冲；联想由于柳传志充满智慧，才有了杨元庆和郭为的发挥余地。可见，互相搭配才能互补，才能达到企业管理的较高境界，最终赚得盆满钵满。

萧伯纳说过："倘若你有一个苹果，我也有一个苹果，而我们彼此交换这些苹果，那么你和我仍然是各有一个苹果。但是，倘若你有一种思想，我也有一种思想，而我们彼此交换这些思想，那么，我们每人将有两种思想。"

如果你想当一个音乐人，你能唱，但不能写，那么最好是找个能为你写词作曲的人一起合作；如果你想创业，却只懂得管理，没有技术，或不懂营销，这显然是行不通的，至少要有一些懂技术、懂营销的人跟你一起经营。无论你现在是多么地聪明，你都必须承认你的才能是有限的，如果要获得更大的成功，就要学会与他人合作。

很多人认为，找到一个合得来又互补的搭档不但困难，而且很危险。如果他的想法和目标与自己不能大体上达成一致，整天还要与他辩论，说服他。即使有时候他是对的，但你也会感到很不服。俗话说：和气生财。甚至有些人还会把见解不同上升到一个可怕的高度，轻则分道扬镳，重则互相排挤或打压，与合作的初衷背道而驰。

因此，在寻找互补搭档的时候，就要格外认真，把所有因素考量周全。如果搭档不存在和自己的互补性，那么搭挡就会失去存在的意义。与一个互补型的搭档合作或共事，尽管在接触、磨合中可能会经常有摩擦，有不同思想的撞击，但正是因为有这种摩擦和撞击，才会迸发出更新、更灿烂的火花，对双方的成长和发展才会都有利。

一个外向的人在激励，一个内向的人在操作；一个感性的人在宣传，一个理性的人在执行；一个人在策划，一个人在实践。这才是完美的组合，才是成功的必要条件。古人说：一阴一阳谓之道，其实合作的道也大都如此。所以，无论是企业与企业间的合作，还是个人之间的合作，都要在各方面考量周全，才能真正达到相互提升，共同强大的目的，这也是当今时代背景下的必然选择。

第六章

新时代致富，要善于经营自己的人品

永远坐到第一排

生活中，我们经常会遇到比较内向的人，他们由于个性的腼腆，或不想与人沟通，或心理封闭等原因，在某些集会或活动中，不会选择坐第一排的位置；也有人担心被别人误解坐第一排是为了讨好领导、故意引起别人的注意，所以也不会选择第一排的位置；还有人认为第一排的位置是重要位置，只有资格老的人才能坐；还有人觉得坐到最后，就可以远离别人的视线，不容易被别人注意，既自由又安全。这些都是生活中较为常见的想法，而那些有抱负的人则不这样认为，他们觉得坐在第一排不但是一种形式，更是人生的一种积极态度，让自己有一份敢于争先的勇气，让自己做任何事情都充满自信。

一个集体，总有人坐到第一排，而大多数人还是要坐到后面去。如果不是因为前排没有位置，在可以自由选择的前提下，倒不如选择第一排坐下来。当然，开始的时候，坐到第一排去总会有一种无形的压力，很容易被别人看到，但慢慢地你自己就会习惯于这样的位置，并且总是按照这样的角色来要求自己。人在社会中总是扮演着不同的角色，总会不自觉地对其和周围的人进行排序，当一个人身边聚集了许多成功者、富人时，他自然也就有了更多的成功机会。那么，如何取得这样的机会呢？首先在言行上调整自己，做一个积极向上的人，一个最为基本的表现就是需要你在参加任何一次会议或活动时，在没有优先排序的情况下，争取选择坐到第一排去。相信离站在讲台上的人越近，你离成为心中那个想成为的优秀的人也就越近。

20 世纪 30 年代，英国一个不出名的小镇上诞生了一位名叫玛格丽特的小姑娘。她自小就受到严格的家庭教育。她的父亲经常向她灌输这样的观点：无论做什么事情都要力争一流，永远做在别人前面，而不落后于人。即使是坐公共汽车，也要永远坐在第一排。父亲从来不允许她说“我

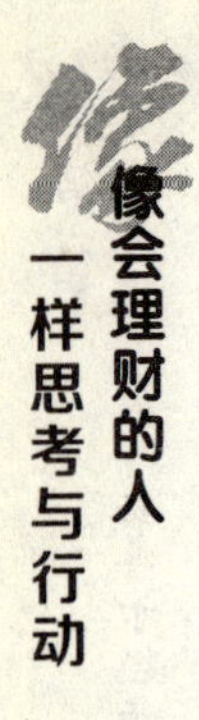

不能”或“太难了”之类的话。

在父亲“残酷”的教育培养下，玛格丽特具备了积极向上的决心和信心。在以后的学习、生活和工作中，她也时时牢记父亲的教导，总是抱着一往无前的精神和必胜的信念，尽自己最大的努力克服一切困难，事事必争一流，用实际行动践行“永远坐在第一排”。

玛格丽特上大学时，学校要求学生们上五年的拉丁文课程，她凭着自己顽强的毅力和拼搏精神，只用了不到一年就全部学完。信念不但使玛格丽特在学业上出类拔萃，在体育、音乐、演讲及学校的其他活动方面，她也都一直名列前茅，是学生中的佼佼者。

40年后，英国乃至整个欧洲政坛上出现了一颗耀眼的明星，她就是1979年成为英国第一位女首相的玛格丽特·撒切尔夫人。她雄踞政坛长达11年之久，被世界政坛誉为“铁娘子”。

良好的习惯总是从小养成的，从小养成争第一的习惯，使得玛格丽特具备了积极向上的决心和信心，抱着一往无前的精神和必胜的信念，以自己最大的能力克服困难，事事争一流。她不但在大学时一直走在前列，成为学生中的佼佼者，而且以后走向政坛后，照例是一颗耀眼的明星，叱咤风云的“铁娘子”——英国第一位女首相。

永远坐在第一排，体现的是对人生的一种积极态度，而这种态度是每一个成功的人都具备的。始终抱持着饱满的热情、强烈的自信和积极的人生态度，就会以坦然的心态去面对困难，并想办法去克服。有了自信和乐观的人生态度，才能犹如帆船在大海上乘风破浪，搏击过所有的风浪后，抵达预定目的地。

人的一生不可能一帆风顺，所以总会在不同的阶段遭遇一些坎坷和挫折。当面对这些坎坷和挫折时，是前进还是后退，是站起还是倒下，取决于你拥有什么样的态度。如果总是怀疑自己的能力，就会被自卑感所控制，就注定会一事无成，但如果拥有了自信，你自然会积极地寻找解决问题的方法，有了理性的思维，问题就会迎刃而解，就会获得成功。

放眼看当今的富人，没有哪一个不是力争上游的个性。可见，“选择第一排”不仅体现着一个人对自己的要求，也显现出一个人的人品和力争上游的精神。如果你仔细琢磨，“选择第一排”对于想成为富人或加入到富人行列中的你来说，还有许多不为人知的好处呢！

1. 将自己推销出去

坐在第一排容易被人关注，自然也更容易将自己推销出去，让别人能接受你、肯定你，接受你的理念、做事的方法、推荐的产品等。一个人得到别人的认可与配合，就更容易取得成功。

推销自己就是推销自己的能力，在各种各样的细节上，展示自己的品德和价值。聪明的人推销自己，就好比销售员拿出适销对路的商品满足客户一样，通过人们的反映及时调整自己，总结经验，吸取教训，不时地改进自己，以获得更大的收益。

斯迈尔斯说，碰不到机会，就自己来创造机会。展现自己就是创造机会的过程，抓住机会，不管是内向者还是外向者都有成功的可能。所以内向者也不要自怨自艾，勇敢地把自己展现出来，大胆地推销自己，如果你不向别人展示自己，谁也不知道你是否优秀，当然，是金子到哪都能发光，但光的亮度只有经过擦拭后，才会更加耀眼。所以，人生就是一个不断进行自我推销的过程，而我们自己本身就是被推销的商品，是这个世界上独一无二的，最宝贵的产品。

2. 在无形中鞭策自己

坐在第一排总会给我们带来压力，所以处在这个位置时，我们都会在无形中对自己严格要求，让自己心无旁骛地去努力，以让自己符合第一排的身份。适当地给自己一点压力，多些风险的意识，不故步自封，加上自信的支撑，离成功也就更近了一分。人生本来就有输有赢，没有绝对的输赢。给自己一点压力，就能够使自己的人生实现对自我的超越，努力地朝更加丰富的自己而努力。

压力是一把“双刃剑”，适当的压力会转化为动力，能催人奋进，激发人们的工作热情，使个人的自我价值得到充分体现。反之，没有压力，就会导致积极动机不足、自我价值感来源不足、注意力空置等不良的心态。适当给自己一点压力，你就会用心完成曾经定下的一个个目标。

3. 体现了积极向上的人生态度

人们常说，态度决定高度。一个人的处世态度，决定着他的发展高度。所以坐第一排不仅仅是一种形式，更是一种积极向上的人生态度。这种人生态度催促着人们凡事都要争先，在追求富有的过程中，让自己首先拥有超强的自信、一往无前的勇气和争创一流的精神。那些真正成功、有钱的人都是树立自己的理想，永争第一，始终坚持不懈地努力，在追求理想的过程中养成优秀的习惯。

4. 榜样的作用更大

如果你是去参加学习活动，那么"坐在第一排"会让你离老师更近一些，这样你听讲会更专注，个人有疑问时你的问题也更容易被老师解答。如果你是去参加会议，那么你的意见则更容易被接收到，你与会议主持人的互动会更加频繁。总之，坐在第一排是一个离榜样最近的地方，你更容易学到老师们的长处，甚至与其成为志同道合的好朋友。

常人眼中的那些"暴发户"，其实并非一夜暴富，而是在"暴富"之前付出了无数艰辛的努力，只不过你没有看到而已。所以，在漫长的人生道路上，一定要有"永争第一"的精神和品质，用饱满的热情在人生道路上不断前行，向着富人的方向奔跑，最后使自己达到事业和成功的顶峰！

守时，富人必须具备的素质

无论做人、做事，守时都应是每个人都应具备的素质。如果与人相约会面，不要让所有的人到最后只等自己一个人，等待的过程是最煎熬的，也是最漫长的，这是一种不道德的行为，你也会因为让别人长久等待而在人们心目中的形象大打折扣。因此，我们无论做任何事情都要尽量遵守约定，做到守时。

时间是最公平的，我们每个人拥有的时间都是 24 小时，所以无论是出于什么原因迟到都会让你不得人心。在忙碌的生活中，每个人都在计算着自己的时间价值，浪费别人的时间就是等于浪费别人可能创造的价值。鲁迅曾说过，浪费别人的时间就好比谋财害命。不守时，对方就会对你的信用产生质疑，而这种质疑将会在以后的交往中需要你用很辛苦的努力来挽回。所以，赴约时守时是很必要的，这是一个成功人士最基本的素质。

那些具备时间观念的人，都十分重视守时。他们懂得时间不会因为自己而放缓脚步。人们常说浪费时间就等于浪费自己的生命，时间同属于每一个人，而不守时的人在浪费自己生命的同时，也在浪费别人的生命。所以人生匆匆，每一分钟、每一秒钟都极其宝贵，能守时的人，就是一个视时如金的人，一个和时间赛跑的人能创造的效率自然会更高。

守时是体现你个人素质的媒介。你的守时，将给对方留下你值得信赖的印象，对方自然就更愿意和一个守时的人合作，所以守时是第一印象形成的重要参考。

人的一生如白驹过隙。能与人紧密联系在一起的就是时间，而有些人却不太注意它，缺乏必要的时间观念，所谓业精于勤而荒于嬉，一个不守时的人要想在追求财富的路上获得成功自然是难上加难，古往今来但凡成功者，没有不是惜时、守时之人。时间是可以用来衡量生命的，我们有效地利用了一分钟，就等于间接地让生命延续了一分钟，由此才凸显出时间的重要性。所以我们真的没有权力去让别人白白等候，去浪费自己和别人的生命。守时是一种礼貌，是一种美德，是一种最基本的社交礼仪。

现实中往往有些人很不守时，不能按照通知的会议时间到达会场，与别人约定的时间内未能及时出现，由于属于自己的部分工作不能如期完成造成他人的工作无法正常开展，这些现象在生活中经常发生，而迟到的人却总有万般的理由。那些开会迟到的人就会说，“我赶一份工作，不能及时过来，很抱歉”“本来走得挺早的，路上堵车了，赶不过来！”等等，事实上，任何借口都不能成为别人原谅自己的理由，但事实是无论是否是借口，你迟到毕竟是一个客观现实，你因为迟到而耽误了他人大量时间这个也是现实，你将很难得到所有人的谅解。因而，每个人都要学会合理安排自己的时间，分清事情的轻重缓急，就可以在工作中游刃有余，拥有充分的时间去恪守约定的时间。就拿一个企业会议来说，并不是员工上班时间越长越好，而是员工单位时间内创造出的价值越高越好。即使遇到十分重要的事情不能参加会议，也要提前和会议的组织者请假，不要因为你的缺席而让所有人空等，这是十分不礼貌的行为，这样的人又怎么能幻想升职加薪呢？他的职场生涯必然也不会怎么顺利。

有甲、乙、丙、丁四位同学参加相约小聚，离约定还有十分钟时，甲来到约定的场所，正如她所料的那样，乙同学第一个到来，在等着其他人。虽然乙现任某大企业集团广告策划一职，算是同学之中比较忙碌的人，但是每次同学聚会，她都能第一个到。乙打开笔记本电脑工作了一会儿，看到甲来了，就忙关上电脑陪她聊天。这时，距离约定时间还有一会儿，甲乙两同学就在约会地点耐心地等待另外两名同学。

超过约定时间半小时后，丙同学匆忙赶到，她一边道歉一边说："正准备结束工作时，突然被主管叫去，问了一些事情，真不好意思来晚了。"早到的两个人表示理解，接着她们转移话题，拨打电话给丁。虽然丁已经迟到，但却没打招呼，接到电话，她十分冷静地说："我马上到，你们先吃饭，我快到时再打电话给你们。"

接完丁同学的电话，在场的三个人异口同声地说："这是意料中的事。"同时准备去找餐厅，就这样，四个人的聚会变成了三人的聚会。后来，甚至连晚上的聚会她们也把丁同学给忽略了。

后来又一次聚会，当被问到要不要叫上丁时，大家都很不情愿地说："不要叫她了吧，她每次都不准时，到时候又要等她，说不定到最后咱们一起饿肚子呢！

在以上这四位同学中，乙同学是最准时的人，虽然她的工作也很忙，但她却宁可把工作带到约定的现场，边等待边工作，也不会去浪费别人的时间，而丁同学却不一样，她总是很理直气壮地说"我马上到"，也从不为迟到而道歉。当这种坏习惯习以为常时，就会让别人产生一种抵制的情绪，降低对她的评价，所以在以后的聚会中大家都主动地忽略她了。由此看出，守时对于一个人来说真的很重要，在很大程度上能表现出一个人的品行、修为，更会使一个人的社交圈子越来越小，路也越走越窄。

卡耐基说过，如果你想结交朋友和有影响力的人，就必须守时。没有一个人喜欢和总是迟到的人交朋友。或许一次两次找个合适的理由，大家都能谅解，但时间长了，就会遭到别人的嫌弃和厌恶，也就使得你的形象在大家心目中越来越差，让自己的不守时毁掉了他人对你的认可，这是一件十分得不偿失的事。不守时会错过很多机会，比如说心仪的工作、旅行的机会、亲密的朋友。守时是一种美德，看似寻常，却在你尊重别人的同时，也获得了别人的尊重，守时不能在短时间内养成，但只要从现在开始培养，肯定能让你逐渐纠正这个坏毛病，减少无端的借口，成为一个守时的人。

有时间观念的人，总会惜时如金。守时也是职场中的基本要求，如果你在求职期间面试迟到了，不管你有什么理由，都会给面试者留下不好的印象，被视为缺乏自我管理和约束能力。守时是纪律中最基本的一种，无论是上班还是下班都要准时，守时是信用的礼节，也是每一个追求财富梦想的人对自己最基本的要求。

现实生活中，很多人缺乏时间观念，上班迟到、工作拖延、无法如期交件，约会迟到等，这都是缺乏时间观念导致的后果。时间就是成本，刚踏入职场时，就养成时间成本的观念，将有助于你提高工作效率，也会为你赢得更多的晋升机会。想要在企业中生存、发展，首先必须守时，一名好员工最基本的要求是遵守时间，不无故迟到。对于在职场中追求财富梦想的人来说，迟到实际是在挑战公司制度，那些纪律严明的公司是不愿意接收这样的员工的。

如果有一天你和老板约好在某地见面，但是你却未准时到达，又缺乏充分的理由，那你在老板心中的印象会大打折扣。常常迟到、早退，对于你个人来说，无非是少领一点薪水，或接受领导一顿教育，而对于不停运转的公司来说，因为你的不守时，作为螺丝钉的你会让许多事情因你这一环节的缺失而变得杂乱无章，甚至影响全体成员的工作进度。这样的人，不可能获得同事的欣赏、老板的信任。

在时间就是金钱、效率就是生命的社会里，不要认为偶尔的迟到没什么大关系，这样会让你在别人的心中留下缺乏责任心、事业心和上进心的印象。而严格守时，则能够在无形中树立你的诚信和人格魅力。所以，要想成为一个成功者、富有者，一个基本的素质就是要守时。

知礼，送客要送到电梯门口

一般来说，迎送客的距离，礼仪专家认为三比七最为适宜，也就是说你在距家三米远的地方迎客，那就应该到距家七米远的地方送客。如果你是在办公室送客，你最好将客人送到电梯门口，并且帮客人按下电梯的按钮。这样的送客方式，会产生很多积极的影响。

适当延长送客时间，用你的行动向客人表达一种真诚的心意，对方会感受到你对他的重视，期待着与他能有下次见面。一些礼节周到的成功人士，都不约而同对送客特别用心，这样不但能让彼此有个良好的互动和开始，而且还会给彼此留下下次见面愉快的暗示。此外，迎客和送客时，都要把握好分寸。迎客时，如果去得过远，会让对方产生一种过于局促的感觉，而且显得很草率；而送客时，如果送得远，则会提高对方对自己此番行程的信心，强化彼此间的好印象，也是使对方心安的一种举动。

在微软公司就有一种与众不同的送行文化，其对象不是客人而是员工。位于华盛顿州西雅图的微软总公司就像校园一样，建筑物占地很大。那里的景观十分优美，四周环绕树木及宽阔的草坪，靠窗办公室还能看到迷人的风景，这就使很多微软员工都想争取到靠窗的办公位置。

但是微软却并不是以谁的业绩好来决定谁能坐在靠窗的位置，即使是研发出卓越新技术的人员也不例外。就是那些从外部挖过来的高层管理，也不能享有此种特权。而能够坐靠窗的办公室位置，是由在微软公司工作的年资决定的。那些资深的工作人员才有资格坐到这些视野更为开阔的办公室里办公。微软公司这样的管理方式，与那些以业绩及成果为导向的高科技产业的一贯作风相比，显得颇为独特。

微软公司建立这种制度的目的，是尊重那些长期在公司里服务的人，而这里所指的“长期服务”，其实代表着那些人距离开公司的日子越来越近了，所以公司选择了这种特别的方式，向为公司的发展付出过青春和汗水的员工表达谢意，也是在提前向适龄退休的老员工道别。

迎来送往自古以来一直是日常礼仪中的重要组成部分，尤其是在一直注重文明礼仪之邦的中国。但在当今的礼仪中，似乎迎客越来越受人关注，而送客则有被人忽视的嫌疑。如果你到别人家里去做客，在你刚离开时就听到关门的声音，肯定心里会有一种不被待见或被忽视的感觉，所以与人交往时，应该出迎三步，送别时要送到七步。恰当而合理的迎送宾客是一种最基本的礼仪，也是建立好的人际关系所必备的品质，那种顾前不顾后的做法，总会让本来很好的见面变成冷冰冰的猜想，只有做到“出迎三步、身送七步”才是一个完整的交际礼仪。

20世纪50年代，西哈努克亲王从中国离开的那天，周总理和一些高级干部亲自去机场送别西哈努克亲王。在西哈努克亲王即将离开时，大家都很热情地陪伴着总理，一直目送着西哈努克走进舱门。但是当西哈努克亲王走入舱门后，为了看当天的足球出线比赛，大家迫不及待，很快便四散而去。

总理发现了大家的行为，虽然有些生气，但是出于送别礼仪当时并没有表现出来，他稳定情绪，对身边的秘书说，你赶紧去告诉他们，我有话要说，一个也不许走。一会儿，干部们都返回来了，一同目送飞机远行。整个送行的过程中，周总理始终保持着站立姿势，目视飞机起飞，渐行渐远，直至消失。

西哈努克亲王离开后，周总理对这些干部说，你们都过来，你们是不是都没有出差过，别的国家在送你们时，是不是等你一进舱门送别的人就都消失了？客人还没有离开，你们就不见踪影了，人家会作何感想？你们到底懂不懂外交礼节啊？那好，我来给你们上上课！周总理心平气和地说，按外交礼仪，主人不但要送外宾登机，还要静候飞机起飞，飞机起飞后也不能离开，因为飞机还要在机场上空绕行，要摆动机翼……得到周总理的教导后，这样的事此后再也没有发生过。

周总理在待人接物方面一直都是细致、完美的化身，他做什么事情总会想得很周到，做事也很周全，所以，在给西哈努克亲王送行时，也是十分专注、认真，那么严肃地始终保持着站立姿势，目视飞机起飞，渐行渐远，直到消失，为随行人员做出了表率。对于一起送行的干部所表现出来的失礼行为，周总理也适时地给他们上了一堂严肃、认真的礼仪课。

我们每个人都在人生舞台上扮演着各种角色，在初登舞台时，聚光灯投射在身上，很容易获得喝彩和掌声，但在退场时，却是一个人孤零零地消失在舞台上，迎送客何尝不是如此？许多人迎接客人时礼仪隆重，但却忽视了对客人送别的礼仪，很容易给人造成“人走茶凉”的感觉。所以在客人要离开时，不可先于客人起身，要等到客人起身后再站起来相送，还要有一番真诚的挽留，然后要用有诚意的“送”表达惜别之情，给对方留下对下次见面很期待的感觉。在客人要离去时，待客人起身，然后再与其握手道别，并表达“欢迎下次再来”。特别是对第一次来访的客人，要努力做到热情周到。当客人离去时，要帮助客人拎着东西，送客一定要等到客人离开了视线再回去，否则当别人回头摆手时发现你已不在了，就会对你待客的诚意产生怀疑。

人与人之间并非独立存在，我们所做的事总会直接或间接地影响到彼此，从细节处见真情，要懂得换位思考，多为别人着想，才能使你的人际关系和谐融洽。

人脉，利用共进午餐打开自己的社交局面

如果你留心观察就会发现，很多事业和人生的成功人士，他们会利用与人共进午餐来拓展自己的社交面，在轻松愉快的时光里倾听另一个世界，一方面拓展了社交范围；另一方面通过另一个心灵视窗也能获取领域外的信息，有时也会倾听对方的生活故事，以此来增进友谊。你还可以把自己的视线投向自己专业领域以外的地方，去接触那些新鲜的、自己不曾接触过的领域，不但可以拓展自己的见闻，而且还能从中获得灵感，尝试地看不同的领域间是否有结合的商机和可能。

在职场中也是如此，最常使用的客套话就是，一起吃个午餐吧！所以总会在不经意间，一起吃午饭就成了一种表示友好的习惯性提议。不信你可以回忆一下，对于那些没有好感或是普通的朋友，分开时你总会说一句“好，下次再见”，而对那些初次见面就产生好感，渴望进一步接触者，你就会不自觉地说一句“希望能找个时间一起吃午饭”。可以说，“一起吃午饭”的提议，体现了一种彼此间意犹未尽的亲近关系。

民以食为天。每个人都离不开“吃喝”，今天吃了明天仍要继续，今日的需求满足后，明天的需求还会重现。由于这种活动是属于人类的共性，所以并不怕重复，有了这样的特点，就可以成为人们拓展关系的媒介，今天不行，明天行，在不停的交往中，关系自然而然就加深了。由此可看出，人际关系的互动是需要频繁的交往，而饭局则为这种互动提供了最佳机会，毕竟饭桌的氛围相对来说更为轻松，人们可以畅所欲言，通过

沟通的深入，彼此很快就能相互了解、熟识。而且，饭桌上不可缺少的关键要素——酒，能递进彼此感情，加速思想的传达。在这种催化剂的作用下，使人们很容易进入忘我状态。从陌生到熟识，从熟识到亲密，这就使得饭局社交意义得到强化，逐渐成为工作的第二场所。

有些不得志的人羡慕别人获得成功、聚集大量的财富，总觉得他们是因为占尽了天时地利人和，运气来了，挡也挡不住，但却不知道他们如何去付出，其实想想就不难发现，在很多商务社交中，如果一个人拒绝到酒场，可能说就错失许多商业机会，甚至会自毁前程。所以对于饭局公关的“摧枯拉朽”的神效，人们一边在批判着，一边又在享受着它带来的好处，饭局也就成为职场、官场、商场中联络情感的重要形式。

2006年8月18日，李伟创办的思念食品有限公司在新加坡证交所主板正式挂牌，这是中国速冻食品行业首家在海外上市的企业。说起来，李伟的创业之路也是得益于一次饭局。

1990年，从郑州大学新闻系毕业的李伟踌躇满志地做过公务员、记者。几年后，他辞职下海，曾卖过芝麻糊，做过苹果牌牛仔裤代理商，开过电子游戏厅。他说他对经营新项目有着特殊爱好。1996年，李伟才真正找到一个发展的契机，当时联合利华生产的“和路雪”冰淇淋，开始在北京、上海、广东等大城市热销，“百乐宝”“可爱多”“梦龙”“千层雪”等冰淇淋一支价格在4元左右，利润空间非常大。他就想着做“和路雪”的河南总经销。当时李伟很想做这件事情，就这一简单的想法却给他以后的发展带来了无限的商机。

由于当时“和路雪”刚刚进入中国市场，只是在一线城市销售，像郑州这样的二线城市，根本不在联合利华的考虑范围内，所以当李伟跑到“和路雪”设在北京的总部，要求做河南总经销时，对方工作人员毫不犹豫地拒绝了他。

执着的李伟并没有气馁，先后去了北京十几次，最终他锲而不舍的诚意将对方感动了，“和路雪”总部开始对郑州市场进行考察和评估，在对方到郑州进行最后一次考察时，李伟向朋友借了2000块钱，在郑州最高档的酒店请对方吃饭，甚至不惜投其所好与一帮哥们儿在餐桌上绞尽脑汁跟对方大侃足球，使对方心花怒放，当场决定让李伟试试。这一试就一发而不可收拾，李伟通过经销“和路雪”积累了一笔可观的财富，为他后来进入速冻食品业创造了条件。当时“和路雪”在河南给李伟配备了5辆冷冻车，并建造了上千立方米的冷库，这都为他后来涉足冷冻食品行业，创造“思念”品牌打下重要基础。2000元换回的是成功，让人觉得甚至有些不可思议，可是李伟却做到了。通过经销“和路雪”积累的财富创造“思念”品牌，并在新加坡证交所主板正式挂牌，成为中国速冻食品行业首家在海外上市的企业。

饭局社交可以依靠“自家人”的心理俘获人心。当人们往饭桌前一坐，脱下刻板的西服，解开拘谨的领带，就会把谈判时的剑拔弩张和硝烟弥漫化解得一干二净，取而代之的是没有势利感、类似于家庭气氛的场面。这种场面使人的心情放松，当然就可以趁这种气氛拉近彼此的距离，从而建立良好的人脉。

饭局是人们给交易穿上感情的外衣，常被人所不齿，但是现实社会需要崇尚交情，这种交情说到底也是一种互通有无的交换，只是在推杯换盏、气氛融洽的酒桌上完成，在饭局上，人们可以一边吃饭一边聊天，聊天过程中自然会形成一种亲密的气氛。如果用餐的场所选择在包厢里，在一个独特的空间里，几个人围坐在一起用餐，方便人与人之间近距离地交流，而且在这种封闭的空间里，谈话方式和内容可以更加自由和宽泛，不易受到外界环境干扰。现实社会中，很多高阶层间的资讯交流，便是在这种餐会上完成的。

中国自古就有礼仪之邦之称，人与人之间极其讲究“情”字，许多人觉得饭局往往是地位低、人脉资源少的人在向地位高、人脉资源多的人寻求关照的手段，于是对此常常不屑一顾。其实，无论在饭局中你扮演什么样的角色，只要能与对方进行有效沟通，都可以增进你们彼此间的私人关系。

感情是一种双向流动的心理现象，有所给予才会有所收获。聚会时有时不止一个人，所以现场不止一种思想，而是有很多思想，如果大家能够彼此分享这些思想，那参加聚会的人就能获得各种有益的意见或建议，大大地打开了自己的脑洞，从而为今后的行动提供具有实际意义的指导。

无论你现在的境况如何，千万不要抱怨自己没有背景、没有财力，应该想着如何去拓展人脉关系，巧妙地利用餐桌文化为自己编织一个有助成功的人际关系网。

分享你的财富才能为你招来财富

金钱可以是财富，但财富不一定是金钱。对于财富，我们既可以将其理解为物质上的，也可以理解为精神层面的，一个人要对自己的人生价值观有正确的认识，正确选择财富、珍惜财富，做真正的富人。佛经有云："爱出者爱返，福往者福来"。字面意思是；你用爱来对别人，将来别人也一定用爱来回报你；你用自己的金钱、智慧等去帮助别人，付出你的福报，将来得到的也是更大的福报。这句话也同样适用于富人或者真正想成为富人的朋友们。

一个人无论贫穷，想要成为真正意义上富有的人，仅有聪明和技巧是不够的，要有分享的精神，只有冲破自私的枷锁，成为一个乐善好施的人，财富才会从隐性变为显性，从四面八方向你聚集。与此同时，分享的心态还会让你加深友谊、升华爱情、家庭幸福、事业顺遂，会让你得到许多意想不到的成功和快乐。分享是一种精神，它总会以不可抵挡的气势感染人，从而为你聚集更多机会和财富。因此，要慷慨地与他人分享，不断地给予，如果一个人只想着独享财富，那么他很可能会失去更多财富。

从某种意义上来说，财富是上天的恩赐，财富一旦到了我们手里，我们就可以对它行使自主权，掌控它的给予和收取。在自己生活富足的前提下，主动把自己的东西分享给别人，体现的是仁爱和宽容，也需要一定的勇气。所以，在与他人分享时，如何克服自身虚假的情意，会比触动我们的钱包更为困难。而积极地与别人分享，则意味着我们已经向外界打开了自己的心。学会分享可以使我们心境开阔，人生变得更加富足。而不愿分享会让自己的心境愈发狭窄，对人也会更加地小气苛刻，周围的好友感受到你的负能量，也逐渐地与你疏远了。

不愿分享的人忧是苦，乐亦是苦，总是揣着一颗惴惴之心把自己的体验、成果等苦苦隐藏起来，生怕他人超过自己，时刻都在打着自己的算盘，将客户当作赚钱的工具，把同事看成敌人，不懂得人生最大的财富应该是自己的人脉。虽然这样的人能独当一面，但在职场中不太容易得到他人的器重。不愿分享，遇到危险唯恐牵连自身，明哲保身，做不到仗义疏财，更不用谈路见不平拔刀相助，这样的人心胸过于狭窄，即使高居一人之下万人之上，也只能是昙花一现、败北而归。

老子说，以其不自为大，故能成其大。又说，不自见，故明；不自是，故彰；不自伐，故有功；不自矜，故长。这些都是自我控制力的重要内容，也是赢得好人缘的必备素质。一个人能够严于律己，虚心待人，适度保持低调，知道如何与人分享，就会如老子所说，不自大，故能成其大，给人留下好印象，方能赢得别人的尊重。

某学生在读大学时，每个星期回家都会带回六个苹果，虽然寝室里共住有六个人，但他从来没有拿出一个与大家分享，而是用六天的时间把苹果吃掉。后来大学毕业后，他遇到一个十分好的创业机会，可是资金却不够。于是他找到其他的五位同学，希望能从他们那里获得帮助，可以想到，他遭到了一一拒绝。曾与他同寝的这五位同学十分看不起他的这种举动，当然就没有一个人相信他，愿意借钱给他。

新东方的创办人俞敏洪对此总结说，其实无论是一个苹果，还是六个苹果，都是一个口味，如果他自己只吃一个，将余下的五个苹果分给另外五个同学，其他同学也能享受到吃苹果的幸福。这样，当其他五位同学带来其他水果时，自然也会分享给他。这样，他不仅可以尝到一份苹果的味道，还收获了别人给予的五份快乐。

这位私心过大的同学，在学生时代只能尝到苹果的味道，却不懂得五份快乐对他来说意味着什么，因此当他踏上工作岗位遇到困难时，再想起向曾经的同学求助，却收到了同学对他的轻视、不信任，这就是私心过大所结的果子。

很多时候，人手中的钱就如同山中清澈的泉水，具有流动性，来去自如才会源远流长。静止的潭水，表面看有如明镜般光滑无波，而实际上却是一潭死水。而泉水则永远清澈令人振奋，是涌流不息的活水。死守钱财的守财奴，就像是堵住了泉水的出口一样，将本来流动自如的泉水变成了一潭死水，旧水出不去，新水自然也进不来，真正的富翁都懂得这个道理。为社会谋的福利越多，社会发展会越好，而自己的钱财也就来得越快，所以，他们对金钱与财富均有着不同层面的思考。吝啬的人总会认为，自己的钱来得不易，一定要紧紧拴在自己的钱包里，这其实是泯灭金钱本性的做法。金钱作为一种能量，只有流动才会产生力量和价值。

你拥有越多，就需要越多。正如亚里士多德对那些富人们所进行的描写，他们生活的整个想法，是应该不断增加自己的金钱，或者无论如何不损失它。尽管亚里士多德不可能宽恕那些财富获得者，然而他却并没有谴责他们，而是说“一个美好生活必不可缺的是财富数目，财富数目是没有限制的”。他警告说，但是富有和财富没有限制，一旦你进入物质财富领域，仍然很容易迷失方向。而有思考的富人，不会变成金钱的奴隶而迷失在金钱中，能够真正拥有金钱并支配金钱的人，绝不是“马无夜草不肥，人无横财不富”的暴发户，真正被人们推崇的千万富翁，他们具有坚忍不拔的毅力和敏锐的眼光，他们从不做巧取豪夺和侵占公私财产的损人利己行为，不会破坏“游戏规则”，更不会迷失在金钱中，成为被金钱所支配的奴隶。

富人们清楚，他们人生的最终目的虽然不是财富，但是财富却是他们在实际生活中获得快乐和社会地位的手段。事实上，一方面，拥有的财富与人性中一些优秀的品质密切相关，如慷慨、诚实、自我牺牲、节俭的美德；另一方面，财富又使贪婪、自私的人产生浪费、铺张挥霍、奢侈等罪恶行为，所以人对财富的主观意识，反过来会让财力对命运产生不同的影响。

按照通常的理解，理财的目的一般有两个层次：第一层次是财富安全，即当期收入可被工作收入所覆盖；第二层次是财富自由，个人当期支出可被理财收入覆盖。行有余力者，还可以把理财加上一个层次，是以额外的财力帮助别人，乐善好施。不管你有多少财富，要想获得别人的拥戴，首先必须做到你的财富可以让更多的人从中获得利益。一个人真正意义上的价值，不在于他个人，而是他的社会价值，也就是说他能在多大程度上为别人做什么。能赚得财富固然能凸显一个人的能力，但是一个人只懂得赚钱，却不懂得怎样谋求自己的财务安全，即使赚再多的钱也没有用。过度的贪心只会丧失自己的财源，最后不得钱赚，而分享却不一样，它会让你拓宽财路，更多的财源滚滚而来。

乐善好施是一种美德，凭借这种精神，人们将救人于苦难、助人脱困作为一种快乐和追求，作为一种行为习惯和生活方式。不起狰狞的欲念，就能看淡物质、权力，无论花谢花开，只为他人伸出援助之手，用心帮助他人。分享需要一种很开放的心态，一定不要吝啬自己所拥有的财富，借助群体的智慧，分享各自的财富、方法、经验，就会更加快速地达到你所追求的目标。

承认错误比拒绝错误更让人佩服

曾经有一家媒体的老板为读者出过一道题：世界上最难做到的事情是什么？老板声称，如果有人给出正确答案，将获得一千万美元的奖金。问题刊登之后，答案像雪片纷纷寄到报社，答案众说纷纭，然而没想到的是，最终获得这笔奖金的，竟然是一个年仅 11 岁的小孩子！而他的答案很简单：承认自己的错误。

这个答案虽然简单，却深刻地指出了人性的一个共同弱点：在自己犯下的错误面前，很多人都会采取回避的态度，无法坦然承认自己的错误。但对于一个想做出一番事业的人而言，敢于承认自己的错误，是极为重要的品质，也是个人魅力的体现。美国田纳西银行前总经理特里曾说："承认错误是一个人最大的力量源泉。"犯错并不可怕，重要的是犯错后所采取的态度。如果你有意对自己犯下的错误加以隐瞒，会让这个错误最终变得难以收拾，带来更为恶劣的后果。承认你的错误，并且积极地加以改正，在企业员工的眼里，这是领导者气度和修养的体现；而对于领导者来说，只有如此，才能使团队同心协力，走得更远。

张先生是一家建筑公司的部门经理，因为做事十分干练，很快就被提拔为副总经理，不久后，他突然发现自己负责的一个工程项目在材料上出现了质量问题，这件事如果佯装不知道也能蒙混过关，但手下人冒的风险就大了，甚至有可能出现严重的事故。对公司而言，如果被客户发觉，也会影响到公司的信誉，甚至给公司造成一定的经济损失。张先生思来想去，最终决定向领导坦承错误，并尽一切努力挽回损失。领导看了张先生递交的报告之后，勃然大怒，把张先生叫到办公室狠批了一顿，随后又让张先生自己想办法弥补过失。张先生经过不懈的努力，终于将损失降到了最低。

当张先生不安地将结果报告给总经理时，却意外地得到了一个消息：由于他及时站出来承认错误，公司决定提拔他为一家分公司的总经理。张先生对此感到十分错愕，他对总经理说："由于我的工作失误，给公司带来了不小的损失，为什么公司还会让我升职呢？"总经理对他说："总裁认为，一个敢于承认自己错误的领导，才是真正值得信赖的。而由于你勇于承认自己的错误并及时采取补救措施，获得了部门员工的一致好评，今年年底部门评选中你获得了第一名，希望你今后能继续保持这种工作作风。"

敢于承认自己的错误，体现了一个人的责任心和决断力。如果一个人缺乏最基本的责任心，犯了错误之后极力掩饰，那只能是内心胆怯和不自信的表现，怎么能成就一番事业呢？

勇于承认自己的错误同样十分重要。比如IT业的巨头微软公司，正是因为有这种认错的勇气而赢得了众多消费者的信赖。

2005年微软公司推出了一款"X-box360"家庭游戏机，立刻在游戏市场上引起了疯狂的抢购。然而不久之后，人们就发现这款游戏机在硬件方面存在着严重的质量问题，其中约15%的机器都出现了无法正常运行的问题。而就在这时，微软的老对手日本索尼公司的一款游戏机即将投入市场。如果微软在这个时候回收这些有问题的机器，无疑就等于承认了自身的制作水平存在缺陷，会让索尼公司获得一个绝佳的发展机会，同时也会导致"X-box360"前期的所有努力都化为泡影，并且可能引发一系列负面的连锁反应。

但微软公司依然发出了回收通知：如果消费者的"X-box360"存在质量问题，可以将自己的游戏机寄回微软，微软将为他们提供免费更换服务。这条公告一出，公众哗然。微软公司不但为此承受了更换游戏机的巨大损失，同时也遭到了很多质疑。但在微软的努力下，人们对微软敢于承认错误，并且立即提供补救措施的做法予以认可，认为这能够给予消费者很强的安全感。在承认了错误之后，微软的游戏机销售量在欧美地区不但没有受到影响，反而有所提高。

敢于承认错误，体现的是一个人的谦卑和自信，这样的人是容易受到他人尊敬的，也更容易吸引人聚拢到他的身边来。因为只有一个谦卑的能向错误低头的人才是一个内心真正强大的人，也只有这样的人才能“得道多助”，最终干出一番事业，成为财富的拥有者。

克制坏脾气，不让负能量蔓延

人的不满情绪会沿着社会关系的链条依次传递，由金字塔尖一直扩散到最底层。人们会习惯于将自己的不满情绪以迁怒的方式转移到他人身上。显然，这不但不能解决问题，反而会使这种不健康的情绪一直蔓延下去。

古往今来，多少人因为情绪失控而误了大事。又有多少人因为情商太低而经常无法控制情绪，让负能量蔓延，常引起身边的连锁反应，这样的人还有谁会愿意和他相处呢?

“踢猫效应”说的是有位董事长因为急着赶去公司处理事情而超速驾驶，结果被警察拦了下来，并开了罚单。董事长憋了一肚子气，到了办公室后正好遇见经理来交工作报告，就随便找了个原因冲他发了一顿火。经理被责骂之后，气急败坏地回到了自己的办公室，又挑剔秘书的工作，把秘书一顿臭骂。秘书无缘无故挨了骂，心里很不痛快，就把手下的一位文员挖苦了一番。这位文员受了气，回家后又冲老婆发了一通脾气。老婆感到委屈，就借机教训儿子。儿子一肚子火无处撒，就踢了自己家的猫一脚。

要想干成事，做一个富有的人，就必须杜绝随意发脾气，不要把自己在别处受的气往他人身上发，切不可把你的亲人或朋友当成自己的出气筒。生活中，谁都会遇到一些不开心的事情，如果不能及时调整自己，将这种情绪不经意间转移到了他人身上，那就是一种十分自私并且不明智的行为，会引起人极大的抵触和怨恨情绪。尤其对于仍处于贫苦生活边缘，试图积累更多财富的你来说，如果不能让人看到你处变不惊，沉稳大气有涵养的一面，那你又如何取信于人，在这个社会中立足呢？更不要说你发财致富的梦想了。

在你为自己的理想而辛苦奔波的时候，请一定要记住只有一个懂得自我克制，不乱发脾气，沉得住气的人才称得上一个成熟的社会人，才能在社会上拥有一席之地，最终获得长远的发展。

很简单，学会控制你自身的情绪，必须要有宽广的胸襟，在工作和生活中尽量少发脾气，必须要懂得如何克制自己的情绪，不把负面的情绪带到工作和生活中来。

美国前总统林肯就是一个懂得克制自己的人，他从来不向别人发脾气。南北战争时期，林肯曾收到一个将军的来信。信中，这位将军措词严厉地对林肯的某些工作方式提出了批评，言语中充满了讽刺和挖苦。林肯看完信后十分恼火，立刻以牙还牙，提笔给这位将军写了一封指责他的回信。然而在写完这封信后，林肯并没有将它寄出去。考虑再三，林肯又写了另一封信，以温和委婉的语气解释了这样做的理由，然后吩咐秘书将这封信寄给那位将军。

秘书觉得很奇怪，就问林肯说："为什么您写了两封信，却只将第二封信寄出去呢？"林肯笑着说："第一封信并不是写给别人的，而是写给我自己的，我从一开始就没打算将它寄出去，它只是让我抒解情绪，能够更加冷静地看待问题，而第二封信才是我真正要寄出去的。"

这就是林肯高明的处世哲学。他知道，一味地压抑自己的情绪并没有什么好处，但同时他也不可能将这种负面的情绪发泄在当事人身上，因为当时正值南北战争的关键时期，必须要做好这些带头人的情绪工作，避免他们因为愤怒而出现决策失误，这样的后果很可能是致命的。

时至今日，现代企业间的竞争也如同国家间的战争一样，充满着火药味。如果想做出成绩，就应该学习林肯的这种做法，克制自己，不要将他人当作出气筒，让负能量充斥在自己周围。迁怒他人是一种不负责任的行为，而迁怒自己的得力助手，你不但会因此失去他们的信任，更重要的是，你也会因此而让你的人际关系变得一团糟。

第七章

精明消费，学会理财前先学会消费

用钱的方式决定了你生活的方式

我们讲能挣会花究其本意是“好钢要用在刀刃上”。“能挣”是“用自己所能去争取”，靠自己的勤劳获得应得的利益；“会花”就是“花有所值”，而不是做毫无意义甚至是有损美德的消费。

把钱花在最需要的地方，其他的问题就能轻松解决了。生活中处处都需要我们花钱，而口袋里的钱是有限的，我们要避开盲目消费的误区，只有把钱花到该花的地方，才能达到物尽其用。

要想做到把钱花在刀刃上，那么就要对家里所要添置的物品要做到心中有数，经常留意报纸上的那些广告信息。比如说，哪些商场开业酬宾，哪些商场歇业清仓，哪里在举办商品特卖会，哪些商家在搞让利、打折或促销等活动。掌握了这些商品的基本信息，再有的放矢，那么就会比平时购买的时候实惠很多。

一个人出钱参加一次宴会，这本身并不是什么问题。你可能为此花掉了 200 块钱，但也你许通过与成就卓著的客人结交之后，获得了相当于 1000 块钱的鼓舞和灵感。这样的场合往往对那些追求财富的人有着巨大的刺激作用，因为这样你可以结交到各种经验丰富、博学多闻的人。在自己力所能及的情况下，对任何有助于开阔视野、增进了解的事情进行投资都是明智的消费。如果一个人想要追求最伟大的成功、最完美的气质和最圆满的人生，那么他就会把这种消费当成一种最恰当的投资，就不会为错误的节约观所困惑，也不会为这种错误的“奢侈观念”所束缚。

英国著名文学家罗斯金说：“通常人们认为，节俭这两个字的含义应该是‘省钱的方法’；事实上，节俭应该解释为‘用钱的方法’。也就是说，我们应该如何去购置必要的家具，如何把钱花在最恰当的用途上，如何恰当安排衣、食、住、行以及教育和娱乐等方面的花费。总而言之，我们应该让钱发挥最大的功效，创造最大的价值，这才是真正的节俭。”

真正会花钱的人都喜欢过简单的生活。

一些人希望拥有更多的物品和雇用更多的人来服务自己，让自己的生活更加舒适，这已形成一种社会时尚。一旦你开始实行简化生活，你不会再为厨师做的晚餐不对胃口而大伤脑筋；你一定会觉得不需要清洁工而是自己打扫房子也是一件很轻松快乐的事；也不会为了找个称职的司机而东奔西跑，当你对外联系减少的时候，你也不需要额外的答录转话服务了；当你减少了应酬以后，你会发现你的衣柜也可以缩减到最小的状态；当你的草坪面积减少了以后，你也不再需要专门雇用园丁了；你的人际关系单纯化之后，你也不需要去看心理医生了。因此我们每个人都必须做出决定：你是选择让物品和应酬的增加成为一种负担，还是停止增加这些东西来使生活简单而单纯，这都看你自己的选择。其实，许多增加的物品和服务反而会造成我们的压力。舍弃那些不必要的杂物，你会感到全身轻松，过得单纯而自在。

简单生活，可以让节俭不再是一种心理负担。有一天当你乘上简单生活的便车时，你会发现原来生活也可以更舒适自在。

“买”的同时就要想到“卖”

大多数女性都认为，购买昂贵的名牌商品是宠爱自己的象征，例如，香奈尔的香水、兰蔻的口红、蒂凡尼的饰品、路易·威登的包、迪奥的套装……很多人拥有这些东西的秘诀就是省吃俭用，然后再花光自己辛辛苦苦几个月的薪水。但是如果买名牌只是为了面子，却要付出生活清苦的代价，那么，应该三思而后行！

简单地说，想要省钱做大事，就应该有物超所值的观念，或者最起码的基础是你要懂得什么叫作物有所值。因为一般来说，物有所值、物超所值、一文不值是买东西时候的三种感受。其实有时候大多数女性买东西只在乎买东西一时的感受，却忽略掉了东西本身恒久的价值，举个例子来说，你花 1 万元钱买了一个昂贵的包，但是当这个包属于你的那一刻，它就已经不值 1 万元这个价值了。

也有很多人在买东西时懂得将未来这个商品的价值考虑进去。比如说，同样都是花1万块钱买个梳妆台，但是如果你买的是古董梳妆台的话，然后自己再加以润色，一般来说像这种东西越古老就越值钱，就算将来要换主人，它的价值也已经超过1万块钱了。

然而一些名牌新产品只要不是全新的，出手时它就只剩3折的价值，如果你在“买”的时候就想到物品“卖”的价值，你在购物的时就将会有另外一番考量。

大多数人在购买物品的时候不仅仅要考虑这个东西的价值，同时也要考虑这个东西的一些性能，看看是不是真的适合自己，以防上当受骗，下面的几种介绍可以供大家来参考。

（1）不要只求价廉。有很多人在购物时很容易选价格最便宜的。但是现在有一些商家为了赚取更多的盈利就故意误导消费者，把一些低档的，甚至是已经过时的商品搞一个“特别推出”，如果不懂该商品的性能而仅仅以价格来决定取舍的话，就很容易上当受骗。

（2）不要求“洋”。某些产品我国确实不如外国产的好，但并非所有的产品都如此。比如说电器，我国就有不少名牌电器早已远销国外，如果我们一味地舍“中”求“洋”，就很容易花许多冤枉钱。

（3）不要求“全”。许多人在购买商品时喜欢选那些功能全面的商品，以为功能全就是质量好的，这是一个很大的误区。有些商品“全”并不代表“精”。如果你买一台电视，只要画面清晰、音色好就已经足够我们使用了，没必要选那些带“画中画”或者其他功能的电视机，因为你很少有使用它的机会。

（4）不要求“大”。比如，有些人不考虑自己的住房面积和自己的经济能力，买商品一味求大，结果是花大价钱买回的庞然大物根本就是难以安置。

（5）不要求“美”。商品是买来用的，而不是买来看的，如果只看外表而不注重性能，很容易买到的是徒有其表的“绣花枕头”。

（6）不要求“新”。任何商品在刚上市时都有两个特点，一是价格贵；二是性能不完善。如果你是为了抢“新”而买，那么是很容易被淘汰的。

日常开支要学会列账单

尽管很多人都清楚地知道记账的重要性，但在普通人的家庭生活中，记账的比例却远远不如想象中的高，就算他们一时真的有决心，通常也是“三天打鱼，两天晒网”，没几天就放弃了。其实记账的意义并非记一两天流水账就能够显现出来，至少持续记账两三个月。比如购物、吃饭、交际应酬等各项费用的支出情况，这样才能清楚看到自己的哪些开支是可以省的，哪些开支可能是必要的，这样才能够为自己制订更合理的财务计划。

然而，记两到三个月的账还是不够的。在消费中的漏洞，就像在网络中攻击电脑的病毒一般，并不是在每个月或每个周期中都会以同样的形态出现，只有保持更新、时时修复，才能保证系统健康安全地运转。在持续的记账中你才会慢慢发现，当记账已经成为一种习惯时，原来一直困扰你并挥之不去的那种“麻烦”感，已经被一种“理所当然”的惯性所代替。进而，你又会发现，其实记账只是种模式，它让自己形成对金钱负责的态度。

需要指出的是，坚持记账只能说成功了一半，而另外一半的成功则在于监视和执行。尽管很多人每天在账本上留下印记，但这些印记依然只停留在符号阶段，他们并没有对此进行监视，在日常的消费中还是我行我素，更不用说发现问题并解决这一问题了。严格约束自己，定期检视，并确实执行，才能避免功亏一篑。

不过，有很多人在记账过程中会走进一个误区，认为记账的唯一目的就是省钱。因此，在每次要消费时，想到在账本上即将记上这一笔，心理上就有了负担。这样的后果就是，在消费的欲望积聚到一定程度时便会形成一次大规模的爆发，就像减肥失败之后的大肆反弹，不仅使得之前的节约努力付诸流水，甚至会花费更多。

其实，记账只是一种提醒，不是要我们变成一毛不拔的“铁公鸡”。真正财富自由的定义是在有计划的“每月盈余”之下，仍有自由消费，不会因为追求财富自由，而失去生活的自由。因此在记账过程中，抓大放小，才是正道。

下面就为大家介绍几个记账小技巧：

1. 概略记录

日常生活中点点滴滴的花费都是很琐碎的，如果能够完整的逐项记录当然最好，不过纯粹因为这个原因而放弃记账的人，可以使用记录大略支出的方式来代替繁琐的记账方式。例如，你每日三餐加起来总共 25 元，那么，你一个月的伙食费大概可记录为 750 元（$25 \times 30=750$）。其他项目也可比照这种做法来做记录，如房租、水电费、电话费等，都可以使用简化记账方式来记录一些重点的账目，这样就容易让大家养成习惯维持下去。

2. 分门别类

流水账般的逐项记载后，最重要的工作就是把我们记录的东西分门别类。流水账可以运用纸笔记录，分类记账则建议使用 Excel 软件或记账的专门软件。按月、周、日区分，设计所需项目，设定收入与支出识别的不同颜色，以便使自己更清楚、更方便地检视账目。

这项工作可以不用天天做，每个月用一天时间处理即可。看自己的时间进行安排，主要的工作是把上个月的收入与开支做总整理，同时也可估算下一个周期的开支和预算。

3. 支出检讨

仅仅是记录每日消费还不够，更重要的是要从这些数据中分析出有关省钱的技巧。就收入的方面来看，想想有没有其他开源的可能性；就支出面来看，检视每笔花费是否必要与合理。

除了以上告诉我们的记账要领外，如果自己想持之以恒地将“流水账”记下去，就一定要选择适合自己的记账方式，没有什么记账方式是最好的，最好的就是最适合自己的那一个。

第一种，传统的记账方式：纸笔。适合不擅长、不愿意或不屑于使用电脑的女人。传统记账方式简便、容易操作，如果再加上一支可爱的笔和一款你心仪的账本，这样你就会乐于和它来个“亲密接触”了。

第二种，清晰的记账方式：Excel。其最大的特点是条理清晰、便于分类和查阅，适用于思路清晰且又离不开电脑的女人。

第三种，省事的记账方式：记账理财软件。当然软件设计者已经将你能想到的和你没想到的记账要求都帮你列好了，你只需要按照程序提示填空即可。通过这种方式，爱省事的女性朋友可以把记账当成填字游戏，自然就不会觉得枯燥，从而心里也不会有什么负担了。

第四种，透明的记账方式：在线记账。对个人隐私要求不高，或是喜欢交友的女性朋友，可以选择这种方式。这种记账的好处是透明度比较高，可以通过自己认识和熟悉的网友监督开源节流、减少浪费。当然前提是不能将不合理的消费刻意隐瞒和掩饰。

选择适合自己的记账方式，可以让记账变成一件轻松愉快的事情，让你不再为记账感觉到累。

当然，你无论选择什么样的记账方式，目的都是要从日常的花销中找出不合理的消费倾向，进而改变这种倾向，从而完善提高自己的消费体系，让自己生活得变得更加清醒、更有质量。当你从记账中发现自己有这么多的消费漏洞，原本可以省下很多钱来的时候，你的心里是不是也会燃起小小的自豪感呢？

在自豪的同时，别忘了还要时刻给自己来点催眠似的鼓励：记账一点儿都不麻烦，而且很有趣，我喜欢记账……总之就是让自己不断地坚持下去！如果我们掌握了以上的全部小窍门，并且咬紧牙关、持之以恒，你就能对自己的财富做出最合理的分配。

团购达人的秘招

45 元的电影票 15 元就能买到；139 元的火锅 39 元就可以搞定……越来越多的网民捡到了“大便宜”。团购网在国内“登陆”不到一年的时间，就已经迅速成为热点。根据百度数据的显示，2010 年 1 月到 5 月团购网日均检索量为 6.5 万人次，而 6 月到 10 月，这个数字已达到了近 52 万人次，猛增长了 7 倍。

团购网为什么会这么火？

团购，缘起于美国一家叫作“Groupon”的网站，由于销售业绩异常的火爆，这家全新概念的电子商务网站仅仅半年便实现了巨大的盈利，在美国几乎已与Twitter齐名。自2010年团购在国内出现以来，便以惊人的速度向前发展着。团购最大的优势是便宜，3折、2折甚至1折的价格令人流连忘返。

团购应注意以下几点：

（1）选择有知名度的团购网站

团购网站良莠不齐，建议女性选择有知名度、诚信度高的团购网站，售后服务更有保证。由于此类网站实力雄厚，所以在产品质量和服务上还是有一定保障的。

近日，小林在北京的某一团购网站上以49元（原价150元）的价格购得北京某西餐厅餐券2张；之前，她还以25元（原价75元）的价格购得某影院的一套电影套票。这让小林窃喜不已。

（2）同类商品比三家

即便是不同的团购网站，它们所提供的商品也是大同小异。在团购网上搜索你想要的商品，你会发现在上千家的团购网中，会出现很多你想要的商品的信息。商品种类一样，不一样的只是价格与品牌。有些网站提供的同类商品的价格却相差较多，女性朋友们在购买的时候，应该根据自己的需要，选择性价比高的产品和信誉好的网站进行团购，日积月累也能够为自己节省一笔不小的开支呢。

（3）查看团购网排行榜，择优选择

团购网进入中国的时间并不太长，只有短短的一两年而已。所以很多团购网站并不是那么的完善，而且很多的团购网耍的是骗人的把戏。而对于一些比较大的知名的团购网，一些商家和用户对其做了分析和总结，在很多地方公布了团购网的排行榜，可以通过此排行榜，选择信誉比较好的团购网站来购买自己喜欢的商品。

（4）大家团购一起消费

很多餐饮娱乐类的团购都会规定，一个注册会员只能团购一到两张的消费券，也就是说享受优惠对一个人来说次数很少。不少的消费者遇上自己特别钟情的团购服务，因为受到团购数量的限制，不免觉得有些扫兴。

为此，不少团购达人会把自己看到的十分划算的团购信息告诉自己身边的姐妹们，发动大家一起团购，然后在有效期限内大家就开始轮番使用自己团下的电子优惠券，这样便能多次享受某项自己热衷的团购服务。通过分享，也能给自己省下不少钱。

（5）信誉比折扣重要

数以千计的大大小小的团购网站规模和服务水平都是良莠不齐的，喜爱团购的消费者很难从这些海量的信息中及时找到适合自己并且有保障的团购商品。有的看起来折扣很低，但实际去消费的时候就会发现东西很差甚至还设有各种的消费陷阱，埋单时发现并没有得到实惠而且还花了更多的钱！有的团购网站发货很慢，甚至是收不到货。因此，选择一家正规信誉好的团购网站是特别重要的，现在很多团购网站电话客服还是手机和座机，连一个400电话都没有，这样的团购网站真的是特别的不靠谱。

为此，团购达人提醒大家，现在网上出现了一些团购导航，全国大型的团购网站都有收录，而且进行了人工审核，所以相对来说还是有保障的，不用担心会上当受骗。

（6）搜索团购商家口碑

团友们下单前可在点评网等网站上对商家的口碑和服务做一些实质性的调查，看看网友如何评价，还可以打电话给商家咨询其接待量，等等。

（7）团购要有自己的计划和节奏

虽然说我们无法预知明天会出现哪些团购，但自己的心里要有一个谱。比如上周刚刚团购了一套按摩保健套餐，那近期即使遇到了其他心动的此类团购也应该选择放弃，因为短时间内过度的按摩反而会损伤筋骨。又比如餐饮类团购是当前单品团购的主力军，但就算有一百张嘴也吃不尽天下的美味啊，而且吃得太多太频，反而会容易失去美食带来的乐趣。

（8）团购返利省钱秘招

团购已经够便宜了，还可以省钱？是的！现在团购网站一般都有邀请好友返利的这一项活动，邀请一个有5元~15元的返利到你的团购账户上！大家会说，我没空邀请好友怎么返利呀？其实，返利也可以返给自己！你先注册一个账号，在“我的邀请”里可以获得一个带邀请码的网址，下一次看到中意的团购商品的时候，通过点出这个带邀请码的网址进入到网站，然后再重新注册一个账号，然后按正常购买就可以了！这样，本次团购的返利就会返到你的上一个账号中去。

（9）要特别注意团购的有效期和地点

有的团购有效期只有几天或十几天，有的是一两个月，有的甚至是长达半年。有效期短的，要优先进行消费，以防止过期；有效期长的也要做好记录，提醒自己还没有消费。有时候团购商家的地点也是十分重要的，比如饭团网的几十块钱团购原价两百多块的 NONO PIZZA 餐厅浪漫双人套餐，对于喜欢吃比萨的朋友来说很有吸引力的，但是餐厅地址在却是在很偏的地方，对于住得离餐厅远的人来说，为吃了一顿饭而横跨整个城市所花费的时间、精力和交通成本似乎就有些昂贵了。

参与团购，省钱才是一定的硬道理。其实上面说的方法都很容易实现的，只要你愿意，动动脑筋，相信你也能在团购中总结出更多的省钱秘籍，让你真正感受到用最少的钱买更多东西的那种喜悦心情。

逛超市谨防失控购物

你是否有这样的经历体验，当超市推出周年店庆的活动、换季甩卖或是配合特别节假日减价时，往往会因为觉得东西很便宜，不买可惜，于是就无法抵挡特价品的诱惑，从而大肆地采购一番。当你回过神来才发觉自己的钱包已经空了，消费了不少不应该花的钱，这是因为超市有很多的陷阱。

（1）赠品促销。很多超市常在商品上绑一些赠品来激起女人们的购买欲望，有些商品捆绑了赠品之后价格甚至还有一定的上升。

（2）数字的误导。有些商家喜欢把商品定为类似 9.9 元这样的价格，这样常常会给女人一种便宜的错觉，虽然只有一毛钱的差价，但是在价格上就已经把女人们误导了。

（3）购物篮和购物车。它们本来是方便顾客的，但同时又极其艺术地为商家做着诱购和促销的工作，它们是使女人们在无形中突破购物计划的“元凶”。

下面告诉你几个秘决，只要遵行这些简单的方法，就能够远离失控购物。

（1）在去之前要好好地计划去超市之前先将要采购的物品一一列出，检视自己真正需要的物品，大概算一下要用多少钱，带够买计划物品的钱即可，最多稍稍的再打点儿富裕。这样，到超市的时候就没法儿见什么买什么了。

（2）先将超市里的一些特价商品浏览一遍，查看有哪些特价品，按照购买的先后顺序列出一张清单。若是没有事先考虑确认，到现场之后很容易会购买一些不需要的东西。

（3）尽量以现金消费，这个时候女人应该设定一笔预算，如果你不是对刷卡非常有自制力的人，就尽量使用现金付款；预算花完之后，就打道回府，防止为了想要凑足换赠品的金额而购买一堆杂七杂八的东西。

（4）打折商品一定要三思而后买。超市里面经常有大幅的海报提醒顾客，现在正有削价、优惠等特价销售的活动，有时还在原价上打个“×”，让人觉得买了折扣的商品就好像赚到了差价似的。其实，打折减价均是商品促销的一种手段。有些减价的食品已经快过保质期，如果贪图便宜过多地购买，吃不完的食品就有变质的危险。

（5）超市时常推出特价购物时段打折销售某些商品，女人们可留意超市和报刊的有关广告。另外还可以在晚饭后像散步一样地光顾某些超市的面包房，因为他们通常在晚上 7 点以后半价销售当天制作的面包和点心。

（6）不要为价格所迷惑。对于日用品，各家超市的价格都不会有太大的差别，低也低不到哪儿去，需要消费者注意比较的是自己要购买的大件商品在该超市是否真的便宜又实惠！

（7）在购物的时候最好使用手提篮。如果你用的是购物车的话。购物车装得多，又轻松方便，一冲动就在不知不觉的情况下买上一大堆没用的东西，等到结账的时候又后悔不迭。但是，如果你用手提篮购物，在无形之中就从重量和体积上提醒并限制了你的购物量。

（8）尽量少去超市，逛超市次数少了，流出去的钞票也就有所控制了：平时把需要购买的家庭必需品及时地记下来，然后集中一次购买；并且还可以时不时地派遣丈夫去超市购物，因为男人们进商店通常都是直奔目标，目不斜视的，并恪守妻子所列出的购物清单购物。

（9）如果自己真的想去购物，那就找自制力强的朋友陪自己一起去，随时提醒自己，以免让自己过度消费。

只买适合自己而不是贵的衣服

年轻人常常会陷于这样的矛盾之中：既想在争奇斗艳中脱颖而出，又难以狠下心花掉自己一半的工资去买一件衣服。其实，年轻朋友大可不必如此矛盾，想让自己省钱，又想穿得有品位，还是有许多小诀窍的。

首先，平时要多阅读关于时尚类的杂志。道理很简单，有最专业的指导、多个风格可供挑选时，才能培养自己更具备有“品位”的眼光，才能在实际挑选衣服的时候很快地选中能提升自己品位的衣服。在这里需要注意的是，要选择比较权威一些的时尚杂志，做得不精致的杂志通常是没有参考价值的，可以上网搜查一番，最好是选择拥有大量读者群的杂志，这样才能给自己提供最好的指导。

看杂志的时候，不能单纯地看某件衣服，而要注意观察模特的搭配方式，渐渐地，自己就会掌握一些穿衣的技巧，这就相当于自己学会了“钓鱼”的方法，而不是只得到了一条鱼。此外，还可以顺便看一下衣服的价钱和品牌。当然，这些衣服的价格都是不菲的，不过还是能为你提供一些参考价值——当你在街上看到某个品牌的某件衣服，就可以根据标价对其做出一个大致的判断，即能大概推算出值不值那个价钱。不过有的时候，杂志上的衣服也并非全都是贵得离谱的，有些杂志上也会登出一些夏天的低价靓装来吸引更多读者的注意，有时一件十分彰显个性的时尚 T 恤只要几十块钱而已。

当然，在看杂志的时候，你一定会对其中的某些衣服十分倾心，这时要考虑的就是自己适不适合这件衣服。其实只要将自己和模特比较一番就可以了。比如，看自己和模特的体型是不是同一类型，这往往是决定一件衣服合不合身的最关键因素；再如，看自己和模特的肤色有没有太大的差别，这对衣服的颜色有着很大的要求。除了和模特比较体型之外，还要分析自己的气质是否与衣服搭配得恰当，另外还应考虑年龄、职业等。若一件衣服对自己不合适，即使看上去再有品位，可能穿在自己身上也会失去它应有的神韵。

有了自己一定的“理论经验”以后，你就可以到现实的购物场所中去实践了。在实际操作时，不要只看这些衣服的牌子，没有必要只挑大品牌的衣服，大品牌的衣服即使打折也都是贵得惊人的。相反，选择一些“非大牌”的衣服往往其中也有很多品位不俗的宝贝，且价格要远远低于那些大牌的衣服。因此，干脆远离品牌店，光顾一些精致的小店，然后凭着自己的理论筛选出最适合自己的精品。当然，如果是在“黄金周”等促销活动高峰期，品牌店打出十分优惠的折扣时还是可以去逛一逛的。

对于忌讳跟别人“撞衫”的人来说，外贸店是一个不错的选择。外贸店里的衣服通常都是一些出口的产品，有时只是因为牌子被装订反了就被退回来，流入到外贸店里。因此，这里的衣服虽然没有牌子，但却往往彰显着不凡的品位，或者带着很浓的异域风情。最重要的是，其价格往往很便宜，不会像一些我们常见的品牌，穿着逛一次街就有可能“撞衫”好几次。

有时，人们买衣服往往会走走入一个搭配的误区，即专门为了搭配自己的某件衣服去挑选其他的衣服。虽然有时能够如自己所愿，找到一件合适的“配衣”，但却可能给自己带来一个新的麻烦，如新买的衣服只能搭配一件衣服穿，而自己其他的衣服还是需要另外买衣服来配。解决这个问题就有一个简单的方法，就是在买衣服的时候，为自己设定一个大致的风格和一个适合自己气质的主色调，然后照着这个模式去购买衣服；或者在买衣服时注意购买一些既好看又“百搭”的衣服，既能让自己随时美丽，又不需要花很多的钱购置太多的衣服。比如，黑色是一个比较好配衣服的颜色，同时又是永不过时的一个经典颜色，建议最少要准备两件黑色的衣服以便随时搭配。

另外，如果你不特别追求走在潮流前端的话，可以建议尝试反季购衣。通常，衣服在刚上市的时候或者是热季时价格都是十分贵的，一般都没有折扣。而只要过两三个月到了反季，衣服就会大打折扣，有时甚至会打出两三折的低价，这时买衣服就很值了。而这些衣服再过几个月就又能穿，也绝对不至于过时。你只晚穿了几个月，却能享受到一半多的折扣，可谓是“失小得大”。

你还可以仿照商家培养“熟客”的方法，建立起自己的“熟商”，即选中一两家自己十分心仪的服装店，经常地光顾，让自己成为那里的熟客，和店主建立起“深厚”的“交易之情”。时间久了，店主就会主动地打出折扣，甚至还会将自己的一些真心的“穿衣经”讲给你听，而不再是单纯地为了卖出衣服夸你“穿什么都好看”。

怎样订便宜机票

如今，出远门越来越常见。很多人都在离家很远的地方工作，逢年过节的时候，需要回家探望父母；很多做生意的女性朋友更是有着频繁地外出洽谈的需求；更有越来越多的人，希望能在假期时到远方观赏一番美景，旅游一番。

火车是最普遍的交通工具之一，价格低廉是其受大众欢迎的最重要的原因。然而，随着乘坐火车的人越来越多，拥挤的人潮以及火车的行驶时间漫长，这样长途跋涉总会让人感到身心疲惫。于是，乘飞机出行，越来越受到人们的青睐。

飞机的快捷、舒适是其他交通工具无法相比的，但是高昂的飞机票价格也使很多人只敢想、不敢坐。其实，坐飞机并非想象中的那样奢侈，大部分时候飞机票都会打折，只要懂得一些购买低价机票的技巧，有时甚至能买到比火车票更低的机票。

远离家乡的张女士，经常会接到父母的电话，催自己和丈夫一起回家看看。张女士和先生都感到很为难，尽管两边都想回，但是毕竟两人都有工作在身，很少有假期的。平时周末虽然都休息，但由于福建和贵州都距离北京比较远，坐火车太慢，每回一次家都要在路上浪费两天的时间；坐飞机吧，又觉得机票太贵了。张女士常说，有坐飞机的钱，不知道能给爸

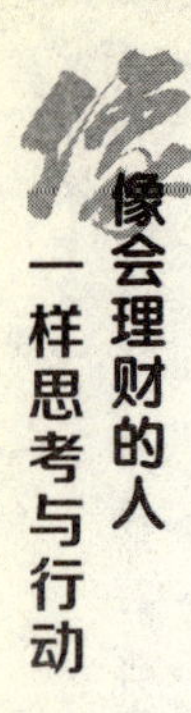

妈买多少营养品了，还是算了吧。

就这样，两人的回家行程总是拖了又拖，一年算下来也难以福建和贵州都回一次。眼看双方父母的年纪都越来越大了，两人总觉得对父母亏欠些什么。

有一次，张女士偶然在一次查询火车时刻表的时候，看到网上的一条链接广告："试试运气，看看比火车票还便宜的机票。"张女士不禁被这句话打动了，就点开了链接，分别输入了从北京到福建、贵州的航线，恰巧这时机票销售处于淡季，航空公司都在进行打折销售。张女士看到后，从北京到福建的机票打了4.5折，比平时便宜了一半还要多；从北京到贵州的机票也打了6折。虽然算下来二者还是比火车票贵不少，但这无疑给张女士提供了一个很有价值的信息：如果飞机票再打低点折扣，不就和火车票的价钱差不多了吗？

从那以后，张女士就常常在上网时浏览一下最近飞机票的价格，当看到特价机票的时候，便将其从网上订下来，和先生将那一天定成回家的日子。虽然机票特价时都几乎不是节假。但能常回家看看已经十分让张女士、先生和两边的老人开心了。现在，张女士和先生几乎每半年都能回家一次了。

在出行处于淡季的时候，航空公司就会经常推出打折机票，有时还会推出特价的机票，也就是四折以下的机票。这还不算最便宜的，据了解，有些航空公司甚至曾在淡季时期在有些航线推出过一折或不到一折的机票。这样的机票，比火车票都要便宜很多，谁不乐意去购买呢？

不过，也并不是什么时候都能买到特价机票的，想订到特价机票的朋友，要注意以下几个方面了。

首先，经常关注网上的机票打折信息。一般来说，航空公司都会在自己的网站首页和其他一些相关的网站贴出自己的机票优惠信息，尤其会对特价机票进行大面积的宣传。如果你能时常地关注机票打折的信息，那么就有可能在航空公司推出折扣票的第一时间得知信息。如果其航线又恰好符合你的出行路线，那就皆大欢喜了。

其次，向相关航空客服中心咨询。很多大型的客服中心都提供预订机票的服务，如果你的工作和生活繁忙，没有太多的时间上网详细查询，那么可以打电话向客服中心的工作人员了解一下具体的情况。不过一般的客服中心都需要顾客提供出行的日期，如果只是告知其航线，要求查询最低折扣在哪一天，那么通常是无法查询的。因此，这个方法更适合于已经确定出行日期的朋友。如果你想先了解折扣的一些具体情况，再确定行程，还应多上网关注折扣的信息。

再次，进行比较后选出价格最合理的代理商。如今航空公司除了在机场售票外，还经常和一些代理商进行合作，通过其向外出售机票，全国各地已经遍布了很多的机票代理商，有些代理商已经有了十分完善的订票服务，顾客只要打电话就可以进行查询和预订，并且还能享受免费送票上门的服务。一般来讲，公司的规模越大、知名度就越高、客户源越广的代理商，他们总能从航空公司那里拿到比其他代理商更低的折扣，这也就是为什么你有时刚在一个服务台打完电话，查得从北京到广州的机票为全价1000多元；而立刻又打入另外一个客服中心时，却查到有九折的优惠。如果你对此提出疑问，那么通常代理商给出的答复是航空公司在随时对舱位进行调整。而此时你往往会更加地纳闷：怎么总变得这么快呢？其实，航空公司根据销售情况，随时对折扣做出调整不假，但不同的代理商在同一个时段就会拥有不同的折扣，就跟航空公司的调整无关了。而越是能拿到低折扣的代理商，往往和航空公司的合作是比较稳定的，这样才能长期都能享受到最低的折扣，也能因此越来越受消费者的青睐。因此，你只要抓住一两家折扣最低的代理商，那么就可以长期在此处查询与预订了。那么如何判断代理商是否能拿到低折扣呢？当然代理商肯定不会对顾客坦言相告的。你还是可以通过打电话比较或者是上网查询比较的方法来考察确定。查询之后一旦确定，日后就不必反复搜寻很多网站，打很多电话查询了。

最后，你还要学会利用活动期的优惠。为了刺激消费者，除了航空公司会推出打折之外，各大代理商之间也会争先恐后地推出很多优惠的活动，如订机票免燃油附加税、订机票送话费等这样或那样的活动。这时，你就能享受低折扣与减免或赠送的双重优惠了。另外，各大航空公司也都有自己的里程卡，当乘客持里程卡乘坐该航空公司的客机累积达到一定的里程后，就会获赠一张或几张该航空公司的机票。这可是完全免费的，一定要抓住这个大好的机会。

工作餐怎样吃既营养又省钱

身为上班族，午餐往往是一件十分折磨人的事情：自己带饭吧，就要在前一天晚上就把饭装好，放在冰箱里。到了第二天中午就不新鲜了；不带饭吧，公司附近的写字楼林立，偶尔有个吃饭的地方，又难吃又贵；还有很多人干脆中午不吃饭，但是到了下午的时候往往肚子就开始“咕咕”叫，不但没有精力工作，自己的胃也跟着遭罪，并且到了晚上就会吃很多的东西，以弥补中午的空白，不知不觉间就长了很多肉……

很多人都存在“午餐难吃好”的这个烦恼，甚至因为这个造成了营养不良。

萧萧在一家公司做前台，每天工作8个小时，从早上9点上班到晚上6点下班，中午用餐1个小时。萧萧所在的公司位于商业圈，周围全都是高耸的写字楼，一眼望去只有一个高档的饭店，其他任何吃饭的地方都没有。萧萧平时一个人住，本来就吃得少，再加上没有太多时间来做饭，所以萧萧基本上的三餐都是在外面解决的。但自从来了这个公司之后，午餐成了萧萧最大的一个问题。

在确实没有找到其他饭馆的那段时间，萧萧和同事去过一次楼下的大饭店，结果三个人只要了三个菜、一个汤，就花掉了108元，平均一个人要将近40元，这对于处在工薪阶层的萧萧和同事来说，实在是超出了她们承受的范围。

后来，萧萧就开始带零食当自己的午餐，比如饼干、火腿肠什么的，但仅靠零食往往是很难填饱肚子的，而且对身体也没有任何的好处。不久，萧萧就变得脸色蜡黄，体重也下降了好几斤，工作也渐渐的力不从心了，有时候有客户打来电话，萧萧问过其信息后总是转身就忘，还为这个被上司批评了好几次。

其实萧萧的苦恼是很多上班族女性的苦恼，重要的午餐吃不好，整个下午的工作精力都要受影响，长此以往还会损害自己的健康。

那么，有没有什么好的办法能解决上班族的“午餐苦恼”呢？

其实，你不要被商业圈里写字楼林立的表面所吓倒，从而失去了寻找饭馆的动力。既然有那么多的上班族每天在周围上班，那么就一定有相应的商户看准这个良好的商机，在附近设置一些小型餐点，专门作为上班族的午餐。有时可能会因为周围环境的一些制约，像街边快餐车或者小摊点等一样在表面上显现出来。但是，其为了扩大影响，让一些上班族都知道附近有快餐，那么就要会利用各种各样的机会和手段向周围的办公区域进行宣传，比如在上班的时间在路上向上班族分发宣传单。因此，要注意留心自己身边的宣传单，而不要一味地对街边的传单摇手，或者对塞进办公室门缝的传单不屑一顾。

一般来说，小商户分发的传单通常列举的都是一些家常便饭，比如炒菜、米饭、面条等，虽然算不上十分的精美，大多却也比较可口、比较符合大众的口味，远远胜过不吃饭或者吃零食。并且由于这些商户大多数属于小店经营，同时也为了能种对够招揽顾客长期在自家用餐，通常不会将价格定得过高，恰好符合上班族的需要。

出于资金的考虑，这些快餐店常常选择在某座大楼内租一套房间作为办公的地点，从而全权负责给顾客送饭，顾客只需提前打电话预定即可。这是其另外一大优点。你不必在冬日冒着寒冷、饥肠辘辘地出门买饭，也不必在夏日担心顶着大太阳下楼会晒黑，而是可以利用中午等饭的时间小憩一下，舒缓一下自己的精神，准备下午的工作。可谓一举多得。因此，一定要重视收集这类小餐点的相关信息，以改善自己的午餐质量。

另外，在这些地方订餐的时候，还可以召集几个同事“拼饭”，每人点一个菜，大家一起吃，既吃得有气氛，又能避免营养的单一。

除了在公司附近发掘小餐点之外，你还可以从自己住的地方附近寻找合适的餐馆。一般的公司都有供员工存放食物的冰箱和微波炉。因此，你也可以从家附近的小餐馆里订饭。有些小饭店，为了迎合上班族的需要，会提供提早订饭服务。即顾客可以在前一天下班时到餐馆订好想要的午餐，餐馆会在早晨尽早将饭做好，顾客只要在上班时顺便到餐馆取就可以了！这样既免去了早上做饭的麻烦，又可以在中午吃上正餐，保证下午的工作质量和自己的身体健康。

最后，建议你在中午加食一个水果如苹果、香蕉等，或者新鲜的蔬菜如黄瓜、西红柿等，这些可以补充体内的维生素，还能达到美容养颜的作用。

花最少的钱也能做最好的美容

现在的大街小巷，大大小小的美容院是无处不在，而进出美容院的也全都是女性。而美容院里为女性准备的各类的美容护肤品也是五花八门，数不胜数。很多女性为了保养自己的肌肤，为了让自己青春常在，都会有这方面的支出，并且是占据着日常支出的一个重要部分。现在的社会，美丽早已不是年轻人的专利，而已经成为所有女性的追求。因此，美丽与理财自然也应该成为现代女性考虑的问题了。如果你花了不少钱，但却达不到自己满意的效果，这样就有点太浪费了。

一般来说，女士的美容可以分成两个步骤：日常护理和深层护理。日常护理的关键在于选择正确的、适合自己的护肤品和化妆品，学会正确的洁面和卸妆方式，这些我们基本上都是在家里自己做。但在做深层护理时，许多的女性朋友们都会选择去美容院，在护肤的同时还享受良好的服务，但是代价相对更高。其实，无论是在美容院还是自己在家动手做美容，效果都是一样的，如果你在家做的话不仅可以获得美丽，而且还会省下一大笔的钱。

那么，具体如何做才能花最少的钱做最好的美容呢？

（1）学会抓住优惠活动。现在街上的美容院随处可见，竞争自然也是十分激烈的，因此，许多美容院都会定期推出一些优惠活动来招揽生意，价位要比平时的低很多。因此，适时地抓住优惠的机会，可以节省不少钱。但需要注意的是，在选择美容院的时候一定要咨询清楚，要选择信誉好、服务好、经营时间长的美容院。另外还要注意一点，就是在接受服务之前还应问清楚服务内容及价格的真实性并与价格表对照做一个比较，美容院有些优惠只是针对个别服务收费的，如果不留神在美容师“有意无意”没有讲清楚的情况下接受了其他服务的项目，那可能就要多花冤枉钱了。

（2）学会与美容师过招。在美容院做美容时，除了正常的收费外，美容师还会极力地向你推荐一些其他的产品。现在很多美容院的美容师既是美容师又是销售人员，因为她们的收入是直接跟销售额服务费挂钩的。有时你听美容师介绍完后会觉得这些产品可能确实对你的皮肤会有帮助，但是也有很多是不必要的。所以，当你进入美容院后，一定要保持头脑清晰、判断清楚，千万不能一听美容师的推销就自动打开你的钱包。

（3）学会自己动手。现在很多网站和杂志上都有很多介绍有关美容的小窍门和技巧，做起来还很实惠，自己做的效果是去和美容院消费过的效果是一样的，最重要的是学会自己动手。

（4）学会生活中保持美容。睡眠是美容的最好方法，缺乏睡眠是美容的最大天敌。25 岁以上的女性朋友都有这样的经历：熬夜和睡眠不足。第二天起来往往会看到自己的眼袋凸出，黑眼圈明显，面色憔悴。如果经常睡眠不足，即使你天天泡在美容院，也不可能达到理想的美容效果。所以，要想美容，先保证充足的睡眠，这可是不花一分钱的美容好办法哦！

（5）合理膳食养出好肤色。其实，也有很多女性朋友也有关于皮肤的问题。大多数皮肤问题都是由内分泌引起的，除了药物治疗，在饮食方面多加注意也是很有必要的，很多蔬菜和水果本身就有很好的美容功效。因此，女性朋友们要多多留心这方面的知识，让自己的肤色容貌越吃越美丽，同时也是一件非常划算的事情。

总之，会理财的女人要懂得会花最少的钱做最好的美容。如此，才能美丽节俭两不误。

既尽兴又省钱的旅行方式是计划出来的

随着人们生活水平的不断提高，人们在追求物质生活的同时也追求精

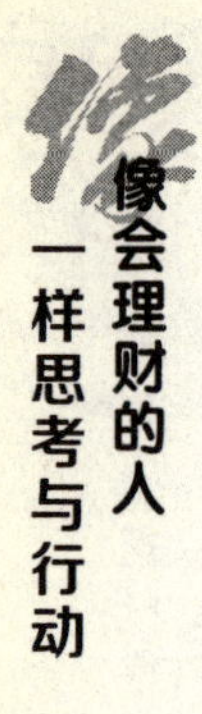

神生活。所以，现在越来越多的人们喜欢以外出旅游的方式来享受这种精神生活。可是有些人会说，我们又不是有钱人，没有那么多钱去进行奢华的旅行啊？如果你这样想，那你可就想错了。旅行实际上有很多种选择，并不一定非要你的钱包大出血才能旅游，只要外出能使人们能玩得尽兴，那就叫作旅游！我们不如来看看下面的省钱攻略，相信会对你的快乐出行有所帮助。

1. 没有计划就不要出门旅行

尽量不要参加一日游的那种旅行团，只能说这是在浪费你的时间和金钱。所以在外出旅游时最好先上网查看详细的有关资料，做好整个旅游计划，包括交通、住宿、景点以及路线等，千万不要盲目跟风，否则只会白白地浪费自己的时间和金钱。

2. 选择淡季出行

一般来说，一个景点有淡季和旺季之分，淡季旅游时，不仅车好坐，而且由于游人少，一些酒店和宾馆在住宿上都会有优惠或者打折，高的可达 50%。而在吃的问题上，饭店也有不同的优惠。因此说，仅此一项，在淡季旅游就比在旺季的费用上起码要少支出 30% 以上。

3. 路线设计合理，少走重复路

我们在外出旅游时，首先对自己去的旅游景区有个大概的了解，从中找出这个景区最具特色的地方在哪里，必须要去的地方又在哪里。在去观赏这些地方时，对一些景点也要一番筛选，重复建造的景观就不必去了，因为这些景点到处都有。其次是在旅游时，尽量别坐缆车或索道，很多景点最好是亲自走一遭，既省钱，又能体会到它的独特的魅力。同时也应该拿出一点时间逛逛大街，看看这个景区和这个城市的风土人情。因为闲逛不需要花钱买门票，这样一玩，却能玩出好心情，既增长了知识，还可以陶冶情操。

4. 正确选择交通工具

对自费旅游者来说，选择交通工具是非常关键的。众所周知，火车的时间长，飞机的时间短，但这一长一短，却形成了价格上的差异。对于普通家庭来说，全家外出，选择来回乘火车，是比较划算的。乘坐火车与家人或朋友共度旅途生活，其实也是旅游的一种方式。再加上现在大部分火车提速，为普通百姓自费旅游提供了比以前更多的便利，这样看来，选择乘火车外出旅游，是大多数家庭所能承受的经济能力范围。

如果选择乘飞机，最好“挂靠”一下，委托某个旅行社代订机票或享受某个会员制机构的会员待遇。在网络盛行的今天，“网上团购”正逐渐流行。有共同飞行需要的网民在网上凑份子，达到一定人数后，自然可以从航空公司拿到集体票价。当然早做计划提前订购机票，也能订到很低折扣的机票。

乘船省钱同时又省去了换车的麻烦。比如从重庆登船沿长江而下，到宜昌上岸，一张船票就可以沿途饱览长江的无限风光。这是多么惬意的事情。

5. 景点门票要避“通”就“分”

近几年来，许多旅游区都在出售“通票”。这种一票通的门票，虽然可以节约旅游售票的时间，而且比分别单个买旅游景点的门票所花的钱加起来也要便宜一些，但是，大多数游客往往不可能将一个旅游区的所有景点都玩个遍，这样一来，提议游客可不必买通票，而改为玩一个景点买一张单票。这样，反而倒省钱。

6. 出门旅行，争取住宿的价格空间

无论你的旅行目的地是景区还是城市，在旅馆的选择上都有很大的价格空间，而且不一定最贵的就是最好的。在你能够接受的条件范围内，货比三家，选择环境好、价位合理的旅馆会为你节省不少住宿的费用。在选择旅馆时，要尽可能避免入住在汽车站、火车站旁边的旅馆，你也可选择一些交通比较方便或处于不太繁华地段的旅馆。因为这些旅馆在价位上比火车站、汽车站旁边旅馆的价位要便宜得多，而且这些地段的旅馆还可打折、优惠。若是你想要住星级宾馆，也可以追求合理的价格。只要不是旅游的旺盛季节，星级以上酒店的前台大都有权给予宾客适当幅度的优惠。从安全保障以及吃住的卫生角度来看，选择档次比较高的宾馆、酒店、招待所为好，切记不可贪图省钱，而入住环境较差的旅店。

如果你是在早上到达，不要马上去旅馆投宿，因为这时大部分旅馆还没到退房时间，而且你背着行李不好讨价还价，不妨先把行李寄存在火车站。然后一边玩一边寻找合适的旅馆。你还可以在住宿时问清楚是否包括电话费，如果包括电话费的话，你还可以省去一笔用手机打长途漫游的费用。

此外，要注意计算好时间差。从居住地到目的地的时间是需要在旅途中度过的，计算好你行程的时间，在很大程度上节省你的住宿费用。比如选择晚上乘车白天到达的旅行方式，就会为你省下当晚的住宿费，而大部分人也是用这种方式省钱的。

7. 出门旅行，首选特色小吃

出门旅游，没必要进当地的高档饭店吃饭。你若想在吃上省钱，就尽量多的品尝当地的特色小吃吧。这些东西一般不贵，却是当地地地道道的特色味道。它之所以所以能流传至今，肯定有诱人的味道。同样是特色小吃，高档餐馆和街边小店的价钱就相差甚远，如果你在当地逗留两天以上，又禁不住“老字号”的诱惑，也可以专门去吃一顿。但仅限一顿而已，多吃反倒会多花不少冤枉钱。这一顿，也只是为满足你的“正宗心理”。

8. 出门购物有讲究

出门旅行时，首先做到克制自己强烈的购买欲，在旅游中尽量少买东西，因为旅游区的东西物价过高，而且不方便旅行，买了东西也并不合算。不管你是购旅游纪念品还是购旅游中的食物、饮料，或是购买当地的土特产品和名牌产品，都不要在旅游景区买，而是可以改为专门花上一点时间跑跑市场，甚至可以在逛当地夜市的时候购买。这样价格便宜，也能省下一部分钱。

同时值得注意的是，旅游时切记慎买贵重的东西。因为，在出售贵重物品时，一些旅游景区商户会针对顾客流动性大的特点采用各种各样的方法出售假冒商品。如果你购买了这些贵重物品，回来后即使发现上当了，也会因为路远而无法理论，只能自认倒霉。其实真正体现该地区人文、历史风情的物品，未必会在景区里出售。比如西湖龙井茶叶，就生长在杭州郊区的梅家坞和翁家山，而不是西湖景区。所以，西湖景区出售的龙井茶叶价格就远远高于原产地的价格，而且和北京的价格也相差无几。

此外，对于购物的场合也要把握好，尽量不要在有旅行团安排的场所购物，之所以导游带团购物，价格通常要比一般散客高，因为导游是有提成的。另外需要注意的是不管你买的东西是多么的便宜，也不要把“真便宜”之类的话挂在嘴边，因为卖家听到后会在你下一次购物时会调高价格。

睁大双眼识别促销中的陷阱

无论是在大商场还是在超市里，我们经常看到这样一种现象就是有很多人围着一堆商品选购，不用问，肯定是在抢购促销的商品。促销商品不仅价格便宜，而且质量也还说得过去。因此买促销商品不失为一种精明的消费方式。

但是，购买促销商品时要注意分析促销商品是否真的很优惠，别掉进促销的陷阱里。下面就罗列一些促销的陷阱。

（1）“原价”虚高

很多商家再搞促销的时候，都大张旗鼓地推出诱人“折扣价”的同时，也会悄无声息地大幅度提高“原价”。打折的结果不过是恢复到原来正常的价格水平。这种“折扣价”，其实是商家对顾客玩的数字游戏。

在“高折扣”的诱惑下，很多女性同胞不明就里地“慷慨解囊”，以为买到了便宜货，根本不知道其实自己已经上当受骗了。

（2）偷梁换柱，以次充好

有些促销商品在品牌或者数量上比常见的同类商品要差很多，不是牌子次就是分量少。因此这些促销商品看上去比同类商品的价格低很多，但其成本就比较少，其卖价必然就低，而并非商家所宣传的“让利销售”。

消费者在购买促销商品的时候，一定要仔细辨别商品的牌子，以及包装上标注的分量是否正常。另外，有些商家会把一些快过期的商品拿出来搞促销，所以，消费者在购物的时候应该养成查看商品保质期的好习惯。

（3）抽奖

抽奖这类活动在所有促销形式中是最为刺激，毕竟是天上掉下来的馅饼。谁都会有如此的联想：或许这一次这块馅饼就能砸在自己的头上。于是很多消费者往往会为这块馅饼心动。厂商对于抽奖也是乐此不疲的。毕竟相比送礼、降价而言，抽奖的投入要小很多的，而且巨额大奖的诱惑，往往可以极速聚拢人气，对于品牌宣传的作用也是非常明显的。

不过，能中大奖的人毕竟是个别的。何况很多的抽奖活动也存在一些不光彩的一面——暗箱操作。如果你因为想得到奖品而买产品，那就太没有必要了。你在购买某件商品的时候，如果恰好有抽奖的活动那也别错过，抽不中其实是一件很正常的事情，万一凑巧抽中了大奖，当然就喜出望外了。

（4）购物送礼

当下，买家购物卖家送礼也是相当多见的一种策略。礼品不但有电脑卖场中常见的鼠标、键盘、音箱等小件商品，而且诸如洗衣机、冰箱、自行车、洗发水等日用品也是经常见到的，此外，玩偶、手表等产品也常常会被当成礼物赠送给顾客。

购物送礼为商场添色不少，但这些礼品很多用户是拿不到的，并不是厂商舍不得那几个小钱，而是被一些经销商私自克扣了。

不过，消费者就算拿到了礼物，也没什么可大惊小怪的，因为“羊毛永远都出在羊身上的”。而且，有些礼品对于消费者来说，其实根本就不实用，有些只是徒添累赘而已。既然商家想让利给顾客，为什么不采取直接降价的办法呢？由此可见，商家送礼本身就是一种促销手段。

（5）代金券

在很多商场，会看到“满100送40，满200送100”的这样的促销广告，这种诱惑有时候比直接降价更加吸引人。消费者为了获得“赠送”的代金券，往往会额外的购买一些“购物清单”上没有的物品，以使自己的购物金额达到规定的标准。消费者拿到代金券后，又会奔向货架继续采购——“反正是白送的，不用白不用”。然而，很多商家对代金券的使用是有约定的，如代金券不能全额使用，必须搭配一定比例的现金才可以使用，这样一来，消费者为了不“浪费”代金券，只好再掏一次钱包。

消费者千万别掉进商家设置的这种返券陷阱。当你遇到“买一送一”这种好事的时候，可以先到商场内逛一圈，看看有没有你喜欢或需要的品牌参加的促销活动。如果没有，那么你干脆就不要搭理这种“买一送一”的事情。

（6）清仓甩卖

你可能经常会遇到这种情况：某天在逛街的时候，发现一家服装店“房租30号到期清仓甩卖”，便进去抢购了几件衣服。一个月后，再次路过这家服装店时，发现广告牌就改成了“房租到期仅剩最后几件甩卖”。最令人气愤的是，同样的衣服价格却比原来便宜了不少。再过了一个月，服装店还仍然在营业，店员还是那些店员，老板还是原来那个老板，一问才知道“原来积压的库存全部处理完了，现在的全都是新品”，简直让你吐血。

所以，当你面对“亏本大甩卖”、“跳楼大降价”时，千万不要那么当真。除非你真的需要，否则不要去理会那些商家的作秀。

俗话说：“买的不如卖的精。”通常情况下，买家是绝对算计不过商家的。要想不被商家的促销活动所蒙骗，不当“冤大头”，你就要提高自己的鉴别判断能力，货比三家，理性购物。

第八章

以钱生钱，理出人生第一桶金

了解储蓄品种，选择适合自己的存法

储蓄是一种最普通和最常用的理财渠道，几乎每个家庭都在使用。但多数居民不知道如何利用不同储蓄品种来赚取更多收益。在存款时，如果能充分利用银行对不同存款种类利率的规定，规划好存款种类及存款时间，就可以使自己的存款利息达到最大化。

合理选择家庭储蓄的种类十分重要，也是一种稳中求胜赚钱的好办法。但怎样利用好这种储蓄获得较高的收益，却是很多人都一知半解的。这里，我们先来看看这三个家庭所使用的不同的储蓄情况。

（1）李先生是一家 IT 公司的技术研发人员，税后月薪 10000 元。作为 IT 研发人员，李先生的工作压力很大，每天脑力劳动强，根本没有多余的精力去理财。他每月生活花销 3000 元左右，留出 1000 元做流动资金，剩下的 6000 元全部用于储蓄。李先生采用的是月月储蓄法，每月开一张 6000 元一年期的存折，一年后他就已经有了 12 张 6000 元的一年期存折。

（2）40 多岁的刘女士想为儿子预存大学的教育资金，他们夫妇都是公司的中层骨干，每年年底都会有一笔可观的年终奖，为此，她选择了阶梯式储蓄。刘女士有 80000 元的现金打算储蓄，于是用其中的 20000 元存活期，作为家庭生活备用金，以便今后随时支取；另外 60000 元分别用 20000 元开设一个一年期存单，用 20000 元开设一个两年期存单，再用 20000 元开设一个三年期存单。一年后，将到期的 20000 元再存一个三年期，两年的到期也转存为三年，既方便使用，又可以享受到高额利息。

（3）赵小姐决定储蓄一笔孩子的养育资金。家庭月收入 15000 元左右，每个月 4000 元的开支，剩余 11000 元。赵小姐考虑把它存成存本取息储蓄（假设为 A 折），在 1 个月后，取出存本取息储蓄的首月利息，再用这份利息开个零存整取储蓄户头（假设为 B 折）。以后每月从 A 折取出利息再存入 B 折，这样不仅存本取息储蓄得到了利息，而且这些利息在参加零存整取储蓄后又得到了利息。这样家里的一笔钱，可以取得两份利息，长期下来，就会带来丰厚的回报。

在以上案例中，三个家庭选择了三种不同的储蓄方法，由此可见，选择储蓄就是如此，没有最好的，只有最适合自己的。在开始家庭储蓄之前，我们首先要来了解一下家庭储蓄的种类：

1. 活期存款

从1元起存，多存不限，由储蓄机构发给存折，凭存折存取，在开户之后可以随时存取。活期储蓄可在全国联网网点通存通兑，并且可凭活期存折申请领取一张配套的银行卡。

每年6月30日计付一次利息，利息并入本金起息，无存期和金额限制的储蓄存款。其特点是可以随时存取，灵活度很大，但不足的是，此种存款的利率是非常低的。所以说，活期存款只要留足日常生活所需的金额就可以，可将多余的部分存为定期，或是利用一些银行卡的智能理财功能，只要一超过约定的金额，其余就自动转存为定期。

2. 定期存款

50元起存，多存不限，一次存入，约定期限，由银行开给存单，到期凭存单一次支取本息。一般设有三个月、六个月、一年、两年、三年和五年六种存期。目前定期存款的年利率分别为1.71%、1.89%、1.98%、2.25%、2.52%、2.79%。而理财专家建议我们，存定期时，应选择短期定期存款，因为一旦利率上升，长期存款就会因无法享受较高的利率而遭受损失。

3. 定活两便

定活两便储蓄顾名思义就是定期、活期两方便。它是因为储户在存款时由于各种原因不能确定具体的存期，但一时又用不着，如果需要时可随时提取，而利率又可以随存期的长短而变动的一种储蓄。办理定活两便储蓄的存款有两种形式，一种是固定面额存单的方式，不记名、不挂失，存款的面额分为50元、100元、500元三种。另一种是面额不固定的方式，从50元起存，多存不限，但采取记名式，可以挂失。它的特点是灵活性较大，收益比活期略高，不约定存期，支取时按一年以内定期整存整取同档次利率打6折计息。

4. 教育储蓄

这种储蓄是一种特殊的零存整取定期存款，其对象是在校小学四年级(含四年级)以上学生，存期分为一年、三年、六年，本金合计最高限额2万元。它的好处是除免征利息税外，虽然属于零存整取储蓄，却享受整存整取利息，利率优惠幅度在25%以上。

其中，三年期适合初中以上学生的家庭，六年期适合小学四年级以上学生家庭开户。

5. 通知存款

这种存款的个人账户起存金额为5万元。好处在于，存入时无须约定存期，支取时提前一天或七天通知银行，称为一天通知存款和七天通知存款，年利率分别为1.08%和1.62%，远高于活期存款。通知存款适用于大笔资金准备近期使用但不能确定具体日期的情况。

6. 零存整取储蓄存款

整存零取定期储蓄是一种一次将一笔较大的整数款项存入储蓄所，分期按本金平均支取的储蓄存款。这种储蓄适宜有较大的款项收入，而且准备在一定时期内分期陆续使用的家庭存储。储户开户时将本金一次存进，起存额为1000元，多存不限，存款期限分为一年、三年、五年期三个档次。支取本金期可分为每一个月或三个月或六个月支取一次，支取期限由储户自行选择和确定。

了解了个人储蓄存款的种类及收益，就可以根据不同情况选择适合自己的存款期限和类型了。但是，如何将自己的存款利息达到最大化仍需开动脑筋，进行有序组合，合理配置，这样才能取得意想不到的效果。具体而言，以下的方法可供参考：

1. 每月存一笔定期存款的12存单法

每月提取工资收入的10%~15%做一个定期存款单，千万不要直接把钱留在工资账户里。因为工资账户一般都是活期存款，利率很低，如果大量的工资留在里面，无形中就会损失了一笔收入。每月定期存款单期限可以设为一年，如果你每个月都这么做，一年下来就会有12张一年期的定期存款单。从第二年起，每个月都会有一张存单到期，如果有急用，就可以使用到期的存款单支取，也不会损失存款利息；如果没有急用，这些存单可以自动续存，而且从第一年起可以把每月要存的钱添加到当月到期的这张存单中，继续滚动存款，每到一个月就把当月要存的钱添加到当月到期的存款单中，然后再重新做一张存款单。

12存单法的好处就在于，从第二年起每个月都会有一张存款单到期供自己备用，如果不用则加上新存的钱，可以继续做定期。这样既能比较灵活地使用存款，又能得到定期的存款利息，是一个两全其美的做法。

2. 阶梯存款法：适用于单项大笔收入

有一种与12存单法相类似的存款方法，这种方法比较适合与12存单法配合使用，尤其适合年终奖金（或其他款项的大笔收入）。具体操作方法：假如你今年年终奖金一下子发了5万元，那么你可以把这5万元奖金分为均等的5份，各按1、2、3、4、5年定期存这5份存款。当一年过后，把到期的一年的定期存单续存并改为5年定期，第一年过后，则把到期的两年定期存单续存也改为5年定期，以此类推，5年后你的5张存单就都变成了5年期的定期存单，致使你每年都会有一张定期存单到期。

前面案例中提到的刘女士采用的就是这个方法，这样下来，她每年都会有一张存单到期，这样既方便使用，又可以享受三年定期的高利息。只是到期的时间不一样而已。

这种储蓄方式既方便使用，又可以享受5年定期的高利息，是一种非常适合于一大笔现金的存款方式。假如把一年一度的“阶梯存款法”与每月进行的“12存单法”相结合，那这两种方法结合在一起就是绝配了。

3. 巧用通知存款：利息高于活期存款

通知存款很适合手头有大笔资金准备用于近期（3个月以内）开支的人。假如你手头有10万元的现金，拟于近期首付住房贷款，但是又不想把这10万元简简单单地存个活期，损失利息，这时你就可以存7天通知存款。这样既保证了用款时的需要，又可享受1.62%的利息，这是0.72%的活期利率的2.25倍。举例来说，用50万元如果购买7天通知存款，持有3个月后，以1.62%的利率计算，7天存款的利息收益为2025无，比活期存款利息900元的收益高出1125元；除利息税后，通知存款的收益则要比活期存款高出80%。

4. 利滚利存款法：获得二次利息

具体操作方法是：如果你有一笔8万元的存款，可以考虑把这8万元用存本取息方法存入，在一个月后取出存本取息储蓄中的利息，把这个月的利息再开一个零存整取的账户，以后每月把存本取息账户中的利息取出并存入零存整取的账户，这样做的好处就是能获得二次利息，即存本取息的利息在零存整取中又获得了利息。不怕多跑银行的人，可以试试这个方法，效果还是很好的。

对于像案例中赵小姐这样的工薪家庭来说，这种方法为未来生活积累资金和生活保障有着相当的优越性。

总之，对于储蓄而言，利息最大化的窍门说来也简单，即存期越长，利率越高。所以我们要在其他方面不受影响的前提下，尽可能地将存期延长，收益自然也就提高了。

储蓄作为一种良好的理财习惯，掌握了其中的门道，并将这一习惯保持下来，几年后，自会有不小的收获。对于一个渴望稳中致富的家庭来说，选择一种或是几种适合自己的投资，就能获得更高的经济效益，家庭生活也相应地会得到更多的实惠，这是一种比较稳妥的致富方法。

精明的储蓄大法

你觉得储蓄简单吗？看上去很简单，但不同的人也会存不同的金额，到期后所得的本息却可能不一样，也许只是几块或者是几十块钱的差异，但是日积月累下来，也将会是一笔不小的数目，而精明的人是绝对不会让自己吃亏的。

存钱谁都会，但是银行里有活期、整存整取、整存零取、零存整取、通知存款、存本取息等各种储蓄方式，每种方式的利弊你都完全了解清楚了吗？知道同样的期限和金额，采取怎样的储蓄方式，才能让自己所得的收益最大吗？

存过钱的朋友们肯定会说："这还用问，当然是整存整取的方式利息最多！"没错，整存整取的方式利率的确是最高的，所以利息也就是最多的。不过，如果你贪图最大的利息收益，将钱存了最长的期限 5 年，可是到第 3 年，你需要使用这笔钱，怎么办？取出来？那么这 3 年不就白存了，银行将会按照活期利率来计算利息，那我们不就亏了吗？

所以，储蓄不仅要考虑到收益最大，还要考虑到怎么保证资金的灵活性，万一遇到急需支取时，让利息损失到最小。下面就教你几招吧！

如果你有一笔存款，在存款时，不妨将其分为两部份，分别存为半年期和一年期。在半年期的存单到期后，若需要使用则可取出；若不用也可将其存为一年期的存单，这样，每过半年，就会有一张存单到期。这样既可以享受到一年期的定存利率，又可享受到半年期的灵活性。比起将一张存单整存一年，更为灵活和划算些。这种储蓄方法就叫做“交替储蓄法”，这种方法既能保证用钱的灵活，又能给自己的口袋带来较好的利息收益。

从2011年到2012年，这一年多的时间内，央行有几次加息过程，通常在加息后，储户们总是感到非常的烦恼，到底是等自己的存款到期后再按照新的利率存入呢，还是去办理转存呢？如果等待存款到期的话，那么这段时间就不能享受到调高利息后的利率，而是如果办理转存的话，在之前的存期内就会按照活期利率计算了，这到底该如何是好？女性朋友们有没有为此大伤脑筋，辗转反侧呢？

如果是因为储蓄这件事让人失眠的话，那可真是得不偿失啊！因为我们可以未雨绸缪，提前有所准备。若是处于加息频繁的时期，可以将一张大额存单分为几笔小额的存单，每张存单使用不同的存款期限，这样就可以在银行加息后，根据存单的具体情况灵活选择转存或是等待到期后重新存入。每张存单都不会影响到其他存单的利息收益。这样，即使有损失，也会把损失减少到最小。

如果对这些还不满意，想让存款的利息也能为自己“生”钱，那还可以采取两种储蓄方式的组合，让每一分钱都充分利用起来。在存钱时，选择存本取息的储蓄方式，在存入一个月后，取出所得的利息，再用这个利息开设一个零存整取的账户，以后每个月都将存本取息所得利息存入零存整取的账户，利用这种利滚利的方式，你该满意了吧？

一定要会用从信用卡得到的优惠

当下，很多人都把信用卡取现视为洪水猛兽，其实有时巧妙使用信用卡，也能解你的燃眉之急，起到四两拨千斤的作用。

小明大学毕业后一直没有找到合适的工作，就在父母的资助下自己开了一家外贸公司。可是因为没有任何的实践经验，连10多万元的本钱都赔进去了。

之后，小明就去了一家外贸公司上班。在2009年的时候，因为金融危机的影响，小明所在的那家外贸公司也十分艰难，终于宣布破产了。小明有一个大学同学阿亮，他在毕业后就自己开了一家淘宝。看着大学好友阿亮的淘宝生意做得很红火，一个月赚上万，所以小明也准备开个网店。

有一天，小明在逛街时无意间看到别人从国外带回来叫阳光罐的礼品，这个阳光罐是利用太阳能发光的一个玻璃品，发出来的光很朦胧、可爱。小明觉得这东西年轻人一定会喜欢，而且十分适合作为小礼物送人，并且当时在国内还没有这种阳光罐，小明当下就决定自己生产这种阳光罐，不想再和父母要钱了，可是现在手上一分钱都没有，怎么办呢？

正巧这天有个银行的业务员正在推销信用卡办理业务，于是小明灵机一动，如果能先透支信用卡上的钱，创业的资金不就来了吗？经过对比，小明选择了中信银行的透支额度最高的信用卡（最高额度达到4万元）。有了这信用卡里透支的4万元，小明立即行动起来。先找精通电子技术的同学成功地研发出了线路板，之后找这方面的企业开模具加工成电路板，再找厂家生产出好看的玻璃瓶。做好这系列准备工作之后，小明把材料拿到出租屋里，开始自己组装阳光罐。为了推广这种产品，小明跑遍了本市所有的店铺。

从2009年10月份开始，一个多月的努力终于没有白费，阳光罐一经

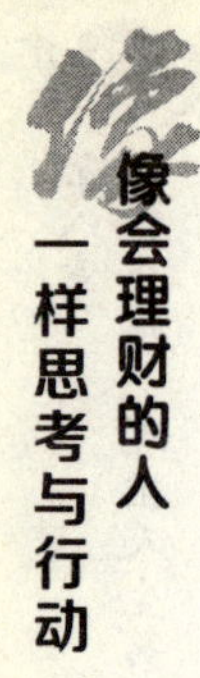

推出便很受欢迎，供不应求。圣诞节前后，阳光罐的需求量更是显著提高。由于出货量太少，许多客户都上门来等货，有的直接叫自己公司里的人来小明的出租屋一起帮忙组装，这样小明每天赚上万元。

到了2010年，小明公司的销售额已达到了3000多万元，个人资产达到了600多万元。世道艰难、工作太累、赚钱不易，好多女人也想到了创业自己当老板，但是巧妇难为无米之炊，没有钱便寸步难行。遇到好的项目时，你也可以像小明这样，先用信用卡解一下燃眉之急，这也是一条出路。

聪明的朋友如果懂得好好利用信用卡，那么这张卡不但不会“卡”住你，还可以为你带来更多投资理财的方便，让你“享受”到许多惊喜呢！

张先生是一个白领。他办有两张信用卡，一张和工资卡挂钩，另一张离家不远就有还款网点，这样可以便于还款。张先生将这两张卡的还款日期分别定为相隔半个月，前半个月可以用月底还款的这张信用卡还款，后半个月则用月前的这张还款，这样就可以享受到最长的免息期。

对于超过5000元的贵重物品，在消费时张先生会选择支付一定金额的手续费分期付款。另外，张先生还养成了随时记账的好习惯，他每个月都会提前检查自己的欠款额，这样可以保证每个月都能全额还清。由于张先生一直保持良好的还款信用记录，银行已经多次为张先生提高信用额度。

可见，在巧妙地使用信用卡的同时，张先生没有让银行得到一分利息。

小李有一张工商银行信用卡，9月账单为5000元，而他刚好一时手头紧张，没有了足额还款的钱。按照银行规定，如果小李能够在10月25日归还500元，就可以达到最低还款额，但是，小李必须得向银行支付每日万分之五的利息。这个利息有多少，我们简单算一下就知道了，如小李10月25日归还3000元，11月10日归还2000元，产生利息共计154元。154元说多不多，说少也不少。有一种办法能让小李节省不少利息，那就是在10月25日归还3000元后，直接用信用卡取现2000元，然后再存回去，这样就完成了全额还款，而到11月10日再还2000元，需要支付利息15元，相比就节省了90%的利息。

以上两个例子告诉我们，信用卡也有妙用，只要你能掌握好其中的规则，不但不会给你增添负担，还可以帮助你很好地理财。此外，你要想做一名真正的“卡神”，用信用卡也可为你节省下大笔开支，让生活过得更滋润、更惬意。那么，信用卡是如何省钱的呢？我们为大家总结了以下招数：

1. 关注商家活动

为抢占市场的有利先机，各个银行都争先恐后推出自己的信用卡促销优惠的活动。目前，银行推出的最普遍的用卡促销活动，无外乎都是商场品牌促销、用餐打折、商旅分期等一些活动。

一般情况下，每家银行会选择在节假日与商场进行合作，推出用信用卡购买指定商品可以享受折扣优惠的活动，持卡人只要留意银行定期寄来的宣传单页或商场的宣传广告就可获得该类信息。比如在 2011 年 9 月的时候，某银行推出的刷该行信用卡购买欧莱雅护肤品套装可享受 3 折的优惠，这对很多白领女性来说，确实是一个惊喜。还有刷卡用餐打折，也是银行长期以来所推出的优惠活动之一。持卡人使用信用卡，不仅可以提前预约座位和车位，还可以享受 8 折至 9.5 折不等的价钱折扣，有的餐厅还会赠送精美礼品或者是酒水。

除此之外，商旅分期是最近比较热门的一项信用卡促销活动。银行会与信誉度高、规模较大的旅行社进行合作，推出国内和国外的多条旅游精品路线供持卡人选择，而且商旅分期的价格也是相当优惠的。这样一来，持卡人就不必再为挑选哪家旅行社而苦恼了，也不必为手头流动资金不足而担心了。

2. 巧免汇款费用

信用卡的使用在国内没有本地和异地之分，如你在北京申办的信用卡，拿到上海去使用就没有任何的区别。这么一来，对于经常出差的女性朋友来说，使用信用卡消费和取现就可以节省一笔不小的手续费。还款时多缴的资金或存放在信用卡账户内的资金为溢缴款，该笔款项可增加持卡人的可用额度，或直接用于消费还款。如今，在竞争非常激烈的信用卡市场，许多家银行（比如民生卡和工行牡丹卡等）对持卡人取出溢缴款都不再收取任何手续费，聪明的女人就可以利用这一条款来为自己谋些小小的收益。

3. 巧用信用卡“赚钱”

持卡人还要学会用信用卡“赚钱”。在国内部分银行规定使用信用卡购买机票可以获赠航空意外险，经常坐飞机的持卡人可以因此节省一笔不菲的保险费开支。为了鼓励持卡人刷卡，很多银行规定刷卡多少次就可以免下年的信用卡年费，因为消费金额是没有限制的，所以购物时要养成大额小额均刷卡的习惯。同时，利用信用卡也可以购买基金、人民币理财、信托产品，等等，也可以申请开通综合理财账户，这样，卡里的资金超过一定额度就会自动转为定期存款或通知存款，在你取款或消费时，银行系统会自动支取活期存款或损失最小的定期存款，从而使你的信用卡里的资金实现收益最大化。

另外，还可以让信用卡成为你的管家，家庭中需要缴的水电费、煤气费等这些烦琐事务通常让家庭主妇们很是头疼，现在很多银行都开通了银行卡“管家”的这项功能，可以授权银行自动从卡中扣收水电、煤气、电话、手机等日常生活的费用，甚至可以自动定期定额地向老人以及在外地读书的学生账户划转赡养费和学费等。如今，时间就是金钱，节省时间就等于是在“赚钱”。

4. 信用卡积分要利用

从目前情况来看，每逢黄金周，刷信用卡购物时总会优惠多多，信用卡积分翻倍、积分兑换现金都是各大银行黄金周促销的热门活动。例如民生银行，在某年的国庆节期间，如果你在该行名录上的商家进行刷卡消费，就可获得 9 倍的积分。而与此同时，招商银行则推出了“25 分 =1 块钱”的主题活动。

不过需要注意的是，信用卡积分的有效期是不尽相同的，而且认清积分累积规则也是非常重要的。目前，除招商银行规定消费 25 元人民币或消费 2 美元累计 1 分外，大多数银行的积分政策都是消费 1 元人民币积 1 分的政策。

5. 充分享用增值服务

银行的信用卡促销活动是随每月的对账单一起寄到持卡人手中的。你在收到对账单后，花上几分钟的时间仔细阅读相关内容，也可以登录所持信用卡的银行网站，了解信用卡优惠活动的详情。

比如中国银行的中银信用卡就有涵盖餐饮、娱乐、健身、购物等多方面的特约优惠商户，持卡人可凭中银信用卡卡号享有携程旅行网会员的待遇，还有神州租车公司的特别租车优惠服务等多项服务。

6. 巧用联名卡

很多银行为了加强与商户的联系，往往会推出联名卡。这类卡的好处就是除了可以换取消费积分，最重要的就是购物时可以打折。这种折扣不同于商家的日常促销，联名卡的性质跟会员卡的性质基本上是一致的。

7. 利用信用卡指导理性消费开源节流两不误

保留好每次消费的单据，再与银行对账单逐笔核对，逐笔分析，每一次对账就是对个人消费的一次“大检查”，对账完毕就可以知道自己还存在哪些不理性的消费行为，才能知道哪些可以延后消费，哪些根本就不应该消费，在以后的消费中可以做到心中有数，慢慢地使购物消费变得容易控制。

现在很多银行在发放较大额度的贷款时（如房贷、车贷等）首先考虑的是客户的信用状况、还贷能力，良好的信用记录，等等，这些不仅能给自己带来更高的信用额度，而且在审批个人贷款时会比没有信用记录的人享受到好的优惠和较简便的手续。

8. 按期还款不取现最划算

根据每家银行对信用卡的统一规定，如果你在免息还款期内仅归还部分借款但高于最低还款额，银行将收取持卡人全部透支款的利息，而并非未归还部分借款的利息。这就意味着你放弃了免息还款的待遇。而透支款日利率为万分之五，即年利率为 18%，这是非常高的利率。

为避免忘记还款而带来的利息负担，你最好使用信用卡的自动还款功能。自己在申请信用卡的同时也申请一张储蓄卡，然后再与银行签订一个还款协议，在免息期的最后一天，由银行自动从你的储蓄卡中扣款。目前中国银行、招商银行、农业银行等多家银行均有此项业务。

信用卡还款“零手续费”小锦囊

现在信用卡的还款方式有很多种，但是人们还是普遍倾向于都选用银行的柜面和ATM机还款，但是这两种方式均需要到银行网点办理。如果是网点较多的国有银行，你涉及跨行转账或取款时，在交易千元以上金额时收取的手续费是10～50元不等。但如果像网上银行、手机银行以及便利店自助还款等新兴的还款方式，由于这些新兴的还款方式还处于业务推广的阶段，不少银行都在大打优惠战，手续费不仅打折还有可能全免。以下介绍几种还款锦囊。

1. 手机、网上银行手续费比银行柜面低

经过调查，大部分银行在使用手机和网上银行跨行转账时的手续费都要比在柜面上低。比如交通银行，无论是同城还是在异地，使用网银跨行转账一律收取转账金额0.2%的手续费，最高是20元，是柜面转账手续费的一半。而使用手机银行的手续费则更低，跨行转账只收取0.15%的手续费，异地跨行转账只收取0.3%的手续费，最高是15元。

手机银行和网上银行因为考虑到网络安全的原因，一般都有日均转账的上限额度，大多数银行一天汇款金额最高5万元。不过对于大多数“刷卡族”来说，信用卡消费一般不会高达5万元。

2. 便利店还款“0”手续费但耗时长

这种业务是通过一个自助刷卡终端为用户提供信用卡跨行还款服务，持卡人使用任意一家银行的银联储蓄卡都可以向已经签署合作协议的银行信用卡还款，并且无需支付跨行转账的手续费，但所需的转账时间较长。

不过需要注意的是，如果要采取这种还款方式，最好提前3日还款，以免因转账延误而产生逾期还要缴纳滞纳金。此外，在使用这项业务时，最好还要先了解一下该行的信用卡是否支持此类交易。

3. 巧用“银结通”

如果你担心网络安全的问题，在我们最常用的柜面还款也可以有省钱的办法。支持“银结通”的银行主要有民生、平安银行、招商、兴业等股份制的一些银行。只要到贴有“银结通”标志的银行网点柜台，就可以向支持该业务的银行信用卡还款，包括现金还款和跨行转账还款两种，都不需要收取任何的手续费。不过，目前此业务只适用于签订协议的部分股份制银行，网点较多的大银行还没有添加这项业务。

不可踏入信用卡收费的陷阱

随着信用卡支付环境的不断发展，信用卡已经成为很多女性朋友们生活必不可少的支付工具。如何避免不必要的费用就成了一个重要的问题。在使用信用卡的过程中，存在着许多收费的“陷阱”。如果你不仔细注意，很可能会因此带来不必要的损失。以下介绍几种常见的信用卡收费陷阱。

1.“休眠”成透支

通常，银行会对信用卡收取几十元到几百元不等的年费。有些人长时间不用信用卡，就把这“休眠”卡年费的事给忘记到脑后了。这样一来，一旦卡内的余额不够支付年费，银行便会按透支处理，并将此记入征信系统，影响持卡人的信用。

2. 超时还款破费多

如果你没有按时还款，信用卡的各种费用可能会让你大吃一惊，你应该赶紧了解清楚，这样才不会让自己破费。

（1）滞纳金。如果你在还款日没有及时缴纳信用卡最低还款额，那么最低还款额中的未还部分，你仍需要缴纳滞纳金。例如，你需要还款1万元，最低还款额为1000元，如果你只还了600元，那未还的400元还需要缴纳滞纳金。多数银行对滞纳金的收费标准是“最低还款额未还部分的5%”，很多银行还对每笔的最低、最高定了相应的标准，从1元到500元不等。

（2）循环利息。如果你不能及时还款，银行除了收取滞纳金外，还会相应的收取循环利息，这笔利息基本要全额收取。例如，假如应还款1万元，而你只还了9000元，多数银行会是按照1万元计息收取的。利率基本以日利率万分之五来计算，折算成年利率便高达18%，如果你不想成为“冤大头”，最好是盯紧自己的还款账户，不要因为差一分钱，而支付几百元甚至是更多的利息。

（3）超限费。节假日的“血拼”很容易让人把卡“刷爆”，多数银行的信用卡会有10%左右的超限额度，而且会按照超限金额的3%～5%来收取“超限费”。如果你的信用卡额度仅有1万元，而你却多刷出了1000元，那么在到期账单中，你将要花掉一笔额外费用来填补这个“超限费”。

（4）临时额度费用。一些银行会在节假日期间为持卡人临时调高透支额度，而且往往要求持卡人临时调高的额度要一次性还清，不可分期还款，否则就要收取费用。例如，临时额度增加了1万元，如果你花掉了这些钱，而且没有按时还款的话，那你很可能要支付高达几百元的临时额度费用。

此外，每个银行计算免息期的方式各不相同，计算的繁易程度也各不相同。所以，在使用信用卡之前一定要仔细阅读用卡指南。

保险是有保障的理财方式

现代社会是一个异彩纷呈的多元化社会，每个人在享受她的繁华的同时，又深深地感受到个人前途的不确定性和各种风险的存在，而买保险已经成为现代人必不可少的一种选择。

曾经有这样一个关于保险的小故事，说的是一个失事海船的船长是如何说服几位不同国籍的乘客抱着救生圈跳入海中的故事。这位船长对英国人说这是一项体育运动，对法国人说这是一件很浪漫的事，对德国人说这是命令，而对美国人则会保证你已经被保险了。

正如故事中所讲的，保险在美国，不管是国家元首，还是明星大腕，或者是平民百姓，都是其生活中不可缺少的一部分，就像饮食、居住一样，是生存中必要的一部分。

从经济的角度来看，保险是分摊意外事故损失的一种财务安排，通过保险被保险人的损失由所有被保险人分摊；从社会的角度来看，保险是社会经济保障制度的重要组成部分，是社会生产和社会生活“精巧的稳定器”；从风险管理角度来看，保险是风险管理的的一种方法，起到分散风险、消化损失的作用。

一位著名学者谈及保险时曾经这样说过：“保险的意义，只是今日做明日的准备，生时做死时的准备，父母做儿女的准备，儿女幼小时做儿女长大时的准备，如此而已。今天预备明天，这是真稳健；生时预备死时，这是真豁达；父母预备儿女，这是真慈爱。能做到这三步的人，才能算做是现代人。”

保险是理财，不是投资。我们经常看到人们在计算现在买的保险分红是多少、将来可以赚多少钱。其实保障是有成本的，拿钱来买保险比把钱放到任何投资渠道的回报来得都要低得多。如果你想要投资赚钱就不要买保险，买保险赚钱的可能性只有一个，就是在交费过程中会发生风险。换句话说，保险是不可以计算的，能算得出来的都不叫保险。

保险是理财，不是储蓄。许多人买保险，都在和银行的储蓄作比较。你把钱放到保险公司和存到银行所起作用是不一样的，存在银行你拿到的是利息，而保险公司给你的是你应有的保障。储蓄是存几万块钱得到几百元的利息，而买保险是存几百元的钱却能得到几万元的保障。那么，如果我们把储蓄得到的几百元的利息拿出来再投资到保险上，那我们的资金岂不是保值、增值了几十倍。

保险永远没有最好的，只有适合自己的。所以选择保险时要遵循以下几个原则：

1. 量力而行：购买保险的投入资金必须与家庭的经济状况相适应

要根据家庭现在的收入水平，预估未来的收入能力，并计算收支的结余。这样，才能确保您的保险不会出现无力支付而遭受的损失的现象，也不会出现保险投资比率不足的情况。

2. 按需选择：根据家庭所面临的风险种类选择相适应的险种

现在针对家庭与个人的商业险种非常的多，并不是每一个险种都适合你。例如，家庭中男主人是主要的收入者，且从事危险程度较高的工作，如像高空作业之类的，则这个家庭的首要买的保险可能就是关于男主人的生命和身体相关的保险。

3. 优先有序：重视高额损失，自留低额损失

确定保险需求的首要考虑是风险损害的程度，其次是发生频率。损害大、频率高的损害优先考虑保险。对一些较小的损失，在家庭承受范围之内的，一般不用投保。实际上保险一般都有一个免赔额，如果低于免赔额的损失保险公司是不会赔偿的，所以，我们在投保时需放弃低于免赔额的保险。

4. 合理组合：把保险项目进行合理组合，并注意利用附加险

许多保险除了主险外，其他的都带了各种的附加险。当你购买了主险后，如果有需要的话，可顺便买其附加险。这样的好处就是：其一，避免重复购买多项的保险；其二，附加险的保费相对于单独保险的保费一般较低，同时也可以给自己节省保费。所以综合考虑各保险项目的合理组合，既可以得到全面保障，又可以有效利用资金，一举多得。

常见保险种类知多少

“天有不测风云，人有旦夕祸福”，在每个人的一生中都要面对生老病死的威胁，如果你能够在事前做好保险规划，就可以避免突发事件给个人或者家庭带来财务的危机。所以，在买保险前，一定先全面的了解保险的种类。

1. 人寿保险

人寿保险是人身保险的主要类别，是一般家庭都重点考虑的险种。投保人寿保险，即可获得对未知风险的保障，使投保人在碰到意想不到的伤害时，本人或家庭可以得到经济上的补偿，从而可以确保家庭经济的稳定。

人寿保险除名目众多，目前市场上主要有普通人寿保险和特种人寿保险。普通人寿保险包括死亡保险、生存保险、两全保险和年金保险；特种人寿保险主要有简易人寿保险和团体人寿保险。

2. 意外伤害保险

意外伤害是指遭受外来的、突发的、非本意的、非疾病的使身体受到伤害的客观事件。意外伤害保险是指在保险期内一旦遇到意外而死亡、永久性伤残、支出医疗费用或暂时丧失劳动能力所获得的保障。

意外伤害保险最好和人寿保险搭配一起投保。保费低廉的意外伤害保险只是针对短期性质的安全风险提供了保障，在过期没出事时保险自然失效。在经济条件许可下最好把意外险附加在一个适当的人寿险里面。我们每一个人都要有一个完整的保险计划，除了保障生命安全外，还能兼顾疾病、年金、养老、医疗等各种的问题，使自己和家庭有一个全面而长久的保障。

3. 医疗保险

医疗保险即医疗费用保险，主要包含门诊费用、药费、住院费用、护理费用、医院杂费、手术费用以及各种检查费用等。而保险公司所提供给我们的医疗保险的常见品种有普通医疗保险、住院保险、手术保险、特种疾病保险、住院津贴保险和综合医疗保险。

4. 家庭财产保险

家庭财产保险是承保因自然灾害和意外事故引起的对家庭或个人所有财产的损害。主要包括普通家庭财产保险（如家电、家具等）、房屋保险（包括房屋本身及内部附属设备，如暖气、供电设备等）以及机动车辆保险（指汽车、电瓶车、摩托车、各种专用机械车、特种车辆等）。

5. 社会养老保险

我国养老保险体系分为3个层次。

（1）基本养老保险：是按照国家统一政策规定强制实施的为保障广大离退休人员基本生活需要的一种养老保险制度。

（2）企业年金：即企业补充养老保险，是企业根据自身的经济实力，在国家规定的实施政策和事实条件下为本企业职工建立的一种辅助性养老保险，由国家宏观指导，企业内部决策执行。

（3）保险公司的个人养老保险：是由职工个人自愿参加、自愿选择经办机构的补充保险形式。

6. 旅游保险

休假去旅游是放松心情的好办法，为了不影响这难得的好心情，最好是购买一份旅游保险。若遇上盗窃或意外发生的话，需在事发当地取得有关证明才能回来申请赔款。

找到适合自己的保险规划

保险，是每个人的人生中不可或缺的“防火墙”，而它的构建，对于不同人生阶段的女人来说，也是不一样的。

每个买了保险或者即将买保险的女性朋友都应该知道：随着年龄的增长，家庭的发展，自己拥有的保险品种、保险金额也要随之变动。

1. 小青年：意外险为主，养老险为辅

女人 20 ~ 30 岁，初涉职场，大多数为单身贵族，年轻美丽、活泼健康，但还是要为自己未雨绸缪。理财专家建议这个阶段的女性应该优先选择消费性质的保障型险种，如重大疾病、意外伤害等险种。另外，如果在资金允许的情况下，也可以考虑未来的养老问题，提早准备日后一定会有意想不到的收获。

总体来说，这个年龄段的女性收入较少且不稳定，抵抗外来风险的能力较强，但也很容易遭受到意外伤害的侵扰。因此在这个阶段，比较标准的保险配置是：意外险为主，养老险为辅。

2. 育龄期：生育险和人寿险并重

女人在进入 30 岁以后，工作和收入都基本上都是比较稳定的，大多数女性朋友都已经建立了属于自己的温馨小家庭，在进入了生育期时，有的已经当上了妈妈，有的正准备当妈妈。对这个年龄段的女性朋友来说，为了生一个聪明健康的宝宝，应该投保生育险或母婴险。

这个阶段的女人，家庭和工作上虽然是比较稳定的，但她们的压力也都比较大，所以一定要购买人寿保险。投保寿险的时候，要注意填上身故受益人，不要不填或只写上“法定”两个字，以免将来引起遗产纠纷。夫妻同时投保的话，要写明夫妻双方互为受益人。老公是被保险人，则受益人是太太；太太是被保险人，则受益人是先生。这就叫作夫妻互保。如果有孩子的话，可以把孩子的名字一起填上，如果当时还没有孩子，可以等到孩子出生后再把孩子的名字加进来。

3. 人到中年：注重重大病险和养老险

进入 40 岁以后的中年女性，由于女性特殊的生理结构，在这一阶段很多女性周期病都开始相继发作，在这一阶段提高重大疾病险的保额就显得尤为关键。在身体危险信号产生时，可以获得保险公司的相关赔偿，避免对家庭的财务状况造成一定的影响。

由于这个年龄段的女性朋友大都达到了事业的巅峰期，无论收入还是储蓄都较为丰厚，所以，应该将之前欠下的养老保险都补全，再购买一些具有分红性质的险种，如投资连接险等，以作为后备使用。

4. 老年妈妈：保险相当于储蓄

进入 50 岁以后，无论你是男人还是女人，都不怎么讨保险公司的喜欢了。虽然老年人是最需要受保险保障的群体，但是由于身体情况的差异不同，使得很多保险公司都对老年险种都是避而不谈的，因此在这一阶段能够购买的险种也是少得可怜。当然，保险公司不会明着说不接受你的投保，但它们会大幅提高你的保险费率，让你自己知难而退。

这个年龄段的女人不太容易投保消费类或保障类的险种，不过，可以尝试着购买分红性质的保险，这基本上跟储蓄差不多。因此，50 岁以后的女人转向储蓄型的保障方式比较切实可行。

5. 耄耋之年：还本型终身保险

当你行将就木的时候，还买不买保险，保险公司会不会接受你的投保？在通常情况下，答案都是否定的。但有一种情况是例外的，那就是，如果你有一笔丰厚的财产需要传给你的子女，那么你可以投保还本型终身寿险，这时，保险公司就不会拒绝你的投保。对于你和保险公司来说，都不会有什么大的损失：你还可以合法地把财产转移给自己的子女，而且还不用交遗产税，保险公司则会因此获得一大笔短期流动资金。这种财产转移方式在国外被许多人采用，国内由于暂时还没有开征遗产税，所以还不怎么受关注。但提前告知大家一下也没什么坏处的，这样能让想买保险的人们又多了一些了解。

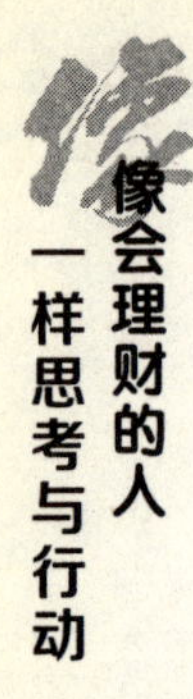

零股投资，以小钱赚大钱

大多数工薪阶层扣除必要花费其实已经所剩无几，想利用闲钱投资，难道只能买卖基金吗？你有没有算过，每个月有多少钱用于投资？事实上，对于工薪阶层来说，透过购买零股，也可以达到用小钱赚大钱的理想效果。

李女士是一名家庭主妇，平时闲在家里就理财赚钱。一开始接触零股，是为凑齐手上的“股儿子”，她从来没想过要买零股，觉得那么点股票，也不会得到什么收益。但几次交易后发现，投资零股反而比买股票基金更适合自己，因此她开始坚持投资零股。几个月下来，收入逐渐增长，感觉还不错。

生活中，很多人和李女士一样，一开始觉得“零股”只是蝇头小利，多少有些排斥的意思。其实不要小看零股的存在，事实上，零股的操作策略以及必须具备的态度、观念跟一整张的股票完全一样，但透过零股，不仅可以获得优厚的收益，也可以以小额资本参与大型投资，着实是不可错过的理财方式。一般说来，零股投资有四大优点：

（1）进场风险低。只需小成本就可以投资零股。

（2）单一成交价。零股当日成交价只有一个，我们不需时刻盯盘。

（3）可分散投资。相同成本买零股，如果我们配置买比买 1 张股票要更多元化。

（4）成交捡便宜。我们要知道，当日收盘价不一定就是零股成交价，有时会比收盘价更便宜。

了解了零股的优点，你就可以根据自身的经济情况来决定是否投资了。这是选择股票风险较低的一种投资方法，也是脱贫致富的好机会。其实不管你手上有多少余钱，零股都可以作为一种投资的策略。而且相对来说，零股风险小，在股市行情低迷时加码零股，看好时适度脱手，也是赚取不错收益的一种手段。

虽然只是零股，但只要持有公司的股票，就是公司的股东，每年遇到除权除息的时候，完全按照持股比例分配，而且零股的股东也同样可以参加股东会，领取相关赠品。

此外，我们还可以学习当“基金经理人”，不假他人之手，自行配置基金组合，不管是何种题材、概念的基金，都可以按照自己的偏好加以组合，既不需要支付基金的管理费，赎回也不用多余的成本，相当适合有主见的投资人。

另外，购买零股的成本可能比单买一只股票还要低很多。专家解释说，零股是在收盘之后撮合交易的，卖出者为了尽量成交，通常挂价会比现股略低。如果你计划购买零股，首先你要了解零股的下单步骤：

（1）挑选标的下单：每日开盘前都可下单，下单价格以收盘价最容易成交，但高度热门股可能会出现成交价高于收盘价的情形。

（2）等待撮合：零股交易是采撮合交易，采价格优先原则。

（3）回报结果：撮合后，交易结果会陆续回报，但非所有下单都保证成交。

（4）成交：可能全数成交或部分成交；不成交：若未成功成交，可请营业员继续挂单，直至完全成交。

其实，无论你选用什么投资方法，最重要的就是摆正心态。钱少有钱少的赚法，钱多有钱多的方向。而且，不要幻想一夜暴富，整天想着如何一口吃成胖子，而忽略这些虽小却有利可图的利好投资。

在最佳时机买入股票才有胜算

股市是一个高风险收益的投资场所，可以说股市中的风险无处不在，无时不有，而且也没有何方法可以完全避免这种风险。当然，作为投资者尤其是女性投资者买股票主要是买未来，希望买到的股票未来会涨。炒

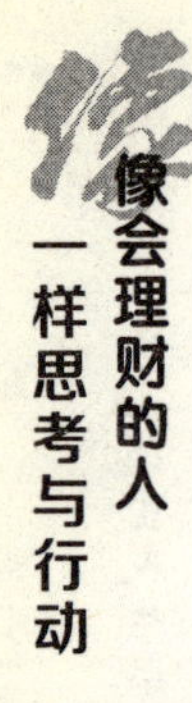

股时有几个重要的因素——量、价、时，时即为介入的时间，这是最为重要的。

有了好的开始就成功了一半，选择“买卖”的这个点十分重要，在好的买进点介入，不仅不会套牢，而且可坐享被抬轿之乐。而如果在错误的时机买入股票，定会损失惨重。经验告诉我们，你可根据以下几个方面来确定股票的最佳买入点。

1. 根据基本面判断是否买入

股市是国民经济的“晴雨表”。在国民经济持续增长的大好环境的作用下，股市长期向好，大盘有决定性的反转行情，坚决择股介入。

如果长期投资一只个股，那么要看它的基本面情况，根据基本面，业绩属于持续稳定增长的态势，那完全可以大胆地介入；如果这只个股有突发实质性的重大利好，也可选择时机介入，等待别人来抬轿。

2. 根据行业政策判断是否买入

根据国家对某行业的政策，以及这个行业特点、行业公司等情况，买入看好的上市公司，比如国家重点扶持的农业领域，在国家政策的影响下，农业类的具有代表性的上市公司就是买入的群体。

3. 根据趋势线判断是否买入短线

中期上升趋势中，股价回调不破上升趋势线又止跌回升日时是买入时机；股价向上突破下降趋势线后回调至该趋势线上是买入时机；股价向上突破上升通道的上轨线是买入时机；股价向上突破水平趋势线时是买入时机。

4. 根据消息面判断是否买入短线

当大市处于上升趋势初期出现利好消息，应及早介入；当大市处于上升趋势中期出现利好消息，应逢低买入；当大市处于上升趋势末期出现利好消息，就逢高出货；当大市处于跌势中期出现利好消息，短线可少量介入抢反弹。

5. 根据 K 线形态确定买入时机

（1）底部明显突破时为买入时机。比如，W 底、头肩底等，在股价突破颈线点时，为买点；在相对高位的时候，无论什么形态，也要小心为妙；另外，当确定为弧形底，形成 10% 的突破，为大胆买入的时机。

（2）低价区小十字星连续出现时。底部连续出现小十字星，表示股价已经止跌企稳，有主力介入痕迹，若有较长的下影线更好，说明多头位居有利地位，是买入的较好时机。重要的是，价格波动要趋于收敛，形态必然面临向上突破。

6. 根据成交量判断短线买入时机

（1）股价上升且成交量稳步放大时。底部量增，价格稳步盘升，主力吸足筹码后，配合大势稍加拉抬，投资者即会加入追涨行列，放量突破后即是一段飙涨期，所以第一根巨量长阳宜大胆买进，可有收获。

（2）缩量整理时。久跌后价稳量缩。在空头市场，媒体上都非常看坏后市，但是一旦价格起稳，量也缩小时，可以买入。

7. 根据移动平均线判断是否买入

（1）上升趋势中股价同档不破 10 日均线是短线买入的时机。上升趋势中，股价回档至 10 日均线附近时成交量应明显萎缩，而再度上涨时成交量应放大，这样后市上涨的空间才会更大。

（2）股价有效突破 60 日平均线时是中线买入时机。当股价突破 60 日均线前，该股下跌的幅度越大、时间越长就越好，一旦突破之后其反转的可能性也将越大。

当股价突破 60 日均线后，需要满足其均线拐头上行的条件才可买入。若该股突破均线后其 60 日均线未能拐头上行，而是继续走下行趋势时，则表明此次突破只是反弹的行情，投资者可以买入。

如果换手率高，30 日均线就是股价中期强弱的分界线。

8. 根据周线与日线的共振、二次金叉等现象寻找买入时机

（1）周线与日线共振。周线反映的是股价的中期趋势，而日线反映的是股价的日常波动，若周线指标与日线指标同时发出买入信号，信号的可靠性便会大增。例如周线 KDJ 与日线 KDJ 共振，常是一个最佳的买入点。日线 KDJ 是一个敏感的指标，变化快，随机性强，经常发生虚假的买、卖信号，使投资者无所适从。运用周线 KDJ 与日线 KDJ 共同金叉（从而出现“共振”），就可以过滤掉虚假的买入信号，找到高质量的买入信号。不过，在实际操作时往往会碰到这样的问题：由于日线 KDJ 的变化速度比周线 KDJ 要快很多，当周线 KDJ 金叉时，日线 KDJ 提前金叉几天，股价也上升了一段，买入的成本已抬高。为此，激进型的投资者可在周线 K、J 两线勾头、将要形成会叉时提前买入，以求降低买入的成本。

（2）周线二次金叉。当股价经历了一段下跌后反弹起来突破 30 周线位时，我们称为“周线一次金叉”。不过，此时往往只是庄家在建仓而已，我们不应参与，而是应保持观望的态度。当股价再次突破 30 周线时，我们称为“周线二次金叉”，这意味着庄家洗盘结束，即将进入拉升期，后市将有较大的升幅。此时应密切注意该股的动向，一旦其日线系统发出买入的信号，即可大胆地跟进。

可见，介入时间选得好，就算股票选得差一些，也会有钱赚。相反，介入的时机不好，即便你选对了股也不会涨，而且还会被套牢。那么当天的股票如何选择最佳买入时机呢？这里有几个建议供大家参考：

（1）待股价稳定，成交量萎缩时。在空头市场上，大家都看坏后市，一旦有股票价格稳定，量也在缩小时，可选择买入。

（2）底部成交量激增，股价放长红时。盘久必动，主力吸足筹码后，配合大势稍加力拉抬，投资者即会介入，在此放量突破意味着将出现一段飙涨期，若出现第一批巨量长红宜大胆买进，此时介入将十分利好。

（3）股价跌至支撑线未穿又升时可买入。当股价跌至支撑线（平均通道线、切线等）止跌企稳，意味着股价得到了有效的支撑。

（4）底部明显突破时可买入。股价在低价区时，头肩底形态的右肩完成，股价突破短线处为买点，W 底也一样，但当股价连续飙涨后在相对高位时，就是出现 W 底或头肩底形态，也少介入为妙，当圆弧底形成 10% 的突破时，方可大胆买入。

（5）低价区出现十字星。表示股价已止跌回稳，有试探性买盘介入，若有较长的下影线更好，说明股价居于多头有利的地位，是买入的好时机。

（6）牛市中的 20 日移动均线处。需要强调的是，股指、股价在箱体底部、顶部徘徊时，应特别留意有无重大利多、利空消息，留意成交量变化的情况，随时准备应付股指、股价的突破，有效突破为“多头行情”、“空头行情”；无效突破则为“多头陷阱”“空头陷阱”。

当然，股市上的绝大多数人希望直接将别人的方法拿来使用，甚至希望有个高人指点，或者盲目跟风。这种思维是典型的惰性心理。实际上，如果没有深厚内力和高超技艺来驾驭，就无法在股市风云中站稳脚跟。努力提升自己对市场的理解和认识，这是想在股市中有所造诣之人的唯一途径。

新手入汇在市场上赚到钱并不难

外汇市场是从事外汇交易和外汇投机的场所。随着网络时代的到来，外汇投资变得更加方便了，涉及的种类也越来越多。炒汇作为一种理财投资的方式，也被越来越多的人接受和有效利用，真正实现了以钱赚钱。

炒外汇主要还是需要自己更主动深入地去了解和学习，学习怎么交易操作，学习怎样去分析和判断。不能全部依赖平台或者是他人的指导，外汇投资交易比股票更灵活，学起来也是比较简单的。

小刘是一名东北男孩，算是有着两年“汇龄”的兼职汇民。在这之前，小刘从来没接触过任何有关外汇的知识。不过，在2002年美元走幅贬值的时候，颇具理财头脑的小刘猛然冒出了投资外汇市场的想法。

2003年，在小刘去新马泰旅行的时候，特意带回了3000多美元的现金。聪明的小刘并没有立马去银行兑换，而是在银行开设了一个“外汇宝”的账户。

刚开始的时候，小刘也学着别人的样子到银行的报汇价的大屏幕前认真观看各种数据和走势图。可实际上，对着那些花花绿绿的一大堆东西，小刘压根就看不懂。

后来，小刘开始向一些比较有专业权威的朋友请教。其中有一位“师傅”告诉他：“现在讲外汇的书不多，而且写的内容也都挺一般的，并不是很全面，你不如看看有关炒股的书。”还给他推荐了一套书。于是小刘就从最基本的K线图学起，逐步了解了各种技术指标、上升趋势、下降趋势等一些相关的知识。

现在，小刘一有时间就到外汇交易大厅报到，他认为，“与国内股市的高风险相比，国际汇市要规范许多，并且24小时的交易模式也让投资者时时都存在获利的机会。在现在的市场情况下，普通汇民每年获得10%左右的收益几乎是不成问题的。”

自从进入了汇市，小刘的生活就开始变得多姿多彩起来。就在去年的8月份，小刘在外汇市场上挣到了不少于15%的利润，他的小日子从此过得越来越滋润了。

初次投资的朋友虽然是新手，不懂得那么多的招数和那么多的套路，但这并不意味着不能大赚特赚。那些在外汇市场赚到大钱的人，除了一小部分是炒汇高手外，还有一部分就是初投资人士，想知道他们是怎么赚到钱的吗？

（1）与专业的并且经验丰富的投资基金合作，比如像索罗斯的一些量子基金。这些基金每年的收益率也是相当高的，与它们长期合作收益非常不错。

（2）把自己的钱交给一些有经验的基金公司的经理，让他们帮你打理，这些人的水平一般都较高，炒汇的经验非常丰富，而每年的投资收益率也会很不错。

（3）把钱投到与外汇市场相配套的公司，比如外汇经纪行、软件公司及培训机构等。外汇市场的火爆造就了与这些行业相关公司的繁荣。

在外汇这个深不可测的丛林里，单打独斗的结局多半都是被强大的猎物吃掉。要想在这个市场里生存下去，你就要学会跟别人抱团取暖。与有资金、有模式、有技术、有经验、有渠道的人互相结合，相互帮助，成立一个取长补短的团队，这样才能在险象丛生的汇市里淘到属于自己的金子。

投资者在决定投资外汇市场时，应该仔细考虑投资的目标、经验水平和承担风险的能力。在外汇市场上遭受一部分或者全部初始投资的损失的可能性都是存在的，因此不应该以不能全部损失的资金来进行投资，并且还应该留意所有与外汇投资相关的风险情况。否则，不控制风险，随意地操作，想要从外汇市场上赚钱那简直是天方夜谭。要控制风险就要做好投资计划，设立好止损点，坚持操作纪律，顺势而为，巧妙解套。

1. 制订投资计划

这是投资者最重要也是最经常性的工作之一。在外汇投资过程中，如果你没有投资计划就盲目地行动，最终的结果就是损失惨重。

美国投资大师巴菲特曾说过，他可以大谈他的投资哲学，有时候也会谈他的投资策略，但他绝不会谈他的投资计划。因为，那是最重要的商业机密，是核心竞争力的集中体现。每个投资者水平如何，业绩差异有多大，最终都要落脚在你的投资计划上。由此可见投资计划在外汇投资中是多么地重要。

2. 顺势交易是外汇市场制胜的秘诀

人们在买卖外汇时，常常是片面地着眼于价格的浮动而忽视汇价的上升和下跌的趋势。当汇率上升时，价格就越来越贵，越贵就越导致不敢买；在汇率下跌时，价格就会越来越低，越低就越觉得便宜。因此，在自己实际交易时往往都会忘记“顺势而为”的格言，成为逆市而为的错误交易者。

缺乏经验的投资者，通常在开盘买入或卖出某种货币之后，一见有盈利，就立刻想到平仓收钱。虽然获利平仓做起来似乎很容易，但是捕捉获利的时机却是一门很大的学问。通常一些有经验的投资者，往往会根据自己对汇率的走势判断，从而决定平盘的时间。如果他认为市场的走势会进一步朝着对他有利的方向发展，那么他就会耐着性子，明知道有利而不赚，任由汇率尽量朝着自己更有利的方向发展，从而使利润继续延续。一见小利就平盘不等于见好即收，到头来，搞不好会盈少亏多。

3. 市场不明朗绝不介入

在外汇市场上，没有必要每天都入市炒作，特别是在外汇市场情况不明朗的时候，一定要学会等待。初入行者往往都热衷于入市买卖，但成功的投资者一般则会等机会，当他们入市后感觉到一定疑惑时他们亦会先行离市。他们在外汇交易的时候，一般都秉持着“谨慎”的策略。在进行外汇交易时切忌用赌博的心态来进行交易，如果你是用赌博的心态的话，十有八九是要输的。孤注一掷的交易方式往往会伴随着亏损，做外汇交易，也是需要稳扎稳打的，只有看准机会，才可以大笔地投入资金。而且，外汇保证金的交易方式具有杠杆放大的效果，这样盈利当然可以放大，但与此同时亏损也就同样会被放大。如果投资者盲目地入市，遭遇巨大亏损的可能性就会非常大。

4. 止损是炒汇赚钱的第一招

不可预测性和波动性是市场最根本的特征，这是市场存在的一个基础，也是交易中风险产生的原因，这是一个市场本身固有的特征。在交易中永远没有确定性，所有的分析预测仅仅只是一种可能性，根据这种可能性而进行的交易自然也是不确定的，而这种不确定的行为必须得有一定的措施来控制风险的扩大，而止损就是最得力的措施。

止损是人类在交易过程中自然产生的，是投资者保护自己的一种本能反应，然而市场的不确定性造就了止损存在的必要性和重要性。一些成功的投资者可能有各自不同的交易方式，但止损却是保障他们获取成功的共同特征。

5. 建仓资金需留有余地

外汇投资，特别是外汇保证金交易的投资，由于采用的是杠杆式的交易，资金放大了很多倍，资金的管理就显得非常重要了。满仓交易和重仓交易者实际上都是在赌博，最终的结果必将会被市场所淘汰。所以，在外汇建仓资金一定要留有余地。

6. 交叉盘不是解套的“万能钥匙”

做交叉盘是外汇市场上实盘投资者常常使用的一种解套方法，在直盘交易被套牢的情况下，很多投资者都不愿意止损，而是选择交叉盘来进行解套操作。

交叉盘，也就是不含美元报价的货币，比如欧元 / 英镑、英镑 / 日元等都是交叉盘，平时多数投资者都喜欢看直盘，其实在交叉盘上机会也是有很多的，尤其是在被套牢的时侯，转做交叉盘会更加灵活一些。如果投资者做多欧元的话，美元被套，那他可以考虑做交叉盘来解套，方法是将头寸转换到比欧元强势的货币上。比如在欧元 / 英镑中，欧元在跌，英镑在涨，那么就可以转换为英镑，以此类推，可以转换为日元、澳元等，待获利后再转向欧元，持有的欧元数量增加，则视为成功交易。

通常情况下，交叉盘的波动幅度都要大于直盘，走势相对来说也比较简单明快，再转做交叉盘时常常会有出人意料的收获。当然，交叉盘的波幅大，机会多，但同样风险也是很大的。

7. 自律是炒汇成功的保证

自律就是以一定的标准和行为规范指导自己的言行，严格要求自己和约束自己，因而在种种诱惑面前，能守得住规矩。说得简单一点，自律就是自己监督、制约、控制、规范以及严格要求自己。

回报稳定的国债是家庭理财的重要部分

随着2008年国际金融市场低迷拖累，股票、基金、银行理财产品等众多曾受到市民青睐的投资品种都已风光不再，而在大牛市时一度被冷落的国债又重新变得抢手。因为其稳定的回报，是保守型投资者一个不错的选择。

国债又称公债，是政府举债的债务。国债是通过证券经营机构间接发行，投资者购买国债可到证券经营机构购买。国债的品种不同，其购买方式也不同，其中无记名式和凭证式国债的购买手续比较简便，记账式国债的购买手续相对复杂一些。

国债指的是中国财政部代表中央政府发行的债务凭证。国债相当于一个借据，即你把钱借给中央政府，政府给你一个借条或者在电脑上做个记录。国债因为有国家的信誉做担保，所以安全性是所有债券中最高的。

可以说，购买国债比定期存款要好。在相同的情况下，如果你选择定期存款，还不如选择购买国债。一方面，国债的利息虽然在债券当中属于最低的，但还是会高于储蓄；另一方面，有国家做后盾，它本身的安全性很高，其收益稳定性也是可想而知的。把钱存在银行还不如借给国家，在为国家作贡献的同时还得到了高利率作为自己的报酬。因此，在许多投资者看来，国债就是“金边债券”，收益最稳定。国家每次发行的债券，都能得到老百姓的极力追捧。

具体来说，国债可分为以下几种形式：

（1）记账式国债：记账式国债又名无纸化国债，准确定义是由财政部通过无纸化方式发行的、以电脑记账方式记录债权，并可以上市交易的债券。

（2）凭证式国债：是一种国家储蓄债，可记名、挂失，以凭证式国债收款凭证记录债权，可提前兑付，不能上市流通，从购买之日起计息。而且凭证式国债还具有国家的信用担保。

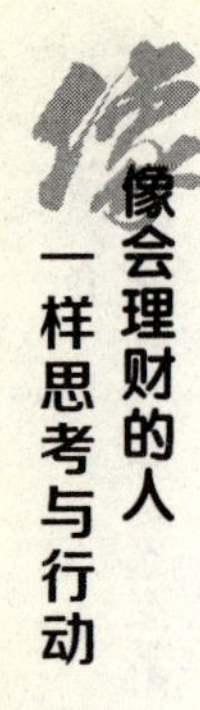

（3）储蓄国债：也称电子式国债，是政府面向个人投资者发行、以吸收个人储蓄资金为目的，以电子方式记录债权的，满足长期储蓄性投资需求的国债品种。不记名、不挂失，不可流通，不可上市交易。持有半年以上可以提前兑取，但会损失利息并支付1‰的手续费，可以质押贷款和非交易过户。相比于凭证式国债的单利计息，多数电子式储蓄国债按年支付利息，每年在付息日将利息拨付到投资者指定的资金账户，最后一次付息时一并偿还本金，转入资金账户的利息作为居民存款，按活期存款利率计付利息，属于复利计息。

而今，购买国债，因为它的回报稳定，打理简便，已经成了一种十分普遍的理财方式。目前市面上常见的国债形式有如上三种，一般普通投资者购买最多的是凭证式和电子式国债，两种国债各有特点，购买国债之前你一定会被反复灌输国债流动性如何差的观点，其实，未必有你想的那么差，关键是要看适不适合。

记账式国债因可上市交易，故流动性最好，但不可提前兑取，可通过上市交易、低买高获取资本利得。凭证式国债和（电子）储蓄式国债均可以提前兑取，按当期国债规定付息、支付手续费，可以用于质押贷款，但不可上市交易。

通过对比我们可以看出，持有同期限的两种不同国债，采用复利计息的（电子）储蓄式国债提前兑取可以获得更多的利息。但如非特殊情况，国债应持有到期。

工行、农行、中行、建行、交行、中信银行、光大银行、华夏银行、浦发银行、兴业银行、招商银行、平安银行、民生银行、汉口银行、恒丰银行、邮政储蓄银行都可以购买。具体购买流程可以咨询对应银行的客服热线。

那么，凭证式国债与电子式国债有哪些异同点呢？

两者的相同点为：

（1）起购金额为100元，增加金额以100的整数倍递增。

（2）由财务部统一面向个人发行，不可流通，实名制，可质押贷款。

（3）在购买国债的时候，利率已知，债券到期前不随市场利率变化。

（4）可通过银行柜台或网络银行购买。

（5）可提前支取，需缴纳兑取本金的1%作为手续费。

两者的不同点在于：

凭证式国债，债券到期收益，一次性还付本息，每年付息。而电子式国债提前兑取时，收益计息方式，按持有时间分档计算，按票面计息并扣除一定天数利息。

总的来说，购买债券也并非如人们想象的那样只赚不赔，如果操作失误的话，不仅不能获利，还可能给自己带来一定的金钱损失。所以在购买国债时，我们要根据自己的实际情况来选择不同种类的债券。下面详细说明一下凭证式国债和记账式国债在购买前后，如何规避风险：

1. 凭证式国债：规避利息税品种

凭证式国债从购买之日起计息，可以记名，可以挂失，但不能流通。凭证式国债能够为购买者带来固定且稳定的收益，但是购买者需要弄清楚的是如果凭证式国债想要提前支取的话，如果是在发行期内，是不计息的，如果要在半年内支取，则按同期活期的利率计算利息。值得我们注意的是，国债提前支取还要收取本金千分之一的手续费，这样一来，投资者在发行期内提前支取时，不得不付这笔手续费，那这样的话就不如进行储蓄来得划算了。

所以，对于资金使用时间不确定的人来说，最好不要买凭证式国债，以免因提前支取而损失了钱财，但相对来说，凭证国债的收益还是很稳定的，如果是在超过半年后提前支取，其利率就会高于储蓄存款提前支出的活期利率，同时没有利息所得税，到期利息也会多于同期储蓄所得的利息。所以，凭证式国债更适合长期不用的资金。

2. 记账式国债：宜做短线波段

记账式国债是财政部通过无纸化方式发行的，以电脑记账的方式记录债权并可以上市交易的一种国债。记账式国债可以自由买卖，其流通转让比凭证式国债更安全、更方便，同时更适合做3年以内的投资理财产品，而且收益与流动性都强于凭证式国债。

记账式国债的净值变化是有规律可循的，其净值变化的时间段主要集中在它发行期结束和开始上市交易的初期。在这个时段，投资者所购买的记账式国债将有较为明确的净值显示，可能会获得资本溢价收益，也可能会遭受资本的一定损失。如果投资者是在发行期购买记账式国债，就可以规避国债净值波动带来的一些风险。

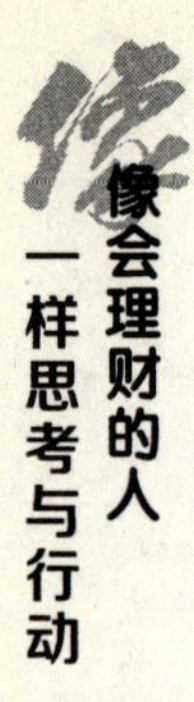

记账式国债在上市交易一段时间后，其净值便会相对稳定在某个数值上。而随着其净值变化的稳定，投资国债持有期满的收益率也将会相对稳定，但是这个收益率是由记账式国债的市场需求所来决定的。对于那些打算持有到期记账式国债的投资者来说，只要避开国债净值多变的时段投资购买，各种记账式国债的收益率相差不会太大。

此外，个人不宜买短期的记账式国债。如果时间比较长，一旦市场有变化，记账式国债暴跌的风险就会十分大。相对来说，由于年轻投资者对信息化及市场变动比较敏感，所以它更适合年轻的投资者购买。

期货，圆你以小博大的发财梦

期货是最早出现的一种投资手段，但是在股票、基金盛行的今天，很长一段时间以来，期货似乎从热潮中销声匿迹了。但是，作为以小搏大的投资方式，期货仍然保留其最具竞争优势的特点，对于想以投资致富的人来说，也是在投资理财中一把有利的投资“钥匙”。

2003年以来，小段就一直在做期货，至今已经6年了。前几年都没什么建树，还零零碎碎地亏了不少钱，好在本钱自始至终也没多少，仔细算下来，共亏了5万左右。从2005年开始，小段的形势开始好转，渐渐转败为胜，胜多败少。2005年8月，小段账户上开始出现了正增长，至目前为止账面已达到20多万了。小段很高兴，认为期货做熟了，赢回的钱比亏损的要大得多。

小段的例子告诉我们，若能掌握其中的规律，期货还是大有“钱途”的。而随着金融危机的来临，原本已经被遗忘的期货正在逐渐回到人们的视野中。

期货投资是相对于现货交易而言的一种交易方式，它是在现货交易的基础上发展起来的，通过在期货交易所买卖标准化的期货合约而进行的一种有组织的交易方式。期货交易的对象并非商品本身，而是商品的标准化合约，也就是标准化的远期合同。

期货投资业务很广泛，从个人投资者到银行、基金机构都可成为参与者，并在期货市场上扮演各自的角色。我们通常将期货投资业务分成三大类。

1. 稳健性投资，即跨市套利、跨月套利、跨品种套利等套利交易

（1）跨市套利。跨市套利是指投资者在某一个交易所买入某一种商品的某个月份的期货合约，同时在另一个期货交易所卖出该品种同一月份的期货合约，在两个交易所同一品种、同一月份一买一卖，从中获取差价。

（2）跨月套利。投资者在同一个交易所同一品种不同的月份同时买入合约和卖出合约的行为。许多产品尤其是农产品有着很强的季节性，当一些月份的季节性价差有利可图时，我们就可以进入买卖套利。要知道，所有商品的近期与远期的价差都有一定的历史规律性。当出现与历史表现不同的情况时，一些跨月套利者便会入市交易。

（3）跨品种套利。投资者利用两种不同的，但相互关联的商品之间的期货合约价格的差异进行套利交易，即买入某一商品的某一月份的合约，同时卖出另一商品同一月份的合约。值得强调的是，这两个商品有关联性，历史上价格变动都有规律可循。例如，玉米和小麦、铜和铝、大豆和豆粕、豆油，等等。

2. 风险性投资，即进行单边买卖的交易

有些投资者认为只要风险与收益成正比，机会很多，就可以进行投资。所以大多数人在期货市场上，进行的都是风险投资。

风险投资分为抢帽子交易、当日短线交易和长期交易。抢帽子交易是指在场内有利即交易，不断换手买卖。当日短线是指当日内了结头寸，不留仓到第二个交易日。长期交易指持仓数日、数月，有利时再平仓。

3. 战略性投资，即大势投资战略交易

战略投资是指投资者尤其是大金融机构在对某一商品进行周期大势研究后的入市交易，一般是一个方向投资几年，即所谓做经济周期大势，并不在乎短期的得失。一般来说，国外的大银行、基金公司会进行战略性投资，我国至今还没有战略性投资机构。

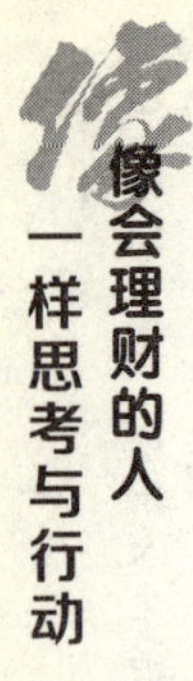

期货的基本功能主要有两方面。

1. 发现价格

参与期货交易者众多，都按照各自认为最合适的价格成交，因此，期货价格可以综合反映出供求双方对未来某个时间的供求关系和价格走势的预期。这种价格信息增加了市场的透明度，可以很好地提高资源配置的效率。

2. 规避市场风险

在生产经营过程中，为避免商品价格的多变导致成本上升或利润下降，可利用期货交易进行套期保值，即在期货市场上买进或卖出与现货市场数量相等但交易方向相反的商品，使两个市场交易的损益可以相互抵补。

此外，期货作为一种投资工具，由于期货合约波动起伏的价格，投资者可以利用价差来赚取风险利润。

个人投资期货，只需携带本人有效身份证及具有结算功能的银行卡或存折(中、农、工、建、交)五大银行均可，如需办理银期转账业务，则按期货公司要求携带银行卡到期货经纪公司办理开户。期货公司将为投资者提供一式两份的《期货经纪合同》，合同明确规定期货公司与投资者之间的权利和义务，投资者应仔细阅读并在理解后签字。期货公司可根据投资者填写的“期货市场投资者开户申请表”，分别申请唯一的期货交易编码(上海期货交易所、大连商品交易所、郑州商品交易所和中国金融期货交易所)。然后，为投资者开通交易权限，设定初始交易密码。

投资者最关心的问题是投资期货到底需要多少钱才能开始，一般来说，期货公司合同开户资金要求保证金不低于5万元，而在实际操作过程中，随期货公司规模的不同和交易方式的不同，各公司对开户资金的要求也有着一定的浮动空间。

期货交易的主要流程如下所示：

1. 开户

投资者进入期货市场进行交易之前，应首先选择一个具备合法代理资格、信誉好、资金安全、运作规范、收费合理的期货经纪公司，而后即可向该公司提出委托申请，开立账户。

2. 缴纳保证金

客户与期货经纪公司签署期货经纪合同后，应按规定缴纳开户保证金。期货经纪公司应将客户所缴纳的保证金存入期货经纪合同中指定的客户账户内，供客户进行期货交易使用。

3. 下单

客户向期货经纪公司下达交易指令，内容包括：期货交易的品种、交易方向、数量、月份、价格、日期及时间、期货交易所名称、客户名称、客户编码和账户、期货经纪公司和客户签名等。

4. 竞价

目前，我国期货交易采用计算机撮合成交竞价方式。

5. 成交回报与确认

期货经纪公司出市代表收到交易指令后，将以最快的速度将指令输入到计算机内进行撮合成交，客户对交易结算单进行确认。

6. 结算和交割

交易实例：某客户在 3 月预测大豆的价格将下降，该客户在 3 月 7 日卖出开仓大豆期货 7 月合约 20 手，开仓价为 2100 元 / 吨；至 4 月 20 日，大豆价格已跌至 1850 元 / 吨。该客户认为大豆跌势将完结，有可能转为升势，则以 1850 元 / 吨的价格买入平仓。假设保证金为 8%，10 吨 / 手，那么：

客户占用资金：$2100 \times 20 \times 10 \times 8\% = 33600$（元）

客户平仓盈利：$(2100-1850) \times 20 \times 10 = 50000$（元）

盈利率：$50000 \div 33600 = 148\%$

要想赚到钱，先要培养自己的财商。在投资理财领域，有赚就有赔，掌握基本的期货常识很重要，在此基础上还要保持平和的心态。寻找一套行之有效而又适合自己的交易方法，并加以坚持，这是能否赚钱的关键所在。

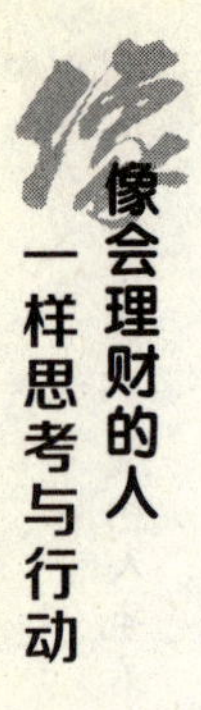

慧眼识“金基”好赚钱

有些朋友在选基金的时候，为了使自己不受亏损，竟然拿出了在菜市场挑菜的架势，每日里盯着各大评级机构的报告来对比业绩、星级、基金经理，最终还要将这些基金分成三六九等，到最后挑一只最上等的基金。但是请别忘了，你是在投资，而不是在消费。

在消费时，需要我们细心挑选以购买到称心如意的物品，因为你所买的东西，会有着较为长期的使用价值；而投资和消费不一样，投资后，情况可能仍然会有变化，甚至还会是不小的变化。你通过考察某基金过去一周、一个月甚至在一年时间内的业绩，认为它表现向来都是良好的，于是你今天终于买了它，希望它能为自己赚到大钱，但是很有可能明天这只基金就会因为某项新的政策的实施或者是投资失误等其他一些原因而一路跌下去，甚至跌到让你意想不到的结果。

因此，你应该明确的是，对于投资产品而言，无论这只基金曾经的业绩报告如何辉煌，都只能代表“曾经”，而不是恒定性的。也就是说，各种基金排名的作用都仅限于为你提供参考，它们通常仅仅只是能让你知道哪些基金更可靠。

并且，每个人的财务情况各有不同，那些“榜上有名”的基金或许未必适合你，如果你执意只选“好”的而不选“对”的，自然不会有好的收益。

此外，假如你准备选择新基金也是一样，不仅要选“好”的，而且还要选“对”的，这才是明智之举。那么，在购买新基金时我们需要秉持的原则是什么呢?

（1）看基金管理人的管理和运作能力。相对于老基金而言，新基金没有历史运作业绩作参考，但投资者完全可以从基金管理人的历史管理和运作过程中的表现去衡量，特别是其旗下的其他基金业绩表现，从而对新基金的未来表现有一个大体的认识。

（2）新任基金经理的资历及从业经历也是投资者不可忽略的因素。可以说，有较长的从业经历，基本上造就了基金经理丰富的投资经验，对新基金的成长无疑十分有利。

（3）新基金的发行时机。在证券市场的某个阶段性高点进行新基金的发行和建仓，将会付出较多的建仓成本，对新基金的成长将会产生一定程度的影响。而在震荡市或阶段性的市场低点选择发行新基金，将会使新基金在建仓过程中吸收被市场低估的股票品种，从而为基金未来的成长奠定良好的基础。

（4）低成本不能成为购买新基金的理由。投资者选择基金投资，就是选择基金的未来，了解其赚钱能力。因此，基金净值的增长幅度就成了投资者选择优质基金的重要标准。但是投资者对新基金的投资均是建立在现实的成本误区之中，静止看待基金的净值而忽略了基金净值的动态表现。

（5）类推基金业绩不可取。低成本购买基金确实为投资者创造了良好的投资机会，但创新型基金的表现情况仍然需要得到市场的进一步检验。投资者在参与创新型基金购买时，以母版基金的表现作为衡量新基金的标尺是不全面的。因为市场环境的变化具有不可替代性，更不具复制性，投资者对此需要加以注意。

（6）自身的风险承受能力与新基金相匹配程度。投资者对新基金的未来收益寄予了良好的预期，但投资者对新基金产品的收益和风险所做的准备和认识如何，还需要投资者做投资前的自我风险评估。因为新基金的认购金额低，并不代表新基金不存在一定的投资风险，或者说市场变化不会对其造成冲击和影响。

可以说，在现实中并不存在所谓的绝对的好基金。那么要怎样才能选择出适合自己的基金呢?

首先，要了解自己的资产状况，明确自己对基金的安全性、流动性、收益性等的要求后，然后再了解各种不同基金的相关情况，最后选择出与自己的需求最匹配的基金。

当然，如果当你列出选择基金对象时，可能会有几页纸那么多，因为很多基金公司都会推出风格以及特征十分接近的基金产品。这时就需要你慧眼识“金基”了。

第一步，考察基金的历史业绩。需要考察的不仅是基金在牛市时的业绩表现，还应该重点考察其在熊市时的表现。一般来说，如果一只基金在经历过一轮牛市和熊市后，业绩仍然能够比较稳定地增长的话，那么它的基金经理人的投资能力应该是没问题的，而且具有一定的可信度。

第二步，选出其公司具有优势的基金，你可以从基金公司里找曾经做过基金类型、基金规模，这些公司投资团队的情况，同时也可以对基金经理的投资经验等方面进行比较、筛选。

第三步，参考评级机构公布的基金星级的排名。这里需要注意两个问题：一是基金的稳定比名次重要，一只基金能够长久表现优良绝对比一时的名次靠前更能证明它的实力，名次一时的靠前很可能是出于偶然，但长久居于稳定的名次则是实力的证明，只有稳定的基金才能经得起经济上的狂风骤雨，才能带给基金持有人长期稳定的回报；二是市场适应性比星级的重要，国际上最大、最具权威性的基金评级公司美国晨星公司的副总裁曾说过，他在选择基金时，有时会选择三星级基金而非五星级基金，因为有时候三星级基金的风格更加适合未来的市场，的确，即便是五星级基金也只代表它曾经适应市场、表现优良，而未来对市场的适应性才是真正需要考量的。

总之，选基金和买菜、消费大不一样，要想在未来有个好收益，选基金一定不能盲目跟风，在充分了解它的背景之后，综合考察它的实力以及对未来市场的盈利能力再作决定，最为稳妥。

第八章

调配资金，设计科学合理的投资组合

尝试进行合理的投资组合

如果你为摆脱生活困境初学投资，那么你需要学习投资的组合方式，这样可以让你在投资领域灵活变通，在更广泛灵活的范畴内进行投资，那么获得胜算的机会也将更大。首先你需要知道的是，投资组合包括哪几个方面。

一般来说，投资组合应包括三方面不同的组合，即投资时间组合、投资工具组合和投资比例组合。下面分别为大家讲解这三种组合的方法。

1. 投资时间组合

投资时间组合要求投资者不要将全部资金一次性地用于投资，而应分次分批、有计划地进行。各种投资工具在期限上应是长期、中期、短期相结合。

一次性将资金全部投入，若实际情况与预测有所不符，或因手中无备用金而丧失获取更高收益的机会，或者会承受该投资环境下无法避免的系统风险。

此外，从资金的时间价值上看，时间越长，收益率越高；从流动性角度考虑，时间越短，变现能力越强。家庭投资组合既要求较高的收益，又要保持一定变现的能力，以应付突然出现的现金需求，因此，长、中、短期投资应有机结合起来。

2. 投资工具组合

要求投资者不要将全部资金都用来进行一种投资，而是应该将资金分成若干部分，分别运用不同的投资工具，投资于不同的领域。

在相同的环境中，不同种类投资工具的风险程度也不同，有的甚至截然相反。比如，在国家银行利率上调时，储蓄存款风险低、收益率高；而股票投资则会面临股价下跌的风险，收益率很低，甚至为负数。而当银行利率下调时，储蓄投资的利率风险增大，收益降低，股票投资则会因股价上涨，进而大幅度提高收益率。

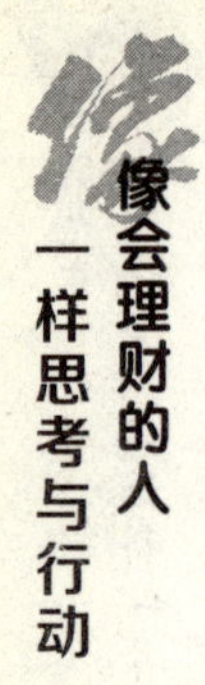

如果你将资金全部用于储蓄投资，或全部投资于股票，若利率下降或上升，你的收益将会下降，风险很大。而分别投资于储蓄和股票，当利率上升时，储蓄获利会抵消股票投资上带来的损失；利率下降时，股票投资上的收益又会弥补储蓄上的损失。可以看出，通过储蓄与股票的组合式投资，使得投资风险降低，收益可以维持在一定水平。

传统的投资工具组合通常采用“投资三分法”，即将全部资金分为三部分：一部分用来进行储蓄、保险投资；一部分进行股票、债券等投资：还有一部分用于房地产、黄金、珠宝等实物投资。

3. 投资比例组合

投资比例组合涉及的是各种投资工具在数量、金额上的比例关系。

分散投资工具，并不意味着投资资金机械地、完全均等地分配到各种投资工具上。由于各种投资工具的风险和收益水平不同，流动性不同，投资者对收益的期望和对风险的偏好不同，投资组合比例就有所不同。一般而言，风险喜好型的人，追逐较高的投资收益，其投资重点偏向于高风险、高收益的外汇、债券等投资工具；风险厌恶型的人则将大部分资金用于储蓄、债券等收益基本稳定、风险较小的投资工具。

投资组合按粗略的分类有三种不同的模式可供运用，即积极的、中庸的和保守的。决定采用哪一种模式，年龄是很重要的考虑因素。每个人的需求不尽相同，所以投资组合也根据个人需要而产生变化，你需要依据个人的情况来设计组合的方式。

需要注意的是，在20岁到30岁时，由于正值青年创业期，风险承受能力最强，尽管这时期可能需要准备结婚、买房、置办耐用生活必需品，要有余钱投资并不容易，但有经济头脑的人可尽可能进行适合自己的投资，这样会让你的生活更宽裕和富足。

证券投资尤其要注意中长短期结合。你不妨尝试进行这样的组合，比如，以20%投资普通股票，20%投资基金，余下的60%资金用于定期存款或购买债券，这是一个可供参考的有益建议。

从 10 万元到 50 万元的投资计划

若是在几年前，10 万元对许多人来说可能是一个天文数字。但是，现在很多家庭都有了 10 万元，甚至超过 10 万元的储蓄。对于不同的家庭而言，这 10 万元的去向是截然不同的，有的变成了一辆汽车；有的家庭被住房按揭弄得寝食难安，干脆提前还贷；还有的家庭将 10 万元进行再投资，当然这些做法是众多家庭的普遍选择。

对于很多夫妻来说，可能更为关心的是，如何让这 10 万元不停地“以钱生钱”，生尽可能多的钱。一个比较现实的可能就是，如何让你手中的 10 万元在抵制住通货膨胀后，还能实现 10%的增值？“财经迷天地”有一篇题为“我的七年理财路：我是如何从 10 万元到 50 万元”的文章，记录了一位女青年个人真实的理财成长路，或许能够为您提供有益的参考。

1. 2009 年投资股票

她说，她是 2009 年 6 月份毕业的，刚毕业工资不高。年底存了 5000 块钱，可以说完全是靠省吃俭用，和别人合伙租房，房间只能放下一张床和一个桌子。那一年，她不敢买贵重的水果和衣物。后来听身边人说炒股，几经辗转学习，后来因为钱不多，只往股市里放了 2000 元，就买个 200 股、300 股的样子，她并不像其他人一样时刻盯着盘面，而是想着亏也亏不了多少，赚了自然最好。她曾试过放 5000 元，后来她发现买的股票越多，稍微一跌，整体就会亏掉很多，一涨也会涨很多，但正是由于这个过程的刺激，导致她几度无法安心工作，一会儿不看盘就会不放心。而且，只要亏得多些，就会直接影响一天的心情。

她拿 5000 元炒了一个月，亏了 1500 元不说，这一个月她的心情也糟透了，工作也没做好。她发现，在存款很少的前提下，不能拿出很大比例来购买高风险的资产。毕竟钱不多，风险承受能力有限。当她只在股票账户里放 2000 元的时候，她可以放两三个星期或者一个月，中间只要亏超过 5% 她就卖了，最终自己反而赚了。不过一年下来，赚得不多，顶多

1000 元。（当然，如今的她增加了股票的资金投入，一方面是因为收入增加了，另一方面是近期股市比较好。）

她总结经验：炒股波动性比较大，如果你想靠炒股赚大钱，投资很多，这就意味着你要花费很大的精力盯盘，而且还要面对股票涨跌带来的巨大心情波动，甚至会影响到自身的本职工作，最终的结果也不一定赚钱。如果只是想赚个零花钱，那就往里面少投一点儿钱，而且要放长期，这样不用常盯着，赚了会赚得不错，亏了也不会亏多少，对于资金不多的人来说，是比较稳妥的投资方法。

2. 2010—2011 年开始记账、投资基金定投和货币基金

这位女士在 2010 年开始恋爱，之后两年工资涨了些，但是两个人在一起花销变大了。她有时并不清楚自己将钱花到了哪里，于是开始记账，小到公交费大到每一笔开支都一一记下，记账可以看出来钱都花到哪去了，两个人通过记账可以合理消费。但是记了一年账，她发现大部分都是生活中的必要消费，毕竟两个人还处于工作初期，该花的钱必须得花，努力提升自己才是最重要的，年纪轻轻有很多必要的事是应该去做的。不过，她觉得记账依然是个好习惯，等结婚后收入提高时，依然保留这个习惯，会有力地避免无意义的开销。

自从炒股，她认识了很多理财朋友，从他们那里开始知道货币基金。货币基金门槛较低，收益率多在 4% 左右，虽然不是很高，但也比银行活期利息高多了。

除此之外，她还买了基金定投，买了 5 次 1000 元的易方达。不过后来因为钱不多，没有坚持下去。不过基金定投虽然在固定时间投入固定金额，规避了部分风险，但依然是有些波动的。放了一段时间后，她还是赎回了，她还是希望能在保本的前提下，利息能达到最大化，所以还不如买货币基金，比较稳妥。

3. 2012—2013 年投资银行理财产品、管理家庭财务

到 2012 年，她工作了两年半后跳槽，收入开始有了明显的增长。这个时候，她已有了一定的存款，可以买得起银行理财产品了。不过按规定，银行理财产品的门槛最低为 5 万元。她之前一直买不起，到 2012 年才第一次买银行理财产品，年均收益率多在 5.5% 左右，高的时候达到 6%，不过 6% 的产品很难买到。

她认为，如果认真挑选，银行理财产品的收益率是会高于货币基金的，所以，当她有能力买银行理财产品时，她就不再买货币基金了。不过，她买的银行理财产品全部都是非保本的，至今都没有亏过，她也没听说谁亏过。银行理财产品保本的收益率很低，在5%以下，而且非保本的安全性和保本的差不多。

她建议小伙伴们最好在月末、季末、年末和大型节假日前这些时点购买理财产品，因为这时的收益率会更高。你可以根据自身的经济状况，以及后续对资金的需求程度，选择购买短、中长期产品。短期险的银行理财产品，流动性较好，但是由于期限短，净收益自然会低。长期限的产品虽然流动性差，但是稳定性好，净收益自己会告知。

不过，她只能买浦发银行的理财产品。因为她持有浦发银行的卡，开通了网银和签署了银行理财产品认购协议。不过，她发现，不同时间，总有一些银行的收益率比浦发银行高，但银行理财产品无法跨行购买，也就是说，她看上哪家银行的理财产品，还得去办张这家银行的银行卡才能买，这一点有点麻烦。

2012年，她结婚了。因为很有理财意识，老公把工资卡都交给她保管，家庭的财务也全权由她负责。她每月会给老公一定的零花钱，够请朋友吃饭，买衣服即可。

4. 2014年投资余额宝

2013年下半年，余额宝出现了。她是2013年年底开始使用的余额宝。余额宝确实让她的生活变得更加方便。她无须再跑网点去进行各种生活缴费，以及还信用卡、转账等，十分便捷。其次，就连购置生活日用品，甚至订外卖都可以通过支付宝扫码支付，有些还会有优惠，比如打车补贴。

除了具有支付转账功能外，余额宝还可以购买货币基金，而且收益率要比你在基金公司买还要高。有了余额宝后，她再也不用货币基金了。她一般会放个三四万在余额宝，既可以理财，又可以用来支付各种生活开销。按照余额宝平均5%的收益率，3万一年的收益大约有1500元，是银行活期利息的14倍！ 1500元简直就是白送，稳赚不赔。

5. 2015年投资互联网理财：多盈理财

除了炒股、买银行理财产品、使用余额宝外，其实她一直想买信托产品。她身边认识的理财朋友中，有钱的几乎都去买信托，股票也就放个5万、10万的玩玩。信托产品年化收益率多在10%左右，虽然信托都是非保本浮动收益，但因为有“刚性兑付”的潜规则，还没出现过一例无法实现安全兑付的案例。他们买的产品都没有出现过什么问题。也就是说，如果你投10万元，一年稳稳当当会有1万元的收益。不过，信托100万的门槛比银行理财产品的5万门槛要高很多，想凑都不是那么容易。

2014年互联网金融很火，她的很多理财朋友都纷纷开始投资P2P，她也拿出了2000元来投资P2P，只是为了体验一下。P2P收益率高，但风险也同样很高，血本无归都有可能。她由于手头并不宽裕，所以不敢拿辛苦存的钱去冒险，只是玩一玩尝试体验一下。她个人认为，P2P收益率超过10%，风险就不可控了。根据她的观察，知名的P2P平台很少有收益率超过10%的，那些产品收益率超过10%的多半是刚成立不久的不知名的小型P2P平台。

而信托产品收益率多在8%~10%，和一些靠谱的P2P不相上下，而信托产品是由信托公司发行、受银监会管制的，安全性要比P2P高很多。所以，收益率同等的情况下，她选择了信托。因为信托门槛高，她听说有一些互联网金融也进行了信托互联网化的创新，将信托产品门槛降低，采用委托代购的模式，于是她也想试试。

她考察了几家平台，觉得多盈理财不错，就下载了多盈理财的APP。多盈理财上有一款产品叫作“信托理财通”，不是信托产品，但却是挂钩信托产品，还款来源也是信托产品，安全性和信托产品一样。多盈理财的信托理财通1块钱就可以买，期限有7天、30天、180天和355天，收益率在7%~10%。也就是说，多盈理财不仅把信托产品的门槛降低了，还把期限给拆分了，另外信托理财通都是保障本金的。

其实，多盈理财上也有银行理财产品，可以跨行购买，哪款收益率高就可以买哪款。不过她更青睐于信托理财通，性价比比银行理财产品高很多。她之前买的银行理财产品到期后，全部换成了多盈理财的信托理财通，短、中长期都有配置。她之前算过，如果信托理财通放25万，按照7%的年化收益率，投资5年，纯收益大约有8.75万。

6. 以后的财务规划：提前还部分房贷，在工作中提升自己

接下来，他们可能会过一个比较困难的时期，因为她刚刚怀孕不久，已经辞掉了工作，只能靠老公撑起这个家。她这一怀孕工作上的财路基本上就断了，只能在家里多学习一些技能，学习一些理财知识，把家庭财务打理好。

他们的贷款大约有 80 万元，现在每个月要还 6000 元左右的房贷，还需要还 18 年。他们打算每年至少提前还款一次，争取提前还完。因为贷款本金多，加上时间长，导致生成的利息比较多。

此外，他们希望在 30~35 岁之间快速提升，在工作中获得更多的报酬。还完房贷，有了一定的积蓄后，他们可能会考虑加盟一些知名品牌店，投资做些生意。

这就是这位女士婚前婚后的理财成长之路，对于小家小业资金不多的人来说，这或许会给你某些有益的启发。如果将这笔钱运用得更为有效的话，可以做到安全性、变现性、获利性三者兼顾，事半功倍。在保证资金安全的前提下，谋求资金的最大升值空间，同时兼顾到资金的变现能力。而按照家庭投资偏好不同，可以简单地分成保守型、中庸型、进取型三种投资方法。正常情况下，几种投资方法应该都能实现你的资产增值目标。下面为大家介绍几种比较科学的投资理财方案。

1. 进取型投资方案

建议 1：投资证券 + 货币型基金

投资股市 8 万元，投资风险较大，你要有被套牢的思想准备和承受能力；资金的剩余部分 2 万元购买货币市场基金，货币基金是不需要任何赎回等手续费的，而且转换灵活，本金的安全性也很高，又能免税。

此投资方案要求投资者熟悉证券市场，不然本金受损失的可能性会很大。“长线是金，短线是银”，宜长宜短还在于个人。如果自己的投资周期是中长期的，不妨做一点长线投资，说不定能有意外的收获。短期投资股票的预期年收益率为 12% ~25%，中长期为 3% ~12%。

在任何时候都不要忘记给自己留一部分流动资金，以备不时之需，货币市场基金就是这块流动资金。以上的方案围绕的只是投资，在考虑综合理财建议书的时候，有必要把意外险及健康医疗险考虑其中。

建议 2：投资证券 + 投连险

投资 3 万元购买投资连接险，剩余的 7 万元用于购买股票。建议市民关注蓝筹板块，也可从行业龙头的角度选择投资机会，如果从行业发展角度看，可以关注行业发展强劲增长或有复苏迹象的个股。股市适合做中期投资，投资回报一般比较出色。而作为一般投资者，很难做到同时对多个股票“了如指掌”，所以在投资时要集中于几个股票，下面的几项原则供你参考：

（1）同时持有股票个数永远不要超过 3 个；

（2）60%资金用于中线操作，40%用于中短线；

（3）25 元以上或复苏后 40 元以上的股票不要碰；

（4）过去 6 个月涨幅超过 80%的股票不要碰。

这一投资方案风险较大，但收益率可能会十分可观，参照历年的行情，超过 20%的收益也是有可能的。

2. 保守型投资方案

建议 1：分红型保险 + 货币型基金

分红型保险一次性缴费 2 万元，保险期间选择 10 年，投资回报：确保本金安全，2600 元左右的固定利息回报 + 保险公司 70%以上盈余分配。固定利息部分免征利息税，享有满期生存保障和身故保险保障。现在市场上的分红保险品种有很多，本案仅以通过银行网点销售的一款两全分红型的保险为例。另外的 8 万元可购买货币型基金，以货币市场基金替代活期存款。在保证流动性和低风险的情况下，货币市场基金收益率一般为 2%左右。货币基金一般不收取赎回费用，管理费用也较低，转换也很灵活，本金的安全性高，又是免税的。

建议 2：分红型保险 + 国债

4 万元购买分红型保险。购买分红型保险是个较为稳妥的投资方式，无事分红，有事还可以保障，并附加健康疾病保障。短期投资保险的预期年收益率为 3% ~6%，中长期为 5% ~10%。剩余的 6 万元可购买二级市场的国债，到二级市场购买国债，一是可以免税，二是每年有一个保底的投资收益率，一般年收益率在 3% ~4%。虽然稳妥保底型的投资方案每年的投资回报率不是很高，估计在 3% ~10%，但是风险相对较低，10 万元经过若干年的投资，积少成多也是十分可观的。

制订合理的个人理财计划

在日常消费中，相信很多人都习惯于没有算计地花钱直到囊中羞涩，然后伸长脖子等待着发工资的那一天。他们虽然也会考虑将来，但却从来没有好好地为将来的生活做过规划。要把握自己未来的生活，首先要学习合理分配自己的资金，你必须有一个完善的个人理财计划。

下面主要为大家列出制订个人理财计划的主要步骤，希望会为您提供有益的参考：

（1）确定目标。定出你的短期财务目标 (1 个月、半年、1 年、2 年) 和长期财务目标 (5 年、10 年、20 年)。将那些不切实际的幻想统统丢到一边。如果你认为某些目标太大，可以将其分割成一个个小的具体目标。

（2）排出次序。确定每个目标的实现顺序。也可以让你的家人一起参与讨论，哪些目标对你们来说最重要呢？将它们在纸上一一列出。

（3）计算所需的金钱。计算出要实现这些目标，你需要每个月省出多少钱，然后思考你要如何省出这笔钱。

（4）计算出个人净资产。

（5）了解自己的支出情况。回顾自己过去三个月的所有账单和费用，按照不同的类别，列出所需费用项目，对自己的每月平均支出做到心中有数。

（6）控制支出。比较每月的收入和费用支出。哪些项目是可以节省一点的 (例如吃饭)？哪些项目是应该增加的 (例如保险)？

（7）坚持储蓄。计算出每个月应该存多少钱，在发工资的那一天，就把这笔钱直接存入你的银行账户，这是实现个人理财目标最为关键的一环。

（8）控制透支。控制自己的购买欲。每次你想买东西前，一定要问一次自己：真的需要它吗？没有它是否真的不行？

（9）投资生财。投资总是与风险相伴相随。如果你还缺乏足够的知识来防范风险，可考虑购买保本的银行理财产品或购买国债和投资基金。

（10）保险。保险会未雨绸缪，保护你和家人的将来。健康险十分重要，如果你失去工作能力，你将无法赚钱。财产保险对家庭财产很重要。试想一下，如果遭遇风险，需重新购置家庭用品，那将是一笔很大的开销。

（11）安家置业。拥有自己的房子可以节省租金费用，现在就开始为买房子的首期付款做准备吧。

有了合理的个人理财计划，你的生活和消费才能走向秩序化。在某种程度上，你调配资金的能力决定了你的财商，以及今后聚拢财富的能力，头脑清晰、做事冷静，一往无前，这是一个人成就自我的基本前提。

制订完备的家庭理财计划

对财务的合理规划是婚姻走向成熟的第一步。财务问题业已成为纠缠许多人婚后生活的一个重大问题。夫妻双方都有保证财务状况的义务。同时学习理财的相关知识，科学分配家庭财务，才能让婚后的生活踏实的经济基础上更惬意。

由于人的价值观和消费习惯不同，在日常生活中，每一对夫妻都会发现在“我的就是你的”和保持个人的私人空间之间会存在这样或那样的矛盾和摩擦。如果夫妻中的一个十分节约，而另一个却出手大方，那么，要做到“我的就是你的”就十分困难，相互间的矛盾必然会与日俱增。

虽然很多新婚夫妻由于财务问题处理得不妥，使夫妻矛盾不断升级，但也有的小两口在面对这个问题时能够保持必要的冷静，经过磨合，掌握了很好的理财方法，从而使自己的婚后生活达到了完美的和谐。计划是家庭理财成功的关键，没有计划你就会像一艘漂荡在大海上没有帆的船，不知将会漂向何方。一般来说，一个完备的家庭理财计划包括以下几个方面：

1. 建立家庭基金

每个家庭都会有一些日常支出，比如和每月的房租、电、煤气等有关的开销，这些应该由一个公共的存款账号支付。根据夫妻间收入的不同，应拿出一个公正的份额存入这个公共账户。为了能使这个公共基金更良好地运行，还必须有一些固定的安排，这样夫妻俩就可能有规律地充实基金从而合理地使用它。你对这个共同账户的重视反映出你对经营婚姻的重视。

2. 保持独立

许多理财顾问同意每个人都应有属于自己的私人账户，由个人独立支配，我们可以把它视为成年人的需要。这种安排显示的是建立在夫妻信任基础上的独立和自由，比如你可以每周去打高尔夫球，他则可以进行一些必要的社交。这是避免纷争的好办法，在花你自己可以任意支配的收入时不会有被束缚的感觉。然而，需要注意的是，如果有必要，你仍应如实地记录自己的消费情况，并且相互间开诚布公。这样两人之间的矛盾才会最大限度地减少，你和爱人之间的关系也不会存在敌意。

3. 监控家庭财务支出

你可以买一个财务管理软件，它能使你们很容易地就解释钱的去向。通常，将夫妻中的一人作为家中的财务主管，掌管家里的开销。但是，这并不意味着家里的另一个人对家里的财务状况没有知情权，理财专家黛博拉博士建议，可以由一个人付账单，而另一个人每月核对一次家庭的账目，以平衡家庭的收支，这样做能使两个人都有在家里处于平等经济地位的感觉。另外，那些有一定经验的夫妻往往每月会针对财务状况进行沟通和总结，当你们的储蓄一天天增加的时候，可以寻找一种投资组合，能够把收益性、安全性和流动性三者兼顾。

4. 建立退休基金

如果你能活到 100 岁，但是也许你的配偶没有和你同样长的寿命。基于这个原因，你们应该有自己的退休计划，可以通过个人退休账户或退休金的形式，使你的配偶（或孩子）成为你退休基金的受益人。

退休计划主要包括退休后的消费和其他需求，以及如何在不工作的情况下满足这些需求。要想退休后生活得舒适、独立，必须在有工作能力时为自己积累一笔退休基金作为补充，因为社会养老保险只能满足人们的基本生活需要。

5. 制订债务计划

很少有人一生都能避免债务。债务能帮助我们在漫长的一生中均衡消费，还能为我们带来购物便利。但我们对债务必须加以管理，使其控制在一个适当的水平，并且债务成本要尽可能降低。

6. 制订保险计划

当年轻没有负担时，你必须保证自己不会丧失这种能力，为此需要有残疾收入补偿保险。随着你事业的成功，你拥有越来越多的固定资产，汽车、住房、家具、电器等，这时你需要更多的财产保险和个人信用保险。为了你的子女在你离开后仍能生活幸福，你需要人寿保险。更重要的是，为了应付疾病和其他意外伤害，你需要医疗保险。

7. 攒私房钱

许多理财专家建议人们攒一些私房钱，以便用它度过一生中可能会有的困难时期。根据你的承受能力，你可以选择告诉或者不告诉你的配偶关于这笔用于防身的资金；如果你告诉你的配偶，你可以告诉他那是用来应急的资金，而不要让他感觉你在“压榨”他的钱。

制定单亲家庭的理财方案

随着离婚率的不断提高，我国单亲家庭的数量也在递增，业已成为世界性的家庭人口变化的一大趋势，可以说单亲家庭的数量还是很多的。而在这些单亲家庭中，单亲妈妈在工作和生活中要比男人承受的压力更多，比如孩子教育难度加大、单亲母亲再婚困难、社会的一些偏见和歧视等，其中最大的压力还是来自经济方面。尽管现如今许多女性都拥有一份自己的事业，但与男性相比，女性的工资还是偏低的，在带孩子方面自然经济方面的压力也是不容忽视的。

上海理财规划师张安立先生认为单亲妈妈理财还是要注重稳健。下面以曾女士为例来看一下她的理财方案的制定思路。

曾女士目前的家庭财务状况为：

月收支情况：月收入 25000 元，基本生活开支 6000 元，前夫支付的抚养费 3000 元，房租为 3500 元，每月收支结余为 18500 元。

曾女士本人年终奖为 5 万元，每年用于旅游的花费 3 万元，购置大宗商品 2 万元，孝敬母亲 2 万元。

曾女士的个人资产负债状况（单位：万元）：活期及现金 20 万元，无房屋贷款，理财产品为 40 万元，个人资产净值为 80 万元。

曾女士在上海上班，离婚后和母亲、女儿一起生活，目前租房。身为单亲妈妈，她既需要应付繁忙的工作，又要照顾女儿，肩上的担子不轻。从目前的经济情况看，她的收入还不错，应付家庭开支还算比较宽裕。加上前夫也会支付一定的抚养费，所以每月能结余近 2 万元。所以曾女士不会太有压力。

张先生认为，对于曾女士的家庭理财来说，完善保障是第一要务，这一点也适用于所有的单亲妈妈。曾女士的目标是独立自主，相信以她的经济能力，做到这一点并不困难。但有一点需要注意，就是应当规避那些可能出现的风险事件，防止对女儿、父母的生活带来意外影响。

在这个祖孙三代的家庭中，曾女士是最坚实的经济支柱，家庭收入绝大多数来自于她，因此，一旦这个经济支柱倒下了，无论现在的积蓄有多少，都会给家庭带来巨大影响。

曾女士工作所在的外企公司可能在医疗方面已经有比较周全的团体保险，张先生建议曾女士自己再额外投保一些商业保险，如寿险、意外险，保额不低于 50 万元，受益人可指定为母亲。这样做主要是考虑到保险金既能帮助母亲养老无忧，同时也能照顾女儿。而如果受益人指定为女儿，那么一旦抚养权转给了前夫，这笔保险金也等于转交给了前夫支配，母亲将无法获得任何保障。

具体在产品方面，考虑到曾女士有买房打算，需要更多积蓄，因此保费投入不宜过多，建议选择定期寿险，保障期限可定为 20 年，保障至女儿成人。

此外，曾女士喜欢旅行，不妨在每次出游前投保旅游意外保险，加强高风险时期的保额。

在对家庭经济危机进行防范后，曾女士要做的第二件事是保持工作收入的稳定，最好能在稳中有所提升。曾女士是家庭经济支柱，收入的稳定与否很大程度上影响着生活的品质。因此，即便她工作比较辛苦，也要尽量坚持下来。有机会升职加薪自然更好，家庭资产的累积将会更快些，离实现买房的愿望也就更近了。

在投资方面，曾女士偏爱稳健理财，其实只要能做到长期坚持，一样能获得不错的收益。目前一段时间，银行理财产品的收益率在5%～6%，一些理财平台比如招财宝放出的一至两年期理财产品收益率也能达到6%，本金比较有保障，曾女士都可以加以留意。

在基金方面，曾女士已有投资，相对于股票来说不需要自己太操心，可以继续坚持。月结余可以设置定投，这样比较省心省力。

对于曾女士来说，目前的活期及现金储备稍稍多了一些，不妨将其中15万元转入理财产品或购买基金，余下5万元用来应付临时大额周转绰绰有余。

对于买房这件事，张先生认为以曾女士目前的经济能力可能会比较吃力。购买上海市地段稍好些的一套小户型住房至少需要200万元，若是选择学区房，那房价就更高了。首付30%加上装修及其他一些费用曾女士至少需要70万元，这会一下子掏空曾女士的全部积蓄。因此，建议曾女士继续租房一段时间，等资产积累更多一些时，可供选购的房屋范围会更广一些。相信以每年结余20万元，再加上投资收益的这一部分，这一天不会太远。

在这个案例中，张先生为曾女士提供的理财规划是否也给您带来了某些启发呢？

从表面上看，单亲妈妈的最大理财需求好像是筹备子女的教育金，实则并非如此，单亲妈妈最大的理财需求恰恰在于自身投资和人身保障，也就是要将自己的人生规划好。单亲妈妈只有自身得到良好的保障和发展，才能让孩子拥有一个美好的未来；单亲妈妈健康安全，孩子才有最坚实的依靠。根据单亲妈妈理财需求的轻重缓急，保险、职业提升、子女教育、养老四个方面应是重中之重。

1. 生命保障与健康

单亲妈妈作为家庭经济的唯一支柱，必须拥有足够的保障以确保无论在任何情况下都能与子女一起渡过难关。大多数单亲妈妈都认为公司有社保就不必买商业保险了，实则不然，仅仅依靠公司的社保养老是完全不够的，还需补充适量的商业保险以备不时之需。假如公司福利好的话，商业保险还可以少买一些；假如公司的福利差强人意，那就只好购买足够的保险了。

一般而言，单亲妈妈要重点配置女性健康险（包含意外险、重大疾病险和医疗险等）以及长期寿险。当然，子女的保险也是单亲妈妈要着重考虑的方面，单亲妈妈在给孩子购买保险时主要买儿童意外险和重大疾病险就差不多了。而单亲妈妈在购买保险时，一定不能只买小孩的保险而忽略自身的保障。单亲妈妈和孩子的每年商业保险费最好是年收入的10%最佳，不要买的太多，以免加重生活负担。

与此同时，健康的生活方式有助于身体健康，比如，作息规律、合理饮食等方面。对于单亲妈妈而言，调整自己的心态，快乐积极地面对未来，认真地过好每一天，就是最健康的生活方式。

2. 职业提升

增加收入的捷径就是提升职业能力。在不影响照料孩子的情况下，单亲妈妈尽量多参加一些职业培训或加强自我学习，从而提高自我的工作能力，不断突破职业的“天花板”，从而实现收入的稳定增长，有效减缓家庭的经济压力，从而为孩子的教育和自身养老提供更加坚实的经济基础。

3. 育儿与子女教育

随着小孩的不断成长，孩子的各种教育费用将是单亲妈妈的沉重负担。《理财周刊》的一名记者在几年前曾对小孩教育费用做过详细的调查，结果显示，孩子从幼儿园到大学毕业，普通家庭的子女教育费用一般在15万元左右。如果考虑小孩要出国留学的话，大概需要费用在30万元。但随着人民币的升值以及通货膨胀，子女的教育费每年都在逐渐增加。

单亲妈妈对于子女教育资金要未雨绸缪，提前规划，有两种较为适用的理财方式。一是基金定投，从每个月的收入中划出10%~15%的资金，用来做基金定投，积少成多，以尽快地筹集到这笔资金。二是教育保险，这类保险具有储蓄、保障、分红和投资的多项功能，相对来说优势较大。具体来说，一是计划性强，家长可以根据自己的经济预期情况来安排现在的保险，用倒推法来选择险种和保额；二是保险的确是强制储蓄的作用；三是投保人如在保险期内发生重大意外，可以免交以后各期的保费，而被投保人到期仍可得到保险公司足额的保险利益。

4. 退休养老

实践证明，退休后的生活必需开支比退休前的多出了60%~70%，这样生活水平才不至于下降。而社保一般只能满足退休养老需求的

20% ~ 30%。尽管子女长大后会尽赡养义务，但由于没有丈夫的依靠，单亲妈妈的退休养老金的筹备就显得更加重要了。建议采用“长期寿险 + 基金定投”的方式来筹备养老金，这是个不错的投资方式。可见，单亲妈妈要做到轻松养老，并非难事。只要你早早筹备，花小钱就能办大事。

所以，单亲妈妈为了自己同时也是为了子女，都要早做理财规划，这样孩子和自己的生活才会更加地殷实、快乐。

丁克家庭的理财规划

现代社会，很多观念较为前卫或生活压力较大的青年夫妻都选择成为丁克。所谓丁克，即为选择终生不要孩子的家庭。而今，这样的家庭数量日渐庞大起来。据统计，在中国的一些大中型城市已出现 60 万左右的丁克家庭。养儿防老的传统观念已被突破，因此，在收入的高峰期为自己制订一份充足完善的养老规划，对于丁克家庭来说尤为重要。

丁克族理财要注意的问题主要有两方面：

（1）退休规划不容有失且宜趁早。退休规划至少要有两个支柱：社保、自己。而自己的部分至少要有保险、基金两部分。退休投资工具的选择：走直路还是绕路行？

（2）保险规划不可少。大病险、老年门诊保险、护理保险等。

李先生今年 35 岁，他和 32 岁的妻子就是典型的丁克家庭。李先生是一家外贸公司的部门主管，妻子在一家公司从事营销工作。结婚将近 8 年，他们一直没要小孩。

李先生家庭是处于形成期至成熟期的阶段，家庭收入不断增加且生活安逸稳定。该家庭年收入 11.7 万元。在家庭收入中，工资收入为 9.6 万元，占家庭总收入的 80% 以上。其中房产和金融资产各占一半，这样的比例是合理的。李先生家的债务占家庭总资产的比例不到 7%，处于安全线内。鉴于年老后除了日常生活的一些开销，医疗费用的支出也将占较大的比例，所以李先生一直在盘算着如何通过一些保障来抵御未来发生疾病的风险，希望专家能推荐一些养老和重疾保险方面的品种来供他们选择。

遵照这样的常规，银行的理财专家为其制订了这样的理财计划：

1. 家庭资产配置建议

一个家庭的应急准备金不低于可投资资产的10%。李先生只要留1万元银行存款即可，因为5万元的货币基金也属于应急准备金。20万元股票资金暂时可以不动，不过，切忌盲目追涨，多关注理想的蓝筹股。6万元的货币基金、3万元的博时基金和2万元招商先锋基金可以继续持有。其余的资金应当及时转为投资基金，比如像债券型基金、股票型基金。购买基金可以采取“定期定额”的方式投资。同债券基金的“看似安全，实则危险”相比，投资股票基金可以说是“看似危险，实则安全”的。但是基金一定要长期持有，如果投资一二十年，投资报酬率远远比储蓄赚钱快，也有助于更快达到理财目标，同时也可为李先生夫妇的养老做打算。

外汇投资是一种全球通用的投资技能，一般晚上的行情波动比白天的更为剧烈。李先生夫妇工作较忙，用2万美元的“外汇宝”购买各大银行推出的短期限、高回报率的外汇理财产品，从目前理财市场品种来看，保本型投资风险低，但收益相对高，具有一定的投资价值。

2. 家庭保险保障建议

虽然李先生和妻子分别拥有了15万元和5万元的意外保险，但是由于工作压力太大，在漫长岁月中，无法保证身体永远无恙，而那时又要面对昂贵的医疗费用的支出、养老等计划还是不够的。尤其对于丁克家庭来说，提前储备养老金很重要。在夫妻两人收入高峰期时就应该制定一份充足且完善的养老规划，会使丁克家族快乐地度过晚年生活。

专家建议，鉴于家庭的整体收入水平，李先生每年将拿出家庭收入的15%给两人各投保一份重大疾病保险、年金保险和两全保险等，同时附加的还有相关医疗赔偿的险种，这样可以确保晚年老有所养，衣食无忧。

（1）健康险。面对突发意外事件时，意外保险就具有了基本的抗风险能力，而健康保险却能抵御疾病的侵袭。

作为公司部门主管的李先生买了一份重大疾病保险，该险种保额为10万元。这种重大疾病保险一旦被保险人疾病确诊即可获得一笔巨额保险金，能让家庭在面对巨额的治疗费时，不必手足无措地抛出股票和基金，能最大限度地保存收益。近日中国人寿推出“同寿康恒重大疾病保险”健康保险，该险种能提供包括29种疾病的特别保障。

而李太太则需要购买女性疾病保险，以方便给予特别的关护，如中国平安推出的女性长期健康保险包含了25种重大疾病保障及终末期疾病的保险保障。这个保险产品首次将“经输血导致的人类免疫缺陷病毒感染的疾病（HIV或AIDS）”列入保障范围，另外还有额外的特种疾病的津贴，也为常见的心血管手术提供了一定的保险金额。除此之外，李太太还需要另外购买一些传统的每日住院补贴和医疗费用的补偿性的保险，因为这种津贴既可以弥补部分耽误工作的损失，还可以购买一些营养品，以便尽快地恢复健康。如果要满足上述保障，李先生和妻子每年在健康方面的保费支出大约为2000元。

（2）养老险。最好由两份年金保险和两份分红两全保险组成。比如中国太平人寿的福满堂养老年金这款保险，是一种集养老保险和投资分红的“双全”保险，除了获得每年固定的年金之外，养老金保证领取终生，还可获得红利。可根据自身实际具体情况，选择年领、月领，或者是延迟领取，灵活地安排退休计划。

李先生夫妇两人可以投保10年以上的年金保险，选择与分红型产品的组合，每年总共交1万元。这样夫妻两人预计在60~64周岁期间每年领取养老金3700元左右；65~100周岁每年领取7500元左右；60周岁时领取28400元左右的红利；65周岁时领取26200元左右的红利；若生存至100周岁，还可获得15000元左右的祝寿金，合同即宣告终止。

两份分红两全保险，李先生选择20年的交费期满后，即每3年可领取一次9000元的生存保险金，生存时期越长，领取的总额越多，身故时还可领取10万元身故金。如平安人寿的永利两全保险附送7级34项意外残疾保障。即李太太购买一份4万元分红两全保险，在10年满期时可一并领取保额和红利，随后可以自由地安排退休后的悠闲生活，充分满足自身养老的需求。虽然分红具有不确定性，但是从长期来看，其复利累积额还是不少的。

此外，对于日常发生的意外医疗，则可以选择中国人寿经济实惠的吉祥卡和全家福卡等卡式保险。上述这样的养老规划，每年两人共需保费约2万元，为丁克家庭提供了全面有力的未来保障。有了这些安排，李先生夫妇俩的晚年生活才有充分的保障。

第十章

利用兴趣，边享受工作边赚钱

经营小成本网店也能赚大钱

进入网络世界的崭新时代，网络已成为社会发展的主要趋势。死脑筋的人相信命运，而活脑筋的人则相信机遇。网络就是一个最好的机遇，可以说，用网络经营自己的事业，会成为你挖掘不尽的宝藏。想要拥有自己的财富，不如把握好网络这个平台。

下面我们来看看小强和小静是怎样靠网络平台起步的。

小强经常失眠，女朋友送了一个特殊的礼物给他——中药枕，希望能帮助他获得良好的睡眠。没想到，小强用过之后，失眠情况真的得到了改善。半年后，小强自己又去买了一个药枕，长期使用下来，失眠情况有了很大的改善。

后来在和朋友接触中，小强发现迫于生活压力，身边和自己一样失眠的人竟有很多。而且他们都不太喜欢长期依赖安眠药来助眠，可见有很多和小强一样需要用中药枕的人群。

有了这样的关注后，小强发现在淘宝上销售安眠枕的网店屈指可数，他认定这是一个很好的商机，于是决定自己在网上开一家药枕专卖店。

2010 年 9 月，小强与本市某健康枕专业生产商达成网络代销协议，又从父母那里借了 20000 元，开了这家中药枕网店。

不过，刚开始创业路有点曲折，由于该药枕知名度不高，网店开张一个半月，仅仅卖出了 2 个药枕，赚了 38 元。

看着家里货物堆积如山，小强很是发愁，他觉得仅仅靠网络营销是不够的，于是决定将“战场”转移到现实生活中——自己做起了推销员。

小强先后跑了 40 多家公司、小区、健身中心，终于，一家民营公司的老总要给员工买礼物发福利，决定购买小强的 68 个安眠枕头作为给员工的礼物。

这次交易，小强从中赚了 1500 余元。因为药枕只有半年至一年半的有效期，为了能长期留住这批顾客，小强还采取了优惠措施——再次购买安眠枕头的该公司员工，可享受8折优惠；第三次购买可享受7折优惠；四次以上购买可终身享受6折优惠。

后来，这家公司的很多员工都成了小强的忠实客户。

毕竟药枕只是协助睡眠，因此，每位顾客在收到枕头的同时，还会收到小强附送的一本自己精心整理的“催眠秘方”，包括助眠音乐、散文诗名目等，以及“睡前哪些食物不宜吃”“哪些运动会让人兴奋”等，还提供包括积分返现、健康提醒、枕头有效期提醒等服务，这种人性化服务自然为小强拉来不少回头客。

没过多久，他的中药枕月销售量就达到100个以上，网店逐渐步入了正轨。

2011年10月，正在读大四的小静突然萌生了网上开店的念头。大学最后一年课不多，她想利用业余时间在网上卖东西赚点零花钱。

起初，她经营一些当地生产的小礼品。网店的竞争十分激烈，各家礼品店的商品大同小异。生意并不像小静预期的那么火。倒是一些礼品盒、礼品袋等搭售品，销量反而比礼品还要好。小静灵机一动，索性把小店改成了包装用品专卖店。

包装用品买卖并不算稀罕，小静这样精细的卖家却十分独特：在她的店里面，纸盒、丝绒礼盒、纺纱袋、塑料袋、纸袋……30多个品种，有圆形、方形、星形、异形……各种形状的精致包装盒，新颖而独特，很有品位。

不仅如此，细心的小静还将每种商品按大小标出型号，能收纳首饰的小口袋，装下鞋子的大包装，等等，力求让每个顾客都能给自己的礼品找到合身、漂亮的“外衣”。

通过一段时间的经营，小静总结自己的经营心得：只要把握住时尚潮流，再赢得良好的信誉，小店的人气肯定不成问题，一个月下来挣的不会比上班族少。

现在，像小强和小静这样做网店的人越来越多了，卖的东西也是五花八门。从淘宝网来看，小至针头线脑，大到汽车家电，国内的、国外的，全新的、二手的，在网上只要有用的就有卖的。主要因为网上开店有很多优势，只要你的计算机能够上网，那么利用自己的闲暇时间，甚至是玩网络游戏的时间，就可以赚钱。也就是说，世界上的任何一个人都可以参与到网络赚钱中来。

何况，网上开店空间大，成本较低。掌握了物美价廉的货源，也就掌握了电子商务经营的关键。就拿服饰类商品的知名品牌来说，大多是全国统一价格，在一般实体店最低只能卖八五折，而在网上，服饰类商品的价格都是商场的二至七折，基于此，网店大受欢迎也就不足为怪了。

还有一个原因，就是在网上开店相对来说手续也比较简单。选定一个适合自己的电商网站后，按要求将身份证复印件上传到网上，得到该网站客户服务部的确认，三天后你的店就可以开张了。开个网店虽然相对比较容易，但所需要的技术含量也不低，哪一个环节处理不好都会影响到你的生意。

第一步是要为自己的网店定位

开网店和开实体店是不一样的，在实体店中，只要你店的位置不会太差，小生意就可以做得不错，就算是售卖大众化的物品，都一样可以赚得盆满钵满。在网上做生意，就要看你的眼光了，你要独辟蹊径，掌握了主流网民的基本特征，就相当于掌握了网店一半的未来。

说到进货渠道，最理想的当然是在工厂进货。如果能和工厂有关系，只需将商品拍照上传，有销售时直接从工厂拿货，就不会有压货的风险了。很多网店的经营者在网下就有实际店铺，从批发商处拿优惠价，实行网上网下多渠道销售，也颇具竞争力。

第二步是选好店址

域名、地址好比是网店的门牌号码，要进驻商城，当然首选人气旺盛的网站，如淘宝、易趣等。

第三步是装饰门面

给自己的网店起个好听的名字，及时刷新网上店铺的货品，都可以起到装饰门面的作用。通过网上交易，顾客看不到你的商品，那么，想要在众多的网店中脱颖而出，就要采取一定的推广手段。比如为你的网店申请一个独立的域名，将网上商店登记在搜索引擎上，或者在其他网站上进行介绍，甚至投放一定的网络广告等。

第四步是店内陈设

网店中的商品名称应尽可能以简洁的语言概括出商品的特质，分类明确。将相对较热卖的商品放到网店首页。商品的图片是你给顾客的第一印

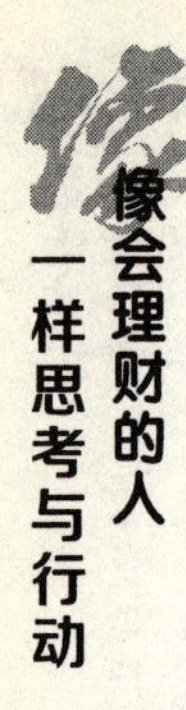

象，也是你的门面，必须精益求精。

此外，店里的宝贝要经常更新，就算没有生意，也要常常弄点新商品放上货架，并把自己积压的产品做个了断，只有让有限的资金不停地快速流动，你的利润才会滚滚而来。

第五步是处理经营中的问题

想要扩大网店的知名度，可以在论坛上进行宣传。签名档是一个很重要的东西，特别是有些论坛不让发广告，那就只有通过签名档来吸引顾客到你的店铺来，还可以搞一些特价活动来吸引买家，制造人气。

开网店，还要申请类似旺旺等网上交易的聊天工具，在线的时候一定要保持开着旺旺，那样可以及时解答买家的疑难问题。

网店经营，服务也是至关重要的一方面，用心经营你的店铺，相信不久你将大有收获。

自主创业，在自由中创造财富

没有人愿意朝九晚五地上班，给别人打工，毕竟被别人管理的滋味不好受。对现代人来说，最好的职业取向就是既能赚到钱又有更多的可自由支配的时间，在这样的心理支配下，越来越多的自由职业者诞生了。他们包括律师、自由撰稿人、独立的演员、歌手、自主创业者等。只要你有致富头脑或专长，那么，你就能成为一名合格的自由职业者。

林夕开了一家宠物托养医院。这是一家不大的门面，却常让来往的行人驻足。为什么呢？原来是小夕这里的小宝贝太多啦，有嬉皮笑脸的斗牛士、毛发卷卷的贵妇狗、肚子和长毛一起拖到地上的京巴、气势汹汹的苏格兰牧羊犬……是它们引得路人频频回首，不忍离去。

如今，人们的生活水平提高了，很多人的业余生活都开始与宠物为伴。并且在很多人眼中，宠物已然成为家庭的成员，吃喝用度有时甚至比主人还高级。平时若是它们生病了，主人就会心疼得不得了。这些小东西在专门的宠物诊所看病费用还是挺贵的。一般来说挂号 20 元，但连续几天就诊的话，只收一次挂号费；普通吊盐水 120 元一瓶，如果要在盐水中加入特别药剂，将会是 200 元左右一瓶。

在小夕的宠物托养医院，除了看病，还为顾客的宠物打扮，修毛、剪指甲、全套造型是托养所的主要经营项目。每个月下来，小夕至少可以赚 5000 块。经营了一段时间，小夕赚到的钱相对于开始时的投资资金增长了几倍。

问到经营心得时，小夕说，要办好一个宠物“托养所”，必须有几间可以饲养宠物的房屋，具备饲养宠物的科学知识，此外还有一个基本前提，那就是必须取得开宠物医院的合法执照。

最重要的一点是，你一定要发自内心地喜爱小动物，对待它们不但要有爱心，还要特别细心。如果有宠物在托管期间生病或死亡，托管人就应负责治疗和赔偿。这就需要在接受托管时要进行一些必要的检查，并根据情况及宠物价值合理地定出赔偿价格。

像小夕这种自由职业，自己创业的方式，主要的优点就是“自由”，这种“自由”包含以下几个方面。

1. 不用看老板脸色

很多员工都不喜欢老板对其指手画脚，但是老板就是老板，他掌握了员工的薪水高低，职位的升降，所以无论员工有多么不情愿，多么委屈，对老板的任意指挥也是无可奈何。因为所有的老板都一样，希望以最小的投入获取最大化的利润，因此他们对员工要求高一些也是必然的。

但是，如果你成为了一个自由职业者，这些问题就全部解决了，你就是自己的老板，任谁也不会给你脸色看。只要不逾越道德与法律的警戒，你可以充分发挥个人潜能，想怎么做就怎么做。先不说利益如何，起码从精神上就是一种解放。

2. 不用朝九晚五

朝九晚五的概念就是，不管多辛苦，晚上睡得多晚，早晨闹钟一响，你都要按时起床，否则，你就会有因迟到而被扣工资的危险。下午准时下班也是奢侈，因为搞不好在临下班时，老板就会给你布置新任务，他当然不会要求你加班，但是任务和时间摆在那里，由不得你不主动加班，完不成任务遭殃的还是自己，就因为此，很多上班族的双休日变成了单休日，有一位朋友说，忙碌了一周休息一天，真的就跟没休息一样。若是你能够转一下心思，开始自由创业，就不用再忍受这些痛苦，想工作的时候工作，累了想休息也不会有人管你。

3. 着装自由

身为自由职业者，岗位上仪容仪表的限制，在着装和仪表上随意舒适即可。这对许多女性朋友来说，是一件十分快乐幸福的事。

此外，自由职业作为一个相对自由、活跃的工作，也更易于激发个人的灵感和创造力。别看小夕那个小小的宠物店，打点起来要学习和管理的地方还真不少。第一个电子表格软件的发明者布里克林说过：就算有良好的训练和天分，以及好的时机，做一个成功的创业者也实非易事，创业者还需要掌握一些创业诀窍，不断学习成长，才能应对创业中的挫折。这其中创业起步就是关键中的关键。

（1）发挥优势。如果你拥有某方面的特长，那么从事和这个专长有关的事业更容易成功，因为做自己专长的事情，有动力也有优势。

（2）结合兴趣。如果能将兴趣同创业目标相结合，对于事业的发展也是十分有利的。比如你有绘画和设计方面的兴趣，可以开一家专业工作室，从事家庭装潢设计，或是网页美术设计都是不错的选择，人的一生最幸福的事是你所做的事情正好是你的兴趣点，它能充分点燃你的热情，发挥想象力，而且投入其中也不会累，有了这些因素，你也就成功了大半。

（3）修正缺陷。很多知名品牌并不是真正完美无缺的，许多产品往往也存在一些缺陷，但是因为品牌效应及人们长期以来的消费习惯的影响，它们已经拥有了一批稳定的消费群体，只要你能从成熟产品的薄弱处入手，强化、优化、细化某些功能，推出一件新产品，就可以成为市场上有利的竞争者，从而争取到很多客户资源。

（4）无本经营。创业初期，很多人都会面临资金短缺的问题，其实我们不妨找一些不用花钱的创业方式，或者低成本的创业方式。比如，在网店中出售自己 DIY 的物品，等等。

（5）结盟企业。假如你具备某些优势，但独立操作还面临一定的困难，不妨寻求与自己相关的企业合作，提供自己的构思和方案，与对方协商以后签订合同，实现彼此间的优势互补，这样做不失为一个好办法。假如你有开发新软件的技术，便可与现有的知名企业结盟，借助他们的管理、资金和销售渠道，推出你的新软件。这样可以达到资源共享、降低投资风险的效果。

（6）善于学习。很多人创业之初是一段很艰难的日子，正所谓万事开头难。这个时候，善于借鉴前辈的经验，多学习他们的管理和创意，让自己真正谦卑下来，才能在创业的道路上摸索出一条适合自己的经营方式。

（7）虚拟销售。自主创业产品达到成熟阶段时，要考虑到产品的推广环节，应如何进行销售才能打开市场。可以尝试进行“虚拟销售”。假如你设计的产品是软件，那么不妨先进入某知名软件公司的销售领域做代理，弄清楚软件销售的各个环节，并逐步为自己搭建起完善的销售网，在这个过程中再将自己的产品渗透进去。

万事开头难，很多知名企业家也是一样的，他们都是从一个个小投资开始做起，认真摸索和开拓，慢慢地将事业发展起来，最终成为富翁。所以，自主创业初期，要脚踏实地，一步一个脚印，不能期盼一步登天。

业余摄影，高高兴兴实现赚钱梦

如今社会上出现了越来越多的业余摄影爱好者，在从前，他们拍的照片多是用来自娱自乐。随着网络的发达，很多人开始将自己的作品传到网上，供大家欣赏指正，和其他摄影爱好者共同讨论学习，对个人的进步有很大的帮助。其中，也有很多人不仅把摄影当作业余爱好，也逐渐成了他们赚钱的新方法。

在武汉的外滩，有很多靠拍照赚钱的小贩。当你走到外滩的大门口，就会发现很多人举着相簿在向游人介绍，表明可以为游人拍照留念。这样一次成像的照片，拍完马上就可以拿到手，而且效果的确比自己拍的要好，价格也不贵，一张 5 到 10 元，所以很多游客都会驻足留念。

这种一次成像的拍照职业在很多旅游景点日渐增多，这是比较传统的拍照赚钱的方式，也为很多旅游者所接受。而今，还有一种比较新颖的拍照赚钱方法，它是通过网络实现的。

在一些专业提供摄影爱好者的网站上，你可以将自己的摄影作品上传到这些网站，只要你的作品有一定的点击率，那么你就可以拿到网站支付的费用了。

当然，如果你的照片有幸得到了专业人士的认可，那么你的摄影就会逐渐开始走向职业化，你的作品可能会被刊登在媒体上，如果他们愿意与你长期合作，你将会从业余摄影师变成专业摄影师，这样的例子在当今的社会环境中并不鲜见。

而今的媒体上还有专门为大众提供新闻线索的平台，很多连业余摄影都称不上的人，因为偶遇突发事件，把当时的场景用手机或者相机拍下后卖给媒体，也是一种赚钱的方法。

但不管用哪种方法拍照赚钱，总的来说，照片效果最为关键，这个效果当然不仅指照片的质量，还有照片所包含的审美、故事、含义，甚至新闻价值，等等。

可见，掌握一些拍摄技巧，在业余爱好之余，说不定还能成就你的摄影赚钱梦。在这个过程中，有几点建议给大家：

1. 提高图片质量

图片质量是一张相片能否被采用的关键。如果你是摄影爱好者，那你一定知道不少摄影技巧，这时，将这些摄影技巧运用在拍照中，比如广角的夸张、细节的描写、长焦的虚化，以及增加色彩、构图、光影等方面的独特美感，可以让照片更富有视觉冲击力，往往可以一下就抓住别人的目光。此外，独一无二的现场抓拍也很重要，当然，这个就要靠运气和你的职业敏感度了。

2. 注重新闻敏感性

如果你想成为一个成功的摄影师，那么具备新闻敏感性很重要。这里所说的新闻敏感并不是说要具备像记者那么专业的敏感素质，而是当事件发生在你身边时，你能瞬间抓住机会的能力，从独特的角度抓拍照片，而不要因为一时疏忽或走神，让大好机会白白错过。而新闻图片除了讲究新闻热点外，还要能讲述事件，体现事件的含义，这方面则需要长期的观察和学习。

3. 注重时效性

这个技巧同样只适用于新闻类的照片。新闻本身就是注重时效性的，照片比文字来得要快，所以更要具有时效性。有些很重要的时事新闻，就是直接以图片加短句的形式出现的。因此，如果你遇到了偶发事件，在可以判断新闻价值的情况下，将照片拍下来，卖给后面赶来的记者，如若被媒体采纳，你便能够从中获得一定的费用。再者，一些热门的话题，比如人物、受关注的社会现象等都很容易被媒体采纳。

4. 保持好奇心

曾经有摄影师用两年时间将全上海的广告牌横扫了一遍，结果被媒体报道并用配图的形式展示出来。不久又出现了拍摄北京部委标牌的“专业户”。新闻照片不是唯一可追求的，毕竟偶遇突发事件的概率实在是太低了，非专业人士很难有那么多的时间和机会去拍摄。但是，为自己发掘这个城市可见的不同视角，也是一个不错的拍摄理念。比如，网络上很流行的一张一个女孩在一幅东信手机的广告牌前边打着手机路过的图片，这种图片往往看似简单，似乎这样的场景也经常发生在你身边，甚至你会发出一声感叹：“要是我去拍肯定拍得比他好。”但为什么你就没有拍到呢？原因就在于你是否在保持一颗对世间事物的好奇心，有了这样的好奇心，你才能从生活中提炼出有代表性的事件，随时抓拍到有价值的素材，最终既充实了自己的生活，也在娱乐中为自己换来了经济价值。

招数说得再多，也只是理论而已，想要拍出好相片，还得靠自己去实践。其实，对于摄影爱好者来说，只要你有扎实的基本功，善于捕捉生活中的片段，那么日久天长，在收获喜悦之余，摄影还将会带给你不竭的物质和精神财富。

让宠物为你提供赚钱的好机会

对于我国目前的现状来讲，宠物饲养已经是一种流行的趋势，不光城市里很多家庭都养宠物，现在很多农村的家庭也有开始饲养的了。但是你

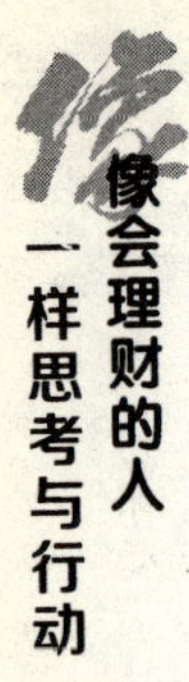

有没有想过或许可以从宠物身上找到商机呢？

据有关资料显示，目前中国宠物以及宠物用品一年的交易额已超过100亿元，宠物各方面的需求量以在以每年15%的速度增长。专家预测，中国未来几年宠物市场的潜力将会达到150亿元以上。不可否认，宠物行业这一全新的新兴行业，正以迅猛之势在中国的经济中彰显它越来越强大的生命力，并以巨大的发展潜力吸引着众多的投资者加入进来。想赚钱的朋友怎么能错过这么好的时机呢？

李克丰是长春人，在长春经营宠物店已有10多年。凭着多年在宠物圈摸爬滚打的经验，通过敏锐的商业嗅觉他发现了宠物猫的商机，因此，从去年开始，他的宠物店经营重心开始向宠物猫转移。

李克丰从事宠物经营最早是从宠物狗做起的，现在各种类宠物狗家里还有近20只，几乎囊括了大家熟知的所有小型宠物犬品种。在双阳，他有一处占地5亩的宠物繁育中心，从去年开始，这个繁育中心陆续有"新客人"入住——一群黏人可爱的猫咪。

李克丰说，早年也经营过宠物猫，但那时自己并不搞繁育，做的是快来、快走的经销方式。但从去年年初开始，宠物猫市场突然活跃起来，走得快的都是美国短毛、英国短毛、布偶、暹罗、加菲……多数价格不菲，价格在几千元甚至上万元，这让他看到了商机。

随后，原来那些在店里待售的猫全都被他撤了下来，而且还陆续进了一批种猫和母猫，他决定花更多的精力专门做宠物猫的繁育。不过去年入夏，由于他和妻子两人决定要孩子，必须将家里的宠物处理掉一部分，于是前期购入的种猫和母猫大部分都被他投入到了市场。没想到这一举动让他发现，仅仅几个月时间，宠物猫在市场上又是风生水起，上了一个大台阶。

不到一个月的时间，十几只种猫和几只母猫全部售出，近20只猫就为李克丰带来了30多万元的进账，最贵的一只种猫甚至卖到了5万元。

现在李克丰的繁育中心还留有一些母猫和种猫，他说："大规模繁育的打算暂时只能放一放了，留一些"火种"等生完孩子后再说。现在李克丰身边做宠物的朋友有很多都在做宠物猫的繁育，他也想看看，这波宠物猫行情是否能取代宠物狗的地位。

现如今，家里有宠物已成为了一种时尚。据有关部门预测，未来10年里，我国“哈宠族”的人数将继续增长。如果你能抓住这一机遇，下一个百万甚至千万富翁可能都会是你呢！目前来说，宠物猫在国内市场的趋势如下：

1. 宠物猫市场的整体热度不会下降

在沈阳宠物交易大市场（以下简称沈阳宠物市场）内已然人声鼎沸，作为东北地区最大的宠物市场之一，这样的盛况每周末都会发生。如今，这个市场经营的宠物过半的区域已经被宠物猫占据。毫不夸张地说，这里几乎成了宠物猫交易的专有市场。

据业内人士说，除了东北地区，全国各地宠物猫经销商以及爱猫人士都会来此“赶行”，他们或买或卖，或仅仅是出于喜欢来看猫。对于他们来说，这里好比一场盛宴。由此，我们也可以看到宠物猫强势兴起的轨迹。如今，猫替代狗变主角上万元一只都很常见。

2. 猫咪在我国一直都是高需求的小动物

猫之所以能成为宠物，是因为它长相十分可爱甜美，加上养猫并不费什么工夫，所以很多城市的朋友家里都养有一只猫，这样每天下班回家，爱猫都会过来讨好主人，让主人十分开心，这也是宠物猫讨人喜欢的原因之一。

我国对宠物的需求量在不断地增加。现在的城市家庭养宠物的，一般小猫和小狗最为常见。很多独居老年人，家里难免要养个小动物陪伴，讨巧的小猫和小狗自然就成为他们追捧的对象。家里有小朋友的也会养一只乖巧的小动物来陪他们玩耍。从这个角度来看，宠物养殖还是很有前景的。

那么，通过宠物赚钱都有哪些途径呢？

途径一：开间宠物写真馆。

目前，宠物在某种程度上已成为家庭成员，同时针对这些小猫小狗的服务也越来越细致。给宠物拍写真就是一个好例子，而宠物写真馆的商机自然应运而生。

（1）投资条件。一个20平方米左右的铺面，有简单的摄影棚和摄影装备即可。店铺的位置可以选择在公园、广场或者宠物医院附近，以利“借光”。

（2）个人条件。一个优秀的宠物摄影师，除了有过硬的技术，还必须了解与宠物相关的知识，熟识每一个种类，知道它们身上最有价值的部位是什么，有的甚至还要知晓大多数宠物的骨骼图。在国外的宠物摄影从20世纪60年代就开始起步了，通过几十年的积累，现在已经形成了一个成熟稳定的市场，在这里还有大师级的职业宠物摄影师。但宠物摄影目前在中国还没有形成一定的行业氛围。

（3）定价参考。在给宠物的摄影照片以及宠物写真相册的定价可参考当地同行之间的定价来进行。同时也可考虑将这些照片印在杯子上，或者放进钥匙扣等之类的DIY创意，一方面可以完善产品的种类，另一方面也能增加盈利点。

（4）促销方式。开始你可以给有意向做这方面的客户免费送照片，假如他们想大量地拍摄或制作成相册的话，再另外收取费用。也可以通过宠物网站和客户宣传的口碑来增加订单，有些网站也有“宠物选美”的活动，可以通过免费为宠物拍照来打出名气。

途径二：开个宠物饰品店。

开宠物饰品店首先得需要本钱，其次，想加入宠物饰品店这个行业，就要有宠物的专业知识，起码你的专业和这方面要有些关联。如果没有这些专业知识，那么你就要去学习，而像这种的学习最好不要去这类的专业学校，因为学费太贵，而且学到的东西在开宠物饰品店之初还未必能用得上。开宠物饰品店最重要的是学习怎么去管理和经营，所以最好找个宠物美容店，或者去宠物保健店实习一番，来为自己日后开宠物饰品店积累经验，说白了就是去“偷师学艺”。最后，你最好能联系到生产或者销售宠物用品的单位或是开宠物饰品店的个人。如果上述这三个条件你都满足了，而且又具备工作的热情，不怕艰苦，那么你现在就可以开家宠物饰品店了。

如果你觉得目前经验还不足，不如到实体店中去积累些经验再说。但是你要记住，给别人打工，尤其是女性，发财致富的可能性是很小的，所以你要好好谋划自己的事业、自己的人生。

热爱文字，可以做个自由撰稿人

随着社会的发展，行业竞争越发激烈，出版界更是如此。为了求得好稿，各个出版单位开出的稿费也显现日趋增高的态势。这给自由撰稿人提供了很大的生存空间，所以，有写字天赋的人，既可以发挥优势，又可以随自己的喜好，把所思所想敲打成字，发表出来，让“文采”变钱财，真是一举两得。

风靡一时的《哈利·波特》，让很多人认识了罗琳。

这个女孩从小相貌平平，脸上架着一副大镜框，其他孩子总是因为她的姓氏奚落她为“擀面杖”或者“滚石”，甚至让她一直对自己的姓氏耿耿于怀。

她是一位乖乖女，听父母的话，放弃自己喜爱的英文，而去学法文。她大学毕业后成了秘书，每天蹲在办公室里打会议报表。她草草地结了婚又离婚，继而雪上加霜地失了业。

罗琳过了二十六年平凡而无趣的“麻瓜”生活后，有一天，她拿起了神奇的笔，那个名叫哈利·波特的小巫师在罗琳的笔下活生生地跳进了全球大大小小麻瓜们平庸的现实世界中，一场生机勃勃的魔法革命开始了：猫头鹰、魔法棒、魁地奇、隐身衣、会飞的扫帚……

而罗琳也自然而然地成了魔法妈妈，一举拥有上亿英镑的财富，崭新的幸福婚姻。才女最终顺利变身为“财”女。

如果你有文字方面的天赋，不妨也把你的才思写出来，这样说不定“才”也会变成“财”，来为你的生活增光添彩。

据统计，目前我国有正式刊号的报刊就有一万九千多家，报纸的版面越来越多，杂志纷纷从月刊变成半月刊甚至周刊，对稿件的需求量也很大，可以说信息时代媒体竞争十分激烈。

随着时代的进步，自由撰稿人这种全新的自由职业者开始在国内风行起来。可以说，在进入20世纪90年代之后，各种专兼职的自由撰稿人以难以抵挡的趋势迅速抢占了专职记者和职业作家的地盘，以大量优秀的作品充实着各大媒体的内容。

从石板到竹简、羊皮，再到纸的发明，每一次载体的变化都是一场文学革命。我们每天的工作和生活都已离不开网络，现在，已经到了各大网站给网民付稿酬的时代了。

小晶是中文系的一个女生，平时喜欢看书、听音乐。大三暑假时，她不想出去实习，整天待在家里又无事可做，便写了一点儿心情小记，随意贴到西祠的一个BBS上面，没想到跟帖的人还挺多。其中，有一家杂志社的编辑留言给她，希望她能给杂志社投稿。一来二去，小晶现在也称得上是一个自由撰稿人了，稿费已成为她的主要收入之一。

从小晶的例子可以看出，所谓自由撰稿人，就是将撰稿当成一种创收手段，同时又不隶属于传媒组织机构的相对自由的职业者。对于他们而言，既不是作家，也不是记者，可以说，他们只是一群把撰稿作为谋生或创收手段的普通劳动者。

在竞争激烈的社会中，如何脱颖而出，是现在自由撰稿者面临的一个实际的问题。

1. 首先要有目标和规划

自由撰稿也是一个自由与风险并存的职业，不是随便写写文章就能成功的，但凡事预则立，不给自己定一个目标和计划，纵有满腹经纶，也只是空谈。首先我们要了解自己，知道要达到一个什么样的目标，然后再根据个人实际情况做规划。比如在多长时间内，学习专业知识，见稿多少篇，与当地媒体的编辑建立起初步的联系等。这些都是基础工作，也是为提升自己所做的准备。

2. 要具备管理时间的能力

自由总是与自律并存。任何自由如果不是建立在自我管理的基础上，那这个自由反而会对当事人形成更大的桎梏，故而也就称不上真正的自由了。一个能真正掌控管理好自己生活的人，才能享受到真正的自由。自由撰稿人这份工作，需要的就是强大的自制力和自我管理能力，建议最好列出一个日程表，将每天的工作、上网、生活等以时间表的形式进行规划，同时这个时间表可以作为对自己的一个约束。平时应尽量地按照时间表进行作息，一方面可以养成良好的工作习惯，另一方面也可以让自己有一个很好的生活状态。

3. 要有市场观念

既然想自己既当老板又当伙计，作为一个自由撰稿人，应该养成根据市场而生存的意识。所以，应该对市场规则多了解，并关注时事，因为市场需求是与时事相关的。具体应该做到：对各路媒体的生存现状有了解，作品也要根据市场需求定位和创作；其次，要有广泛的信息量，使作品保鲜、常新，而不会很快被社会所淘汰；最后，要有营销意识。把自己的作品当作产品，找到最好的买家，并以满意的价格成交。

4. 要有百折不挠的信心

做任何事情都要有信心。既然你已经做好了要当一个自由撰稿人的准备，那么你就要有应对其中遇到的各种困难的心理。如长期没有回报，或者遭到冷遇，你的手稿被大幅度删改，拖欠稿费等现象，但只要你有信心和毅力，理智地进行自我分析和总结，并坚持不懈地写下去，总有一天你会从文字中发现自我价值。

自由撰稿人如今已成为一种风尚，众多文学爱好者不再把当“作家”作为自己的追求，而把能成为“自由撰稿人”作为一种荣耀。互联网时代也为文学爱好者提供了很好的平台，许多媒体编辑都有自己的电子信箱，如果你具备撰稿能力，应合理利用互联网将自己的作品“推销”给媒体，这样你就成了一个可以用文字赚钱的人。

兼职婚庆，财富人脉双丰收

结婚生子人之大事，几乎每个人的一生都会经历。而今，越来越多的都市白领看到了婚庆市场上的商机，利用自己的才学做起了兼职婚庆人

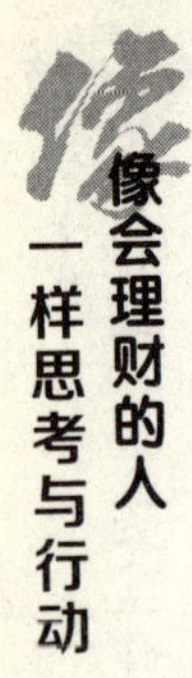

员。如此不但为自己提高了收入，更有利于人脉关系的积累。

小茹是一名大三学生，读书期间，她利用周末时间，去婚庆公司兼职做伴娘，共赚了8300块钱。据她说，平均下来，每个周末都要参加一两场婚礼，遇到五一、十一这样的婚礼高峰期，就需要赶场了。

小茹说，与给朋友当伴娘相比，这种职业伴娘当得一点也不轻松。不但要提前和新人沟通，还要和新人一起试装。

一般情况下，婚礼当天，从早上6点开始，从新娘化妆到迎亲，再到婚礼现场等，伴娘都要全程陪同照顾新娘的一切事宜，一刻都不能闲着，直到晚上将新人送入洞房为止，跟贴身丫鬟差不多。

在当下社会中，像小茹这样做伴娘的在校大学生不在少数，当然伴郎也是，这也是一种相对快速的赚钱方法，而且赚到的钱相对来说也较多。但是很多家长并不愿意让孩子去做兼职婚庆，尤其是女孩子，出于安全考虑，要与素不相识的人相处一天，难免会令人担心。

与小茹不同的是，许先生担当的是婚车接送的角色。他自己拥有一辆奥迪A6，购车后，经过考虑，他让自己的私家车"投奔"到婚庆礼仪公司门下。自从与婚庆公司合作后，基本上每到周末，5点刚过就得起床，擦拭爱车加入婚庆公司的婚车队伍，许先生就过上了这样的兼职生活。他认为一方面可以沾点结婚的喜气，多结识一些各方面的朋友。另一方面，又可以用赚到的不菲的出场费来供养爱车，可谓一举两得。

而且，自买车两年来，靠在节假日的这份"兼职"婚车，每年竟有1万多元的收入，养车基本上不成问题，赶上好日子价格还会上涨。因此，许先生对做兼职婚车津津乐道，按每月出车4次计算，每月至少能进账2000元。

对于像许先生这种私家车兼职做婚车的情况，一些婚庆礼仪公司也很欢迎。一般情况下，公司提供的婚车极少部分是专业婚车，大部分还是车主提供的私家车，这样公司管理上方便，车源比较稳定，车辆档次也较高。婚庆公司接到了婚车业务，一般都会提前打个电话联系车主。有的婚庆公司负责人还主动给有私家车的车主发名片，留下联系方式，希望他们可以提供"兼职"婚车。

司仪也是兼职婚庆中另一个较为热门的职业。

小李是一位工作几年的白领。一个偶然的机会，使他与兼职“司仪”结缘。朋友要结婚了，在婚礼即将开始的时候，请来的司仪却撂了挑子，学生时代多次做过主持人的他临危受命，而且大家都认为他主持得十分好。后来，小李想，我何不就往婚礼主持人这方面发展发展，做一个兼职司仪呢?

工作起来热情、尽职的他，主持风格受到许多新人的推崇，小李的兼职事业渐渐做得风生水起。

而身为学生的小明，也是在一个偶然的机会，遇到市区一家婚庆公司招聘员工，因这个职位和自己所学新闻主持专业有点沾边，他就试着应聘了。刚开始，小明主要是在里面干点杂活，扯电线、调音响、挂条幅……每看到司仪在台上时而舒缓深沉、时而灵动欢快的主持时，他都羡慕不已。于是他借来一些经典的婚礼录像，反复看反复记，并结合新闻主持的特点，在学校空旷的操场上，自己练习“主持”婚礼。机会终于来了，有一天，他兼职的婚庆公司定好的司仪因赶场迟迟未到，婚礼急着开始，婚庆公司硬是把小明推上台来应付前半场。没想到，这次略显生涩的主持，竟然受到了新人和来宾的好评。

但是，司仪不是什么人都可以当的，需要像小李、小明这样有良好的专业背景，再加上个人的天赋和努力。如果你有这方面的天赋和经验，做兼职司仪赚钱也是一条不错的财路。

每逢节假日及结婚高峰期，婚庆司仪、婚礼化妆师、礼仪、主持人等的需求量也在加大，薪酬也明显提高，所以抓住赚钱良机才是正道。

第十一章

投资房产，快速致富的捷径

买好一点的房胜过买好一点的车

在社会化热潮演变的今天，私家车已经在一线城市普及，继而延伸到二、三线城市。而不出5年，房子也会在所有的一线城市奢侈品化，10～15年内，在部分经济发达的二、三线城市也会如此。北上广深市区中心热点地段的房子，10万块钱一个平方绝对是亲情价位。以此对比车子和房子，就可以看到房子有巨大的增值空间，而私家车的普及，却使其价值猛跌。房产作为一种固定资产，不仅可以给人们的生活提供固定的场所，而且房产的增值会带来高额回报，从2004年开始，房产几乎是以快跑的速度向上升，其奢侈品化的趋势逐步加快。

有人说，买房子是件有风险的事，应三思而后行，也会有人说现存银行都要亮红灯，为何还要投资房产？不知道房产行业的动向的人，就会被这样的话吓住，但如果认真分析就会发现，说不准机会正在人们观望或退缩中出现了。房产的长周期性及其扩散波动形式意味着，地产价格有长期向上或大幅度向下剧烈波动的可能。美联储曾对全球大部分城市房价进行研究表明，很多国家房价连续上涨达十多年，最长甚至35年，然后突然暴跌，通常经济规模越大，其涨跌周期也就越长。

房产价值主要取决于房子本身的品质，包括地理位置、交通环境、配套设施、房屋楼层、户型等多项条件。这些均是确保房产保值，以及未来增值的必要条件，也是购房人入住后舒适与否的关键因素。判断房产本身的品质，要看房型、面积、格局配比，公园、学校、集贸市场、超市、体育场馆等生活配套是否齐全，这些条件直接决定着该地段房产的附加价值，及其未来的升值空间。

时代不同，人们的消费理念也不同，若是在几年前，在买车还是买房的问题上，人们应该是倾向于先买车，因为那时候刚结束福利分房，很多人都赶上了最后一班车，也就使得买房的问题显得不那么迫切，而且那时的房价也不像今天这样暴涨。当时，买车更能代表一种消费观念的进步，

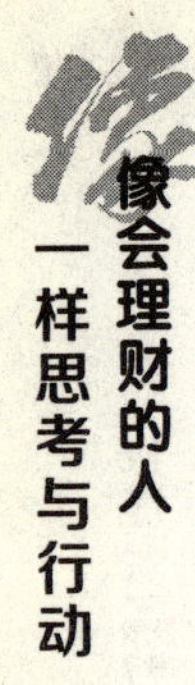

并在一定程度上改变着人们的生活习惯和方式。

但是，随着时间的推移，情况发生了很大的变化，房价居高不下，而车价却是每况愈下，这种两极分化的现象仍有着愈演愈烈的态势。其实，从双方不对等的价值上很容易看得出，不管是投资还是自用，买房子都要比买车更有价值，当然就更值得我们优先考虑。很简单的道理，房子是增值的，而车子却在不断地贬值。

不知你有没有发现，几年前买的房子，几年后再卖出去，价格就会涨许多，而如果是购买车子，几年后再卖，基本上就没有什么价值可言了。房子作为生活的必需品，虽然绝大多数人买房还是留着自己住，但从投资的角度来看，其实就相当于在银行存了一笔巨款。有了房子壮胆，人的心情也会开朗许多，而车子作为一种代步的工具，属于纯粹的消耗品，会给人增添许多额外的负担。

买房子以后的花销并不多，除了装修、换家具，并没有其他的花费，属于一次性投资；车子就不同了，从买回来以后，各种开销流水一样没完没了，除了正常的养路费、保险费、燃油费、损耗费之外，还有不可预见的维修费、违章罚款、事故损失、停车费用等，加起来就是一笔不小的开支，除非家庭生活十分富裕，否则实在是得不偿失，因为出门时用买车的这些钱打车，会省下不少钱，还会省去不少麻烦。

所以，当遇到买房子好还是买车好的问题时，如果有钱，当然两样都应兼备，这更符合人们心中的理想，但如果只能从二者之间做出取舍，那首先应该是买房子。

甲、乙、丙三个人同在一家教育机构工作，共事也有七八年了，不过由于他们理财观念的不同，生活状况也大不相同。某日，三人相约到某地小聚，没想到天会突然下起雨来，乙对丙说，真没想到天会下雨，要是有车开，那真是太方便了。丙苦笑着说，是啊，不过因为前一阵子油价上调，开车的支出越来越高，我正想着把车卖掉呢！我还真羡慕甲的房子，想当初买车还真不是一个好决定。

三个人理财理念不同，几年后的他们所过的生活状况也不一样。其中丙做出了买车决定，因为车子的折价率很高，这就使其资产净值很低。如果丙学习乙的做法，定期定额投资到有机会增值的信托基金，几年后再来买车，则资产净值仍不变。如果买车代步是必要的需求，则必须考量折旧的问题，如果以60%～70%的价格取得车况好的二手车，还可以获得一定的差额资金，用来做信托基金的投资，就会提升资产增值的机会。

而甲却拿人生的第一桶金用来买房。买房的压力虽然也不小，但是其资产的增值性却很好，如果能负担得起房贷，还可以进行小屋换大屋的操作，让资产有更大的增值空间。如果甲在投资上能达到5%的报酬率，则几年后不管买车或是买房，手头上都会有较宽裕的资金。

在油电价格双双上涨的今天，你必须更关心自己的每一笔消费，当下次再进行消费或投资时，要先停下来想一想：我现在的行为，将会让我的资产增值还是减值？生活中，不少企业老总越来越有资产折旧的观念。有些公司改用租车服务来取代传统的购车，这样不用限期支付这笔购车费用，且租金仍可以报销，而且还可以在租用3年后更换新车。连办公室的影印机也早已推出许多每月租用的方案，避免一次性买入动辄数十万元的支出。可见，在买房还是买车这样的问题上，多少有一点折旧观念的人都能懂得这个道理，选择资产增值的投资，或许可以让你早日进入财务自由的行列，踏踏实实地生活一辈子。

看房过程中的几个关注点

但凡有买房经历的人都知道，看房是一个既耗时又耗力的过程，往往当你不辞辛苦地去看了许多小区，经过层层筛选剩下的，也未必是你最中意的。在看房的过程中，一些应注意的事项往往容易被购房者忽略，所以当选定中意的楼盘时，在售楼处面对销售员们热情似火的攻势，务必让自己的头脑保持冷静。因为很多销售人员具备专业的房产知识，而且深谙扬长避短之道，他们很可能会将自己楼盘的缺陷和不足一笔带过，让你毫不觉察。所以，在与销售人员交流时，一定要保持自我的判断力，避免步入购房陷阱。

如果你的购房目标只锁定在几个固定的小区，就会错失其他地方很多好的房源。为了获得更多的选择机会，要针对几个小区多做全面考量。

也许很多关于某小区房屋周边配套设施差、出行不方便等说法都是道听途说，只有当你亲临现场后才会发现，别人的看法永远都只是别人的看法，与你的个人判断之间还是有很大差异的。当你对房子很满意时，切忌直接在原地直接和业主谈价格。为了实现你的目标，最好是找个地方坐下来慢慢地谈，这样商量的余地才会更大，你购房的成本也将就此降低。

售楼行业的人常会提到“均价”这个词，顾名思义就是这个项目的平均价格，但往往买房的价格与打出的均价会有一定差距。所以，在看到均价时，一定要搞清楚其所指何项。在看到价格比较时，要先弄清楚每个项目报的到底是什么价位，可能有的是均价；有的是“开盘价”，也就是最低价，有的则是最高限价；有的是整套价格，有的是套内建筑面积价格。为此，无论是什么价格，我们需要弄清的是所选房屋的实际价格，一般情况下房价的出入还是有一定幅度的，弄不明白就会影响你的判断。除了上述因素外，还要注意你选看的房子是“初装修”还是“精装修”，因为二者对房屋的价格也会产生一定影响。

当已有几个楼盘可供选择时，那些大大超过预算和性能过差的项目首先要剔除，再进行进一步的综合比较。一般情况下，楼盘越贵性能就越好，对此，你首先要冷静分析，哪些性能是无用的，哪些性能是必需的。对于那些华而不实只会增加房价的买点，就必须果断割爱。还要考虑到入住是否会按时，入住时水、电、闭路监控系统、电话是否能正常投入使用，能否保证有线电视、宽频网络入户、煤气能否正常使用，以及小区内绿化、保洁、排污、照明、信报箱等私用或公用设施是否完备，并能够正常使用。

除此之外，在选购商品房时，质量问题是最难把握的，在日后的生活中，也是让人烦恼最多的因素。房屋质量问题主要起因于设计、施工中留下的隐患，主要体现在材料、结构、功能设置、施工管理、质量监督等方面。这些问题的专业性较强，一般购房者很难检验，考察住宅楼的质量，只有通过认真审阅商品住宅楼的质检合格书、住宅质量保证书、住宅使用说明书等相关证件。从居住的功能角度来分析，单元内不同空间要有相对合理的面积，合理的厨房面积应在 4 ~ 5 平方米，卫生间最好是洗、厕功能分开；三居室应该有两个卫生间，合理的主卧面积应在 13 ~ 14 平方米；还可以让客厅的面积尽量大些，尽量减少厅内开门的数量；房屋内部不要有斜角，要方正。

房屋层次的高低，难以从表面上看出来，一般的住宅楼，如果不考虑个人情况，在总层次的1/3以上、2/3以下为较好层次，如在北京地区的六层住宅楼的三、四层，十八层塔楼的六至十二层是不错的。同时，不要忽视一些细节，在很大程度上，一套优秀的居室体现在细节设计上。例如，有的精品楼盘就推出了居室进屋采用子母门，即有一扇小门与大门组合在一起，这样的好处就是在搬家具时不会发生“门小家具大”的尴尬。还有，在卫生间里预留电话插扎、屋面预留空调眼，有的楼盘在电梯专门设置了语音提示等，这些细微之处都能体现出开发商的素质和服务意识，也体现出房子的质量。

除了价格，配套最受购房者的重视，占到34%。可见，一个楼盘周边配套是否完善，对购房者心理会起到很大的影响；而地段与交通则占了相同的分量，楼盘要想受购房者青睐，不仅要有好的地段，更要有便利的交通条件，双管齐下才能笼络购房者跳跃的心；对于品牌看重情况，只有13%的人表示很重视，而不确定因素也还有9%的存在。

小区所处的地理位置，也就是平常所说的地段，地段的好坏对房产的售价有着决定性的作用，同时也是物业升值、保值的重要因素。房屋如果是个人居住，应该主要考虑到方便自己及家庭成员的出行，最好不要向闹市区扎堆，那样既不能提高生活质量，也不经济。一般只要离市中心不是太远，又有便利的交通，房价也相对合适就好。当然，一个不容忽视的问题就是居住环境，由于许多年来，人们一直被禁锢在冰冷的混凝土盒子里，对四周的环境一般不会很挑剔，认为只要小区绿化到位就可以了。其实，对于自己将来的生活环境，作为购房者应认真进行考察，不仅是对绿地覆盖率要求高，而且还能真正为己所用。另外，还要考察所购买楼房之间的距离、建筑密度、容积率和四周的污染情况，是否远离马路、工厂、大商场、大酒楼等。

住宅内环境，光、温度、卫生状况对居住者的身心健康有影响，要保证有大量的阳光透过窗户直射入室，这就需要考虑房屋的朝向。在北京地区，接受阳光直射面积最大、时间最长的是正南朝向，南偏东西105度也会使得阳光入室直射，而北偏东、北偏西75度内，阳光直射的可能性就会很小。

买房还要考虑到，在炎热的夏季，房屋是否具有良好的通风，同寒冷季节是否有温暖的日照一样重要。当然还要注意住宅楼是否处在开放的空间，住宅区的楼房布局是否有利于在夏季引进主导风，保证风路畅通。一些多层或板楼，从户型设计看通风情况良好，但由于围合过紧，或是背倚高大建筑物，实际上居住条件会很差。

看房还要考察好物业，物业服务的好坏是直接影响房屋升值的一个重要因素，物业管理得好，会给自己今后的生活带来很大的便利，而物业管理得不好，不但会影响生活，或许还会引来纠纷，所以要积极向有关人员打听小区所在的物业的服务情况。

在时下的小高层楼房和塔楼中，越来越不能忽视电梯的质量，电梯事故和故障发生会给人的生活带来安全隐患和诸多不便。所以，看房时也要查看该楼盘所用的电梯质量情况等。

越来越多的开发商很重视小区内的景观建设，好的景观能达到亲近的效果。但如今好多小区的景观像建楼房一样，先平整地皮，再造景观，缺乏“以人为本”的设计理念。这样的景观毫无层次可言，显得很呆板，一眼就可以看出人工雕琢的痕迹，根本没有亲和力，而且景观方面的投入也是一笔不小的开支，它占用购房者房屋成本的5%左右。

小区成熟与否，就是看小区配套设施是否完善，即小区的市政配套设施、生活配套设施、休息配套设施、交际配套设施及购物条件等。市政配套的管线最好是集中布置，离墙要近，少外露，安全性要好。当然，还要重点对小区的水源是否达标进行考察，此外，小区的学校、会所、超市、健身娱乐等生活配套设施也都应该考虑周到。

巧用房贷缩短还款期

而今，无论是一线城市还是二三线城市，越来越多的青年男女加入到贷款购房者的队伍中来。因房子而为银行打工，已是无法改变的事实。那么，贷款购房怎么做才能省心省钱，这就要吃透还款方式，根据自身情况选择最恰当的一种，另外还要巧用公积金，对此，猎马网做过如下总结：

1. 吃透还款方式

选择适合的还款方式也可以让贷款人达到省钱目的，目前比较普遍的还款方式有等额本息、等额本金、双周供这三种，从节省利息的角度来看依次为双周供 > 等额本金 > 等额本息。三种还款方式特点及适用人群各有其特点，借款人可根据自身实际情况进行选择。

2. 巧用公积金

对于有足月缴纳公积金的借款人来说，建议尽量使用公积金贷款。在购房时公积金优势明显不仅可以享受较低首付，容易审批，而且利率方面也有一定比例的优惠政策，在使用公积金购买政策性住房时，不但可以享受低利率还可以将公积金账户内余额直接做首付。

3. 选择不同银行借款

借款时选择不同的银行贷款是可以达到不同省钱效果的，从目前的房贷市场来看，外资银行本土化程度越来越高，内资银行的竞争意识也开始增强，借款人的可选余地也越来越大。

内资银行的优势在于了解本土借款人需求，推出的贷款产品适合不同人群。国有银行商业银行、农业信用社等在借款中信用度较高，各银行分行支行等，营业网点密集，方便借款人还款。其劣势在于部分内资银行在贷款细节上缺少人性化服务，业务办理中各部门衔接性较差，经营管理制度及竞争策略不及外资银行成熟。

外资银行的优势在于房贷产品较为丰富，一对一式服务更显人性化，提前还款无限制灵活便捷。部分房贷政策较灵活，其劣势在于对客户准入门槛高，一般要求在本行有一定数额存款的客户才可以办理房贷业务，对借款人的资质审核较严格，营业网点少，本土化程度较低。

4. 抵押购房

如果你在借款时想达到省钱目的，还可以选择抵押消费贷款。建议使用抵押房产再购房的借款人，尽量不要选择抵押后再贷款的形式购房，因为这样是要支付抵押贷款和商业贷款两部分的月供，且商业贷款部分的利率可能会按上浮 1.1 倍来执行，对于借款人会形成较大的还款压力。如果借款人选择抵押贷款，再加上手头积蓄等实现全款购房，则可在一定程度上规避二套房政策，借款人选择抵押全款购房会相对稳妥些。

贷款购房如果规划安排较为合理的话，总体上节省10%左右的购房开支是没有问题的，因此购房者必须要重视起来。

巧妙地利用银行还房贷的方式，不光有利于尽快还款和方便投资，有些精明的投资人还能从一个合适的贷款中赚出钱来。根据贷款品种的不同功能，选择适合的投资方式和目的，这样关系到你的投资是否能获取更高的利润。

为了利用房贷，使“房奴”变为房主，你就需要选择功能灵活的贷款产品。贷款产品的功能是至关重要的，有的产品对多还款和再取款有若干的限制，这会滞后还款期。有时这类产品以较低的初始利率来吸引客户，一些客户只看到其表面的利率，不了解其稳定性、功能及一些限制的条件。选择功能灵活的贷款产品，使各种收入直接进入贷款账户，在第一时间冲掉本金、抵消利息，能大大缩短还款期。那么，如何巧妙地利用银行房贷的方式来为自己解忧，规避风险呢？

1. 选择合适的还款期限

通常来说，贷款购房，还款年限一般选择在15~20年较为合适。若是贷款年限过短的话，还款的压力就相对较大，如果你的工作一旦发生更变，就可能导致无力还贷。但如果你能预期自己未来的收入会有大幅度的增长，则不妨选择较短的还款期限，这样一来可以少付利息。若你有住房公积金，在购房时能用多少公积金就尽量使用。就算工作的时间不长，公积金较少，但能用也最好用，这样可以少付利息。

2. 选择变种房贷

变种房贷有两种方式：

（1）宽限期。贷款发放后，在合同约定的时期内，只需每月支付利息，暂不归还贷款本金。待宽限期结束后，按照合同约定的等额本金或等额本息方式还本付息。

（2）存贷通。在银行建立一个存贷通的账户，银行规定超出5万元以上的存款，银行按比例视为提前还款，以减少你的利息支出。一旦急需，可提取房贷理财账户中的所有款项。

3. 选择移动组合房贷或入住还款法

25岁的晓丽活泼漂亮，是一个潇洒的自由职业者，家在外地，和别人合租在一个50多平方米的老房里。她平时的工作就是专为市区几家大的医药公司跑销售，收入暂且不稳定，高时月薪过万，低时两三千元。因为晓丽花钱大手大脚，常常不到月底就已身无分文，是个典型的“月光族”。现在，晓丽想要买房子把父母接来享受晚年生活，可是自己手中能用的资金没有多少，她现在很后悔当初自己在有钱的时候没给自己留点备用金。

对于“月光族”来说，要想成为房主而非“房奴”，入住还款方式可以降低交房初期的经济压力。还款人可以申请从贷款第一个月开始，与银行约定一个时间段，仅偿还贷款利息，无须偿还贷款本金，约定期满后，再开始采用等额本息或等额本金的还款方式归还贷款的本金和利息。如果购买的楼盘是期房，用这种房贷方式的话，还可以免除购房者过一边交着房租，一边交着月供的生活，同时也减轻了自己许多的压力。

不过，需要提醒的是，这种“只还息，不还本”的最长时间不能超过12个月，但也不能低于6个月。期满后，购房者需按照事先与银行约定的等额还款方式或等额本金方式还款。

按揭买房，选适合自己的还款方式

终于过五关斩六将，与开发商斗智斗勇后，你终于可以长舒一口气，感觉自己终于可以放松一下了，可是你想错了，这才刚刚开始，只要你的房子是贷款买的，那么，银行贷款这一关在等着你呢！

很多购房者会选择向银行贷款买房，在贷款买房过程中选择何种还款方式是一个大问题。目前房贷还款方式有等额本金还款法和等额本息还款法两种方式。在买房过程中到底是哪一种还款方式更省钱呢？等额本金和等额本息的区别在哪里，它们都有哪些适用人群呢？

1. 等额本息还款法

等额本息是指在还款期内，每月偿还同等数额的贷款（包括本金和利息），这样由于每月的还款额固定，可以有计划地控制家庭收入的支出，也便于每个家庭根据自己的收入情况来确定还贷能力。

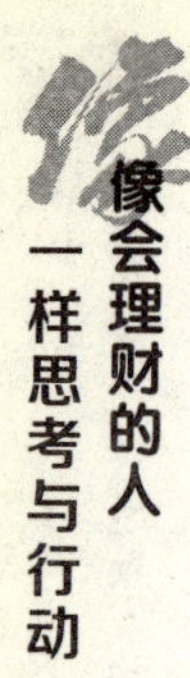

等额本息还款法即把按揭贷款的本金总额与利息总额相加，然后平均分摊到还款期限的每个月中，每个月的还款额是固定的，但每月还款额中的本金比重逐月递增、利息比重逐月递减。这种方法是目前最为普遍，也是大部分银行长期推荐的方式。

等额本息计算方式：

每月还本付息金额 =[本金 × 月利率 ×(1+ 月利率) 贷款月数] ÷ [(1+ 月利率) 还款月数 −1]

每月利息 = 剩余本金 × 贷款月利率

还款总利息 = 贷款额 × 贷款月数 × 月利率 ×(1+ 月利率) 贷款月数 ÷ [(1+ 月利率) 还款月数 −1]− 贷款额

还款总额 = 还款月数 × 贷款额 × 月利率 ×(1+ 月利率) 贷款月数 ÷ [(1+ 月利率) 还款月数 −1]

在等额本息法中，银行一般先收剩余本金利息，后收本金，所以利息在月供款中的比例会随本金的减少而降低，本金在月供款中的比例因而升高，但月供总额保持不变。

这种还款方式的优点为：每月可还相同的数额，作为贷款人，操作相对简单。每月承担相同的款项也方便安排收支。缺点是：由于利息不会随本金数额归还而减少，银行资金占用时间长，还款总利息较以下要介绍的等额本金还款法要高。

这种还款方式由于每月的还款额度相同，所以比较适用于有正常开支计划的家庭，尤其是年青人，经济条件不允许前期投入过大，可以选择这种方式，如公务员、教师等收入和工作机会相对稳定的群体。

2. 等额本金还款法

等额本金还款是指贷款人将本金分摊到每个月内，同时付清上一交易日至本次还款日之间的利息。这种还款方式是在还款期内将贷款数总额等分，每月偿还同等数额的本金和剩余贷款在该月所产生的利息，这样由于每月的还款本金额固定，而利息越来越少，贷款人起初还款压力较大，但是随着时间的推移，每月还款数越来越少。

这种还款方式便于根据个人的收入情况确定还贷能力。此种还款模式支出的总和相对于等额本息利息可能有所减少，但刚开始时还款压力较大，还款负担逐月递减。

这种还款法计算十分简便，实用性很强。基本算法原理是在还款期内按期等额归还贷款本金，并同时还清当期未归还的本金所产生的利息，方式可以是按月还款和按季还款。由于银行结息惯例的要求，一般来说采用按季还款的方式(如中国银行)。

等额本金贷款计算公式为：

每月还款金额=(贷款本金÷还款月数)+(本金－已归还本金累计额)×每月利率

每月还本付息金额=(本金÷还款月数)+(本金－累计已还本金)×月利率

每月本金=总本金÷还款月数

每月利息=(本金－累计已还本金)×月利率

还款总利息=(还款月数+1)×贷款额×月利率÷2

还款总额=(还款月数+1)×贷款额×月利率÷2+贷款额

在等额本金法中，人们每月归还的本金额始终不变，利息随着本金余额的减少而逐月递减，因此，等额本金还款法在贷款初期月还款额大，此后逐月递减(月递减额=月还本金×月利率)。

等额本金还款法的优势在于会随着还款次数的增多，还债压力会日趋减弱，在相同贷款金额、利率和贷款年限的条件下，等额本金还款法的利息总额要少于等额本息还款法，贷款期限越长，利息相差则越大。银行利息的计算公式为：利息=资金额×利率×占用时间。

等额本金还款法因为在前期的还款额度较大，而后逐月递减，所以比较适合在前段时间还款能力强的贷款人，当然一些年纪稍微大一点的人也比较适合这种方式，因为随着年龄增大或退休，收入可能会减少。

如上所述，虽然等额本金贷款能节省很多利息，但等额本金贷款的“缺点”是它的每期还款金额都不同，而且前期还款金额较重，这就要求借款人的还款能力要适应这种情况。而等额本息贷款却不然，它的每期还款金额都相同。借款人可以比较容易地根据自身的还款能力，制定贷款方案。但需要注意的是，等额本金贷款的每期还款额虽然不等，但它的每期平均还款金额却比等额本息贷款要低很多。

相比较而言，在实际操作中，很多客户在进行比较后，还是愿意选择“等额本息还款方式”，因为这种方式月还款额固定，便于客户记忆，还

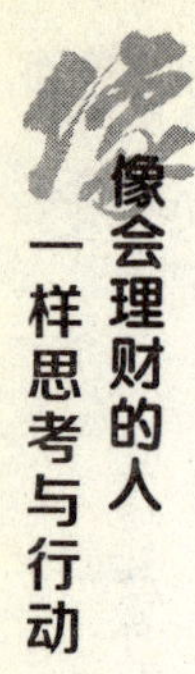

款压力均衡，实际与等额本金差别不大。这些客户也同样看到了因为时间使资金的使用价值产生了不同，简单地说就是等额本息还款法由于自己占用银行的本金时间长，自然就要多付些利息。

而等额本金还款法随着本金的递减，自己占用银行的本金时间短，利息自然也要付得少些，并不存在吃亏与否，而让银行赚取更多利息的问题。实质上，两种贷款方式没有优劣之分，只有在需求不同时，才有选择上的不同。

由于等额本息还款法还款压力均衡但须多付些利息，所以适合有一定积蓄，但收入可能持平或下降，生活负担日益加重，并且没有打算提前还款的人群。而等额本金还款法，由于贷款人本金归还得快，利息就可以少付，但前期还款额度大，因此适合当前收入较高者或预计不久将来收入大幅增长，准备提前还款的人群。

对于贷款买房的人来说，选择合适的还款方式十分重要，无论是等额本金还款方式还是等额本息还贷方式，只要秉持省钱就是挣钱的原则，精打细算，就能早日还清房贷，为自己的生活减负。

哪里的房产升值空间最大

最近几年，全国各地的房价都在疯狂涨价。以北京为例，在2006年时北京的平均房价为每平米8千元，到了2010年就上涨到每平米2万元，4年时间共上涨了150%，远远超过了GDP和个人收入的增长速度。同时疯涨的房价也让很多人一跃成为百万富翁，甚至是千万富翁。虽然说，房价都在上涨，但各地房价的涨幅却并不相同，同一个城市不同地段房价的涨幅也是相差很大的。

对于购房者来说，不管是买来居住，还是作为投资，都应该购买有升值潜力大的房子。道理人人都懂，可是，我们怎样去判断自己买的房产的升值潜力呢？

1. 看天时

住房的价值先从天时开始，日照、采光、通风等气象条件和房屋景观、小区绿化、是否临水等人文条件，以及有无空气、水流等公害污染等都是考虑对象的范围。具有升值潜力的房产，小区内应辟有大量的绿地或种植有园林。像这样的小区就可因局部区域绿地的变化而使环境得到良好的改善。

同时，房屋建筑物本身的艺术造型与周围房屋及公共设施的协调一致往往就是居住小区内环境舒适宜人的直接表现。再者，若小区傍水靠园，那么水景园艺也会一览无余，心情之舒畅是不言而喻的，同时也必将远离尘嚣的噪声和污染，换来一片清静之地。

2. 看交通

单从交通条件来说，处于城市中心地段房屋升值的价值要优于城郊的房屋，城中心地段的房屋对于上班族来说这样可以节约大量的交通费用与时间，同时也可省去交通堵塞、交通事故等带来的不必要的麻烦。不过，如果是处于城郊房屋的交通也比较方便的话，其升值空间也是不容小觑的。

3. 看环境

小环境主要是指小区所处区域的城市功能规划性质、小区周边建筑物景观、小区物业管理水平等方面。对环境条件的选择首当其冲的就是居住功能区的选择。随着社会经济的不断发展，住房的分布也会遵照城市功能的规划进行安排，如中心的商务区、工业区、文教区，居住旅游区等。小环境越优越，房产的升值潜力自然就越大。

4. 看规划

城市规模每天都在扩大，而相对应的城市规划也一直都在推进，由此带来的人口迁移、道路建设、土地开发等，完全有可能带动一个新的“黄金地段”的崛起。如果你预先对城市的建设规划和未来发展有一个前瞻性的认识和了解，那么你所购买房产的升值空间必然就很大。所以，平时多关注一些城市规划方面的信息，对自己是有很大的好处的。

5. 看配套

衣食住行等日常生活的便利与齐全，是一个好地段的最基本的标志。这些设施包括现有的，也包括即将要实现的。具有升值潜力的房产，超市、餐厅、银行、医院、学校、公园、休闲娱乐等配套设施，不仅应“一应俱全”，而且还要具备一定的档次和品质。

6. 看物业

物业管理是房子升值的最直接的有效保障。可以说，物业管理就是一个楼盘生命的延续，也是树立楼盘品牌的关键所在。物业公司就像是管家保姆，它对小区的管理，包括房屋维修、设备维护、区内道路、园林绿化、治安保卫、环境卫生等，这些都会直接影响住户的生活质量，也会直接影响到楼盘的升值空间。

如何判断物业公司的优劣呢？可以从以下三个方面来看：

①管理团队是否优秀。这要看这些管理和服务人员的业务素质和人品的素质。

②独立经营，信守承诺。这点可以从物业公司投入资金的多少来衡量。

③快速响应业主们的投诉，不断提高服务的质量。

如果想让你的房产有所升值的话，那么选择一个优秀的物业公司管理的房产是非常有必要的，它同时也是直接影响你房产升值的一个很重要因素。

综上所述，房产能否升值以及升值空间有多大，受很多因素的影响。计划投资房产的朋友，一定要对投资的房产全面权衡，多方考察，全面了解，看好房产的升值潜力，再下手！

怎样才能淘到称心如意的二手房

现如今，面对居高不下的房产价格着实让很多人头疼。其实，选择价格合适、交通便利的二手房也是时下不少人置业的一种不错的选择。那么，如何才能淘到称心如意的二手房呢？

1. 一定要精挑细选

首先，选择房子的地理位置是很重要的。现代人的工作非常忙碌，把宝贵的时间全都浪费在上下班的路途中，而又没有买车的打算，这样的确是很不方便的，所以，如果自己有一定的经济能力的话可以在自己的工作单位附近寻找一套合适的二手房。

其次，在购买二手房时，必须认真仔细地查看房屋质量和产权证明。由于二手房大多已被使用了三五年之久，有的甚至更长，其房屋的质量问题就显得十分重要。一些房屋表面上看起来没有什么大的问题，但并不代表它真就不存在质量问题，因为原房主有可能已经修过了。所以我们在挑选二手房时，不仅要仔细认真地检查房子每个细小的地方，还要积极询问房主及周围的住户，以便更好地全面了解房屋本身的状况，要做到心中有数，必要时还可以请内行的朋友帮助检查自己。另外，一定要购买有产权的二手房，并且要求房主按照规定到交易中心办理产权过户手续、缴纳应缴的税费。拥有房屋产权证才能保证你真正的拥有该房，才可以安心入住。

2. 一定要考虑是否能够投资赚钱

目前，二手房已成为不少精明的投资者眼中的香饽饽。其实，二手房投资也是有许多技巧的，不掌握它们可能会亏本。投资二手房要多看：既看目标房所在的地方是否有足够的人气，也看目标房所在地是否配备了良好的市政设施。二手房多数是有一些年头的小区，小区的建设虽很成熟，但可能会不太完善，或者不够现代化。市政配套和生活配套设施完善的成熟住宅小区在很大程度上会影响入住后的生活质量。另外，还要看目标房所在地是否有便利的交通，这会影响你的出行；同时还要注意的是目标房的户型设计，是否只需稍作一些改造就能使其有升值的空间。如果手头资金不充足，可先选择小户型的二手房，如一居或两居。一般而言，这类的房子需要的资金不是很大，而且即使出租的话也比较灵活。

3. 不要只看总价，还要看单价

按照二手房交易的惯例，卖房标价往往标的是房屋的总价，而不像一手商品房销售时，总是标明房屋的单价。所以，某些二手房乍看上去总价值很低，很便宜，但由于建设年代久，居室面积小，其实算下来每平方米建筑面积的单价并不低。所以购房者在购买二手房时，不要只看总价，还要算算单价，再拿这个单价和周边的一手房进行一番比较，这样心里就有数了。等到结款时，自己就不会花那么多冤枉钱了。

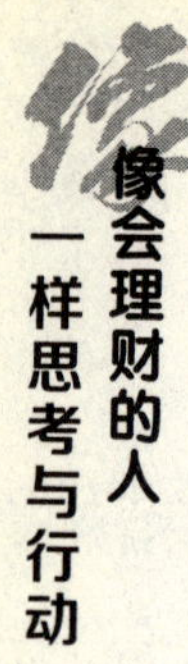

4. 不要只看位置，还要看交通

大多数二手房地处城市的核心地区，地理位置很优越；但是鉴于城区目前的交通状况，位置好的地方出行未必是方便的。况且，一个家庭除了日常的生活外，还要考虑大人上班、孩子上学、老人看病等其他的一些因素。因此，快捷、顺畅的交通有时比传统意义上的地理位置更重要。购房者在购买二手房的时候不光要考虑地段，还要看周边的交通情况。有时候地段差一些，但临近地铁、城铁等轨道交通，也未尝不可。

5. 不要只看表面，还要看物管

购房者在选购二手房时，常把关注的全部焦点放在房子本身，却忽视了物业管理、取暖方式及相关费用等与入住后自身利益息息相关的环节。购房是一个相对短暂的行为，居住却是一个长期的过程。要想在购房后的居住中有一个较高的生活质量，良好的物业管理是必不可少的。

参考文献

[1] 张一川 . 谁是下一个亿万富翁 [M]. 北京：中国财富出版社，2014.

[2] 李雯 . 富人富脑袋，穷人穷口袋 [M]. 北京：民主与建设出版社，2013.

[3] 忠实 . 用业绩考核，按薪酬激励 [M]. 北京：石油工业出版社，2010.

[4] 刘锋，辛月 . 有钱人跟你做的不一样 [M]. 北京：北京理工大学出版社，2009.

[5] 理查德 · 康德夫，富人是野生动物 [M]. 长沙：湖南人民出版社，2013.

[6] 郝言言. 99% 的富人，都默默在做的 35 件事 [M]. 北京：北京时代华文书局等，2014.

[7] 卡洛斯 · 韦泽 · 马汀斯，大众创业财富力 [M]. 北京：中国商业出版社，2013.

[8] 李昊轩. 你的高薪是设计出来的 [M]. 北京：中国商业出版社，2006.

[9] 希尔. 思考致富 [M]. 北京：中信出版社，2015.

[10] 秦培龙. 穷人与富人的 50 个思维差异 [M]. 哈尔滨：哈尔滨出版社，2009.

[11] 台运真. 用心挣钱，用脑花钱 [M]. 北京：北京燕山出版社，2013.

[12] 华莱士 . 如何掌控你的财富和生活 [M]. 北京：北京邮电大学出版社，2008.

[13] 问道，蓝渊. 会挣钱，才会花钱 [M]. 北京：华夏出版社，2011.